접경의 아이덴티티
동해와 신석기문화

• 김재윤

　　1976년 경남 하동에서 태어나 부산대학교 고고학과에서 학부와 석사를 졸업하고 러시아과학아카데미에서 역사학박사학위를 취득하였다. 한국연구재단의 박사후과정, 학술연구교수 등 프로젝트를 수행하고 부산대학교에서 시간강사로 강의하고 있다. 러시아 연해주 뿐만 아니라 한반도북부와 인접한 동북아시아의 선사시대를 연구하기 위해 매년 러시아와 중국으로 오가고 있다. 주요저서는 『고고학으로 본 옥저문화』, 『철기시대 한국과 연해주』, 『환동해 관계망의 역동성』이 있고, 논저로는 「서포항 유적의 신석기시대편년 재고」, 「평저토기문화권의 신석기후기 이중구연토기 지역성과 병행관계」, 「평저토기문화권 동부지역의 6500~6000년 전 신석기문화 비교고찰」 등이 있다.

이 저서는 2012년 정부(교육과학기술부)의 재원으로 한국연구재단의 지원을 받아 수행된 연구임 (2012S1A5B5A02023162).

東海와 新石器文化

접경의
아이덴티티
동해와
신석기문화

초판인쇄일	2017년 2월 06일
초판발행일	2017년 2월 10일
지 은 이	김재윤
발 행 인	김선경
책 임 편 집	김소라
발 행 처	도서출판 서경문화사
	주소 : 서울시 종로구 이화장길 70-14 105호
	전화 : 743-8203, 8205 / 팩스 : 743-8210
	메일 : sk8203@chol.com
등 록 번 호	제 300-1994-41호
ISBN	978-89-6062-193-0 93000

ⓒ 김재윤, 2017

정가 20,000

접경의 아이덴티티
동해와 신석기문화

김재윤 지음

서경문화사

본서는 크게 두 개의 시간대로 나눠진다. 한반도 동해안에서 첨저토기가 등장하기 이전과 등장하고 난 이후 동해안 북부의 문화양상으로, Ⅱ장 7000~5800년 전과 Ⅲ장 5000년 전 이후의 동해안 북부 신석기 문화이다.

원래 박사학위논문 주제는 Ⅲ장의 일부분인데, 최근에는 러시아 연해주 뿐만 아니라 평저토기문화권 전역으로 연구가 확대되어, 5000년 전 이후의 평저토기문화권 서부지역에 대한 내용도 Ⅲ장에 포함되어 있다. 물론 이 시기에 대한 접근은 청동기시대 조기 문제를 풀기위한 것인데, 그대로 박사학위 주제가 되었다. 그러다가 운 좋게 오산리 유적의 C지구가 발굴이 되었고, 청동기시대와는 반대방향으로 더 올라가는 시간의 글도 적게 되고, 어느덧 신석기시대 전공자가 되었다.

필자는 보이는 유물로 보이지 않는 것을 복원하고 있다. 현재는 국경의 테두리에 살고 있지만 국경이 없었던, 접경이 없었던 시대를 유추해야만 하는 것이다. 필자가 생각하는 접경의 아이덴티티는 그것이며 그 대상 소재는 동해안의 신석기문화이다. 그래서 그 해석의 실마리를 민족지 자료로 해결하고자 약간의 내용을 넣었는데, 아직은 초보적이어서 미흡한 점이 많다.

민족지 자료에 의하면 인간의 이동은 그들이 주목적으로 삼는 대상물의 이동과 관련되어 있고, 그 이동의 배경은 자연환경과 관련이 되었다. 이것은 고고학에도 적용될 수 있는데, 이동으로 인해서 남겨진 고고자료를 유추해서 공통성을 추출하고 문화권이라고 부른다. 따라서 고고자료의 이동 배경은 자연환경과 그 환경이 제공하는 먹거리일 것이다. 물론 아무르강 하류의 말리셰보 문화 토기와 오산리 C지구, 문암리, 죽변 등의 유적에서 출토되는 적색마연토기는 100% 동일하지 않다. 왜냐하면 한반도 동해안의 유물은 이미 몇 세대를 지나왔을 가능성이 크고 기형은 지역색을 많이 띠기 때문이다.

　그러나 동해안에서 적색마연압날문토기 이전에 토기가 확인되었다면 아무르강 하류와의 관련성을 제기하지 쉽지 않았을 것이다. 이 원류 혹은 기원 찾기로 보이는 연구는 실제로 기원 찾기가 아니며, 필자가 하고 있는 작업은 동해 수렵채집민의 생활권역을 찾고 있는 것이다. 기원 혹은 원류에 대한 문제라고 인식하는 것은 현대에 들어와서 생기게 된 '국경'을 염두해 둔 현재의 시각으로 바라보기 때문이다.

　2016년 여름에는 한국의 신석기연구자들이 처음으로 연해주에 방문해서 보이스만 유적과 자이사노프카-1 유적도 보았다. 아마도 북한 유적을 대신해서 그곳에 갔다는 느낌을 받으시는 듯 했다. 필자는 이미 여러 번 간 곳이지만 러시아의 극동에서 가장 남쪽 지역은 길이 그렇게 좋지 않아서 은근 걱정 많이 했는데, 길이 다 포장되어서 다행이었다. 부인할 수 없는 것은 러시아는 나에게 애증이 교차하는 곳이며, 기회의 땅이며, 외로움이 무엇인가를 깨닫게 해 준 곳이다. 그곳에서 배운 인간의 여러 감정으로, 수많은 장벽에 부딪쳐도 지금까지도 잘 살아오고 있다. 그런데 여러 학자들이 러시아를 좋지 않게 여겼다면 나는 마음이 아팠을 것인데, 다들 흥미롭게 받아주시고, 즐겁게 다녀오셔서 무척 다행으로 생각한다.

　필자가 유학 갈 즈음에는 집안 사정이 무척 안 좋아 졌을 때였는데, 어디서 나온 자신감인지, 무식한 용기인지 모르겠지만 감행하였다. 당시 중국의 동북역사공정 때문에 북방이라는 주제가 한창 떠오를 때여서 국립문화재연구소 연해주 조사가 한창이었고, 나는 통역 및 연구원으로 참가할 수 있었고, 동북아역사재단의 한국사관련 된 연구비 등을 받아서 학위를 마칠 수 있었다. 한국에서 뵙지 못한 여러 학자들과 얼굴을 트는 계기도 되었다. 그리고 성심껏 지도해 주신 클류예프 선생님과 러시아 동료들 덕분에 무사히 과정을 마칠 수 있었다.

　그리고 그간 저를 지도해주신 정징원 교수님, (故)정한덕 교수님, 신경철 교수님, 부산대학교의 교수님과 여러 선배님께 감사드립니다. 환동해연구회 회원들 여러분들이 저에게 해주신 자료제공과 격려 등도 늘 잊지 않고 있습니다. 신석기연구자로 홀연히 나타난 저에게 많은 조언과 격려를 아끼시지 않는 신석기학회 여러 선생님께도 늘 감사하게 생각하고 있습니다. 마지막으로 지금은 병석에서 꼼짝도 못하고 누워계신 아빠와 나의 정신적 지주인 엄마에게 감사드립니다.

2017년 2월

김 재 윤

Ⅰ. 머리말

본고에서 다루는 내용은 그간 한반도 동해안 평저토기의 원류 혹은 기원지로 생각되었던 동해안 북부의 신석기문화와 관련된 것이다. 크게 동해안에서 중서부지역 첨저토기가 등장하기 전과 첨저토기 등장 이후의 동해안 북부 평저토기문화이다. 그간 한국사에서 동해안 북부인 두만강 유역과 인접한 러시아의 연해주, 중국 길림지역은 일종의 기원지처럼 생각되었다. 왜냐하면 이 지역을 '외부'로 인식했기 때문이다.

특히 한반도 신석기시대 토기의 문제는 새로운 물질요소의 등장원인이 자체발생이라는 의견도 있지만 외부의 영향에 의한 연구가 상당히 많다. 외부로서 지목된 지역은 중국동북지방, 러시아 아무르강 유역 혹은 시베리아와 일본[1]으로 크게 북방과 남방으로 나누어 볼 수 있다. 그 중 북방과 관련된 지역으로는 고산리식 토기와는 아무르강 하류, 남해안 융기문토기는 아무르강 중·하류 혹은 송눈평원으로부터 영향을 받은 것이라고

---

1) 본고에서는 주로 한반도와 인접한 북부지역을 대상으로 하기 때문에 일본지역과 관련된 연구는 간략하게 언급하고 논외로 하겠다. 우선 일본과의 교류는 대체적으로 남해안과 구주지방과의 교류에 의한 연구가 많다. 토기로서는 유일하게 남해안 융기문토기가 일본 도도로키B식 토기로부터 영향을 받았다는 북상설(廣瀬雄一 1984)과 병행관계설(하인수 2006) 등이 있고, 그 외는 범방과 동삼동 출토의 흑요석이 腰岳, 淀姫산(釜山博物館 2009), 제주도의 경석, 현무암 등이 일본산이고, 또한 일본에서 확인되는 투박조개 팔찌, 서북구주형 낚시바늘, 고라니 이빨로 만든 치레걸이 등은 한반도에서 만들어진 것으로 분석된 것 등이 있다(신숙정 2011).

논의되었다. 중서부지역의 빗살무늬토기는 북방으로부터 중서부지역을 따라서 유입되었고, 금강식토기는 아무르편목문토기와의 관련성과 연해주와 아무르강 하류의 편목문및 뇌문토기와의 관련성이 제기되었다. 한반도 남부의 이중구연토기 기원지도 청천강유역이 그 대상이 되었다.[2]

　물론 토기의 발생이 북방 문화의 유입과 관련된 연구는 비단 신석기시대에 국한된 경향은 아니다. 특히 1990년대 이후, 한국의 고고자료가 폭증하게 되면서 청동기시대 무문토기와 관련된 연구가 폭증하게 되었다. 그 중에서 돌대각목문토기의 구체적인 기원지와 편년문제가 남한 청동기시대의 시작연대로 연결되면서, 중국동북지방이나 연해주에 대한 관심이 급증하게 된다. 기원지에 대한 연구는 두 가지로 나누어지는데, 요동반도나 한반도 서북지방의 주민이 이주했다는 설과 두만강 유역 동북지방에서 기원했다는 논의가 있다. 물론 그 이전에도 무문토기 기원에 관한 연구는 압록강이나 두만강 유역에 대해서 간간이 이루어지긴 했으나, 주로 남한을 경계로 지협적인 연구가 주를 이루었다. 물론 토기 이외에도 비파형동검분포권이나 지석묘분포권의 연구로부터 이미 한반도 고고학연구영역에 대한 고민이 있었다.

　선사시대 편년은 토기중심으로 이루어져 있고, 상당히 많은 문화요소가 외부로부터 들어온 것으로 인식되고 있다. 외부설은 영향, 교류, 이주, 관련성 등의 모호한 용어를 사용해서 설명됨으로서 맹목적인 기원설과 단순성이 그간 지적되어 왔다(김장석 2014). 그 중 가장 대표적인 개념이 이주이다.

　한국고고학에서 어떤 지역의 문화 변동원인을 '이주'라고 보는 해석의 틀은 '이 문화의 요소가 이 지역의 것이 아니다'라는 전제가 깔려 있다. 하지만 우리는 '지역 혹은 공간'에 대해서 우리가 고민한 적이 있는가? 분단되어 있기 때문인지 미시적인 관찰이 지나치게 강조되었기 때문인지 문화요소의 분포공간에 대한 우리의 인식은 편협하다.

　이주라는 해석을 애용하게 된 가장 큰 원인은 분단으로 인한 '북한자료의 단절 혹은 소략함'에서 오는 물리적 한계가 문제점이라 파악되었고, 그 결과 "새로운 것은 원거리

---

2)　이 부분은 필자의 한국고고학대회 발표자료(김재윤 2014a)를 일부 발췌하였다.

에서부터 전해진 것"이라는 의식이 잠재되었기 때문이다(김재윤 2014a).

필자가 생각하는 한국고고학에서 '기원 혹은 기원지 찾기'의 가장 큰 문제점은 지역에 대한 별다른 고민 없이 '현대의 국경'을 기본인식으로 해서, 기원지로 여겨지는 지역을 외부로만 인식하고 있다는 점이다. 특히 문화단위별로 연구되지 않는 한국고고학의 특성상 양 지역에 보이는 어떤 특정 문화요소만을 비교하게 되면서 맹목적인 기원지 찾기의 단순성이 야기된다.

그래서 필자는 원류나 계보 문제를 다루기 이전에 최소한 현재의 행정구역을 벗어난 선사인의 생활권역으로서 문화권의 구분부터 시작해야 한다고 생각한다.

서두에서 시작하듯이 본고는 동해안북부의 신석기문화를 다루어서 기원지에 대한 내용처럼 보이지만, 사실은 한 문화권, 하나의 사회를 다루고 있다는 점에서 원류지에 대한 답변은 아니다. '기원 찾기'로 보이는 연구는 실제로 문화 혹은 문화권의 범위에 대한 연구이다. 본고에서 다루어지는 지역은 남한 동해안의 신석기문화 기원지가 아니라, 같은 자연환경 아래서 이루어진 동일한 생업환경과 아이덴티티를 공유하던 지역이다. 이는 신석기시대 수렵채집민의 이동 결과로서, 남겨진 고고자료로 살펴볼 때 평저토기문화권 중에서도 동부지역의 문화범위로도 볼 수도 있고, 환동해문화권의 신석기시대 범위로도 파악할 수 있다. 그러나 그 범위는 신석기시대 전체가 동일했던 것이 아니라 시기 마다 차이가 있다. 5000년 전 이후로는 한반도 동해안은 전혀 다른 문화가 들어오게 되며 동해안 북부만 평저토기문화가 있었다. 이에 대한 구체적인 고고학적 양상을 Ⅱ장과 Ⅲ장을 통해서 밝히고자 한다.

한편 동해안 북부문화에서 7000~5000년 전 동안 존재하였던 보이스만 문화에 대한 내용은 인접한 한카호 유역의 신개류 유적과 비교고찰 한 바(김재윤 2014b) 있지만 본고에서는 설명되지 않는다. 그 이유는 남한의 동해안에서 보이스만 문화가 아직 확인되지 않고 있기 때문인데, 남한의 동해안에서 유적이 확인되지 않는 기간인 5700~4800(혹은 4700)년 전과 관련이 있을 것으로 생각되며, 이에 관한 내용은 Ⅳ장에서 약간 밝히고 있다. 물론 동해안 북부인 두만강의 바로 남쪽에는 라진 유적 등에서 그 흔적이 보여서 동해안 북부에 연해주와 마찬가지로 그 문화가 영위되었을 가능성은 있다.

Ⅱ. 6500~6000년 전
동해안 신석기문화와 수렵채집민의 이동

동해안 신석기문화에서 그간 가장 이르다고 판단된 오산리식토기와 융기문토기[1]보다 이른 시기에 평저의 적색마연압날문토기와 무문양토기 등이 오산리 C지구에서는 층위로 확인되었으며(표3), 같은 유물이 망상동, 문암리, 죽변 등 동해안 여러 유적에서 확인된다. 새로운 동해안 물질요소를 파악하기 위해서 동일한 지리적 입지이며, 같은 문화권으로 생각되는 지역의 고고자료와 비교하고자 한다. 본고에서는 한반도 동해안과 동일한 자연환경이며, 첨저토기가 나타나기 이전에 같은 평저토기문화권으로 판단되는 연해주와 아무르강 하류 신석기시대 문화(Малышевская культура, Malyshevo culture)에 주목하고 주거지와 토기를 위주로 비교하고자 한다.

적색마연(압날문)토기는 토기의 표면이 마연되었다는 점에서 융기문토기 및 오산리식토기와 제작방법에 차이가 있다. 동해안 신석기시대 여러 유적에서 출토됨으로써 현재로서는 동해안 신석기시대 가장 이른 시기를 점유했음을 알 수 있다. 그렇다면 동해안에서는 이 문화변동은 어떻게 일어났을까?

동해안에서 고토기가 아직 출토되지 않는 상황을 고려하면, 이 토기는 동해안의 가장

---

1) 동해안의 오산리식토기와 융기문토기에 대한 선행 연구는 필자의 전고(김재윤 2013a; 김재윤 2015a)에서 정리해 두었다.

이른 토기인데, 자체 발전했다고 보기는 설득력이 부족하며, 문화권내 문화양상과의 비교가 급선무이다.

1. 아무르강 하류, 연해주, 동해안의 유적과 주거지[2]

융기문토기와 오산리식토기 보다 오래된 적색마연압날문토기(표3)는 현존하는 동해안의 가장 오래된 토기로서 최근 동해안 중부에서 여러 유적에서 확인되는데 아무르강 하류의 말리셰보 문화에서 출토되었다는 점을 밝힌바 있다(김재윤 2013a; 김재윤 2014a).

1) 아무르강 하류

아무르강은 길이가 4,000km가 넘는 강으로 상류, 중류, 하류로 나누어서 고고문화 양상이 전개된다. 우수리강이 시작되는 지점부터 타타르해협에 다다르는 지점까지가 아무르강의 하류이며, 말리셰보 문화는 아무르강 하류의 신석기시대에 속한다. 하류에서도 우수리강과 근접한 곳에 가샤, 말리셰보, 사카치 알리안 유적(하층)

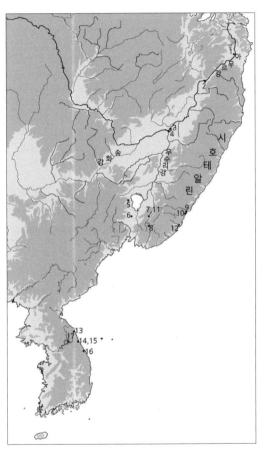

그림1. 6500~6000년 전 동해안 북부의 유적
(유적명은 표1의 번호와 일치)

2) 각 유적의 보고서와 유적의 명칭(러시아어)는 표1에 정리해 두었음으로 본문에서는 제외한다.

등이 속하며, 하류에서도 바다쪽에 가까운 지역에 위치한 수추, 칼리노프카 유적들이 있다(메데베제프 2005, 표1).

표1. 6500~6000년 전 동해안 북부의 유적(표의 번호는 그림1의 번호와 일치)

지역	번호	유적명	유적입지	조사연도	조사성격	시대	성격	참고문헌
아무르강 하류	1	수추 (Сучу, Suchu)	하중도	1972~1975 1993~1995 1997, 1999 2000~2002	발굴조사	신석기시대	주거유적	국립문화재연구소 외 2001 · 2002 · 2003
	2	보즈네세노프스코예 (Вознесеноское, Voznesenskoe)	하안단구	1960	발굴조사	신석기시대	주거유적	오클라드니코프 1972
	3	가샤 (Гася, Gasha)	하안단구	1975 · 1976 1980 1989~1990	발굴조사	신석기시대	주거유적	데레뱐코 · 메드베제프 1932 · 1994 · 1995
	4	말리셰보 (Малышевское, Malyshev)	하안단구	1963	발굴조사	신석기시대	주거유적	오클라드니코프 1970
연해주	5	드보랸카-1(Дворянка1, Dvorayanka1)	구릉위	2004 2006	발굴조사	신석기시대	주거유적	클류에프 · 가르코빅 2008
						청동기시대	무덤	
	6	세르게예프카-1 (Сергевка1, Sergevka 1)	구릉위	2004	발굴조사	구석기시대 신석기시대 철기시대	주거유적	바타르쉐프 2009
	7	셰클라예보-7 (Шеклаево7, Sheklaevo7)	구릉위	2003~2004	발굴조사	구석기시대 신석기시대 중세시대	주거유적	클류에프 외 2003
	8	엘제페-3-6 (ЛДП-3-6, LDP-3-6)	구릉위	2004	발굴조사	신석기시대	문화층	클류에프 · 판튜히나 2006
	9	쵸르토브이 보로타 (Чёртовы варота, Chertovy varota)	동굴	1973	발굴조사	신석기시대	주거유적	알렉세프 외 1991
	10	루드나야 프린스턴 (Рудная пристант, Rudnaya pristant)	구릉위	1982~1983 1990	발굴조사	신석기시대 청동기시대	주거유적	댜코프 1992
	11	노보트로이츠코예-2 (Новотроцкое, Novotroisk)	구릉위	2004	발굴조사	신석기시대	주거유적	클류에프 · 가르코빅 2008

지역	번호	유적명	유적입지	조사연도	조사성격	시대	성격	참고문헌
동해안	12	마략-르볼로프 (Маряк рывалров, Maryak rivalrov)	강의 입구	1959 1960	발굴 조사	신석기시대 청동기시대	주거 유적	오클라드니코프 1964
	13	문암리	사구	1998 1999 2000	발굴 조사	신석기시대	주거 유적	국립문화재연구소 2004
	14	오산리 A · B지구	사구	1981~1986	발굴 조사	청동기시대 신석기시대	주거 유적	서울대학교박물관 1984 · 1985 · 1988
	15	오산리 C지구	사구	2006	발굴 조사	구석기시대 신석기시대 조선시대	주거 유적	예맥문화재연구원 2010
	16	망상동	구릉	2006	시굴 조사	구석기시대 신석기시대	불명 확합	예맥문화재연구원 2008
	17	교동	동굴	1962		신석기시대	주거 유적	金元龍 1963

(1) 가샤 유적

아무르강 하류의 우안에 위치하는 주거 유적으로 1975년, 1976년, 1980년, 1986년, 1987년, 1989년, 1990년에 걸쳐서 발굴되었다(표1).[3] 유적에서는 고토기단계인 오시포프카 문화, 말리셰보 문화, 보즈네세노프카 문화층 및 말갈 문화층이 확인되었다. 특히 동아시아의 신석기시대 가장 이른 고토기(12960 ± 120B.P., 10875 ± 90B.P.)가 알려지기도 해서 학계의 주목을 받은 곳이다.

이 유적에서 말리셰보 문화 주거지는 3기가 확인되었다. 1기는 한쪽 벽면만 확인되었다. 2호 주거지는 북쪽 벽면이 정확하지 않지만 방형으로 생각된다. 3호 주거지는 주거지 일부만 확인되어 정확하지 않지만 다른 주거지 보다는 평면크기가 큰 것으로 생각된

---

3) 러시아에서는 발굴은 대부분 학술발굴로서, 야외활동이 가능한 여름에 주로 이루어져서, 다년간 발굴하더라도 실제 발굴일수는 햇수와는 차이가 있음을 밝혀둔다.

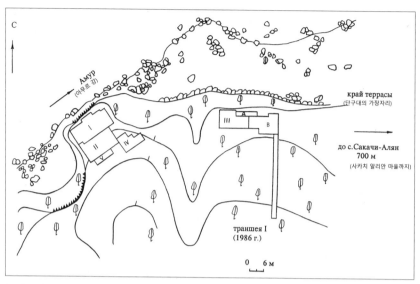

A:1975년, B:1976년, Ⅰ:1980년, Ⅱ:1986년, Ⅲ·Ⅳ:1987년, Ⅴ:1989년

그림2. 가샤 유적 평면도(메드베제프·데레반코 1994)

다(그림2).4)

(2) 수추섬 유적

아무르강 하류의 섬에 위치하는 주거유적이다. 1972~1975년, 1993~1995년, 1997년, 1999년까지 조사되었고, 2000~2002년에 다시 조사되었다. 그 결과 유적은 마린스코예 문화부터, 말리셰보 문화, 보즈네세노프카 문화층이 이루고 있다. 특히 2000~2001년에 조사된 24호, 25호, 26호, 27호(그림3)이다(표1).

수추섬의 말리셰보 문화의 주거지는 대체적으로 말각방형 혹은 원형이다(그림3). 그 중에서 24호 주거지가 다른 것에 비해서 평면적이 월등히 크며, 주거지 중앙에 노지가

---

4) 그러나 전체 보고서에서 말리셰보 주거지 도면은 찾을 수 없었다.

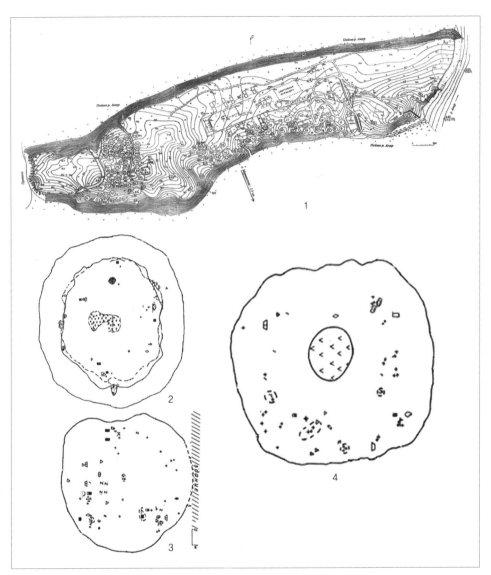

1:수추섬 유적, 2:26호, 3:25호, 4:24호 주거지

그림3. 아무르강 하류의 주거지(국립문화재연구소 외 2001 : 국립문화재연구소 외 2003 재편집)

설치되었다(표25). 25호를 제외하고는 주거지 벽면을 따라서 단시설이 설치되었는데, 발굴자는 이를 침상시설로 보고 있다(국립문화재연구소 외 2003).

(3) 보즈네세노프카 유적

유적에서는 신석기시대와 말갈시대 문화층이 확인되었다. 1966년에 오클라드니코프를 중심으로 해서 러시아과학아카데미 시베리아분소의 고고연구소가 조사를 하였다(표1). 아무르강의 하류에서도 보즈네세노프카 마을에서 약 2km 정도 떨어진 곳에 위치하는데, 아무르강의 우안 하안단구대의 낮은 곳에 위치한다.

발굴의 가장 큰 목적은 유적에서 정확한 신석기시대 문화층을 확인하는 것이었다. 이를 위해서 유적발굴범위의 중앙에 트렌치를 넣고 단구대를 따라서 발굴하였다(그림4). 말갈문화층과 신석기시대층을 확인하였는데, 신석기시대에도 2 성격의 문화가 규명되었다.

말리세보 문화층은 유적에서도 비교적 북쪽에 위치하는데, 수혈은 심하게 파손 되었지만 노지는 남아 있었다. 주거지 내에서 수추섬 1호 주거지에서 출토되는 것과 유사한 문양이 시문된 토기가 확인되었다(그림4).

이보다 늦은 보즈네세노프카 문화의 토기가 확인된 주거지도 심하게 파손되었다. 주

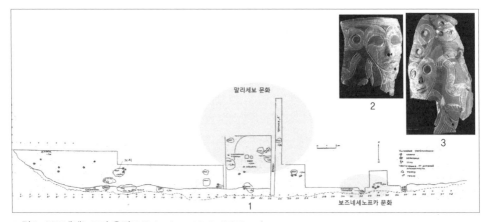

그림4. 보즈네세노프카 유적(오클라드니코프 1972 재편집)

거지바닥에서는 타래문양이 시문된 토기 및 반인반수 토기[5](그림4-2 · 3) 등도 확인되었다.

2) 연해주

동해안의 융기문토기와 오산리식토기는 문암리 출토품을 중심으로 보이스만 문화와 비교된 논의(김은영 2007)도 있으며, 또한 융기문토기가 남해안과 관련있다는 논의도 존재한다(하인수 2011). 그러나 최근 융기문토기와 오산리식토기가 그 동안 선후관계로 파악되었으나, 오산리 C지구에서는 오히려 오산리식토기가 융기문토기보다 상층에서 확인되었다(표3). 그러나 이 유적에서 출토된 융기문토기가 동해안 전체 융기문토기보다 형식(하인수 2006)이나 절대연대(예맥문화재연구원 2010)에서 이른 결과라고 할 수 없기 때문에 유적의 결과를 확대해석하는 것도 무리가 있다. 결국 두 토기는 같은 유형에 속할 가능성이 많으며, 이는 연해주 루드나야 문화의 세르게예프카 유형과 비교가 능하다(김재윤 2013a).

(1) 세르게예프카-1[6] 유적

유적은 네스테로프카(Нестеровка, Nesterovka)강의 좌안에 하안단구의 언덕 위에 위치하는데 유적의 면적은 크지 않다. 유적은 후기 구석기시대부터 철기시대까지 형성된 것으로 그 중 2004년에 신석기시대 주거지 1기가 확인되었다(표1, 그림5). 주거지는 말각방형으로 대형주거지이다. 중앙에 위석식 노지가 1기가 설치되었고, 주거지 바닥에 대량의 기둥구멍이 확인되었다(표2, 그림5). 노지 옆의 수혈에서는 토우가 출토되었다. 토우가 출토된 수혈 바닥 보다 수혈의 입구가 더 크며 수혈의 중앙에서 부터는 돌을 돌

---

5) 사람 얼굴이 그려진 토기(그림4-1 · 2)는 보즈네세노프카 문화의 적색마연된 토기로 같은 시기의 타래문양 토기와 시문방법이 같다. 이 유물은 아무르강 하류의 대표적인 토기로 잘 알려졌다. 본 고에서 다루는 시기와는 거리가 있지만 정보제공의 차원에서 실어두고자 한다.
6) 러시아의 유적명은 유적과 가장 가까운 행정구역의 가장 작은 단위 명(주로 마을 명)을 일컫는다. 유적 뒤의 번호는 이러한 행정구역명을 따라서 유적의 발견 순서대로 번호를 부치며, 같은 행정구역명을 따르더라도 번호에 따라서 유적의 지점과 성격이 다르다.

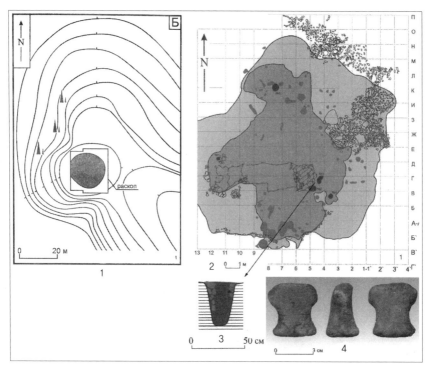

1:세르게예프카-1 유적 입지, 2:세르게예프카-1 주거지, 3:토우출토 수혈, 4:토우

그림5. 세르게예프카-1 유적

려서 설치한 것으로 보아서, 의도적임을 알 수 있다(그림5-3·4).

(2) 세클라에보-7 유적

유적은 연해주의 중부에 위치하는데, 세클라에보 마을에서 북동쪽으로 1.8km 떨어진 높이 10m 언덕 위에 위치하며, 2003년과 2004년에 조사되었다(표1). 언덕의 정상은 10m 가량으로, 발굴 조사된 주거지 평면은 7×7m이다(표2, 그림6). 조사된 주거지 수혈은 1기이지만, 이른 시기의 신석기시대부터 후기 신석기시대까지 오랫동안 점유된 주거공간이다.

주거지는 신석기시대 전기로 알려진 루드나야 문화의 주거지가 가장 큰 면적을 차지하고 있고, 그 중앙을 신석기 후기 주거지가 파괴하고 설치되었다. 신석기 후기 주거지 설치 이전에 보이스만 문화의 주거지가 설치된 것으로 보이지만, 이 주거지는 루드나야 문화 주거지의 외곽에서 어깨선만 한 부분 보일뿐 정확한 주거지 윤곽선을 알 수 없다 (그림6).

그림6. 세클라에보-7 유적 평면도(클류예프 외 2003 재편집)

본고와 관련된 루드나야 문화의 세클라에보 유형 주거지 (그림6-2)는 말각방형의 100㎡ 정도인 대형주거지로 노지는 확인되지 않았다. 루드나야 문화의 주거지에서는 루드나야 문화의 토기 특징을 보이는 압날문 토기와 융기문토기 뿐만 아니라 침선문토기 등도 확인되어 주목된다. 유물에 관해서는 뒤에서 자세히 살펴보도록 하겠다.

(3) 쵸르토비 보로타 유적

유적은 크리바야(Кривая, Curve)강의 상류에 위치한 달레네스크 마을에서 서쪽으로 12km 떨어진 곳에 위치한다. 자연적으로 생긴 동굴유적으로 크리바야강의 계곡 부에서 20m 높은 곳에 위치한다(표1). 동굴은 두 실로 나누어져 있는데, 첫 번째 동굴의 길이는 45m, 두 번째 동굴의 길이는 10m로 입구가 다르지만, 동굴 내부는 연결되어 있다.

유적은 동굴 1실에서 주거지가 조사되었는데, 주거지는 말각방형으로 중앙에는 방형의 무시설식 노지가 확인되었다. 노지는 깊이 10cm 가량의 수혈에 설치되었다. 내부에는 단인석부와 직물, 갈판 등이 출토되었다. 기둥구멍은 주거지 벽선을 따라서는 확인되지 않았지만 주거지 장축방향으로 2줄의 기둥구멍이 있었다. 주거지는 화재난 주거지로 타고 남은 목재시설이 잘 남아 있었는데. 집을 지었던 구조물은 있었던 것으로 생각

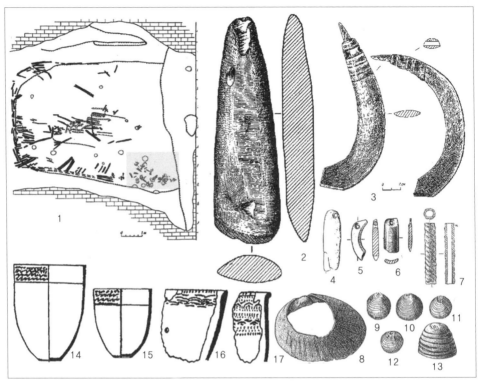

1 : 쵸르토브이 보로타 유적의 주거지(표시된 부분 인골출토), 2~13:인골 주변 출토, 14~17:주거지 내에서 출토된 토기

그림7. 쵸르토브이 보로타 유적의 주거지와 출토유물(알렉세프 외 1991 재편집)

된다(그림7-1). 인골이 남아 있는 곳에는 길이 27cm 이상의 대형석부(그림7-2) 및 골제장신구(그림7-3~13)가 출토되었다. 불로 태운 후 전면을 나선형으로 새겨서 관형으로 판 골각기(그림7-7), 설상의 치레걸이(그림7-4), 멧돼지 송곳니로 제작된 치레걸이(그림7-3), 조개장신구(그림7-9~13) 등이다. 인골이 동굴 안에서 몰려서 확인되며 그 주변에서 출토된 유물이 실생활 유물이라기 보다는 장신구 등이 많은데 의도적인 양상으로 볼 수 있다. 이러한 정황으로 보아서 주거지는 무덤으로 전용되었던 것으로 보인다.

연해주는 토양의 특성상 유적에서 유기물질이 잘 남아 있지 않지만, 본 유적은 화재난 주거지로써 골각기, 직물, 주거지 구조물 등의 유기물질이 잘 남아 있을 수 있었다.

(4) 드보랸카-1 유적

코미사로프카(Комиссаровка, Komissarovka)강 우안의 하안 구릉 위에 위치하며 2004년과 2006년에 발굴되었다. 상층은 청동기시대, 하층은 신석기시대로 나눌 수 있다(표1), 유적에는 육안으로 수혈이 아주 잘 드러난다. 유적에서는 환호가 확인되었는데, 환호 내의 수혈 4개와 환호 밖의 수혈 군으로 나누어진다. 환호 밖의 수혈은 2줄로 단구대의 능선방향과 일치한다(그림8). 그러나 유적 전체가 조사되지 않아서, 환호 내와 환호 밖의 수혈간의 시간 차이는 알 수 없다.

신석기시대 주거지는 방형으로 중앙에는 2개의 노지가 설치되었다. 1기의 노지는 직경 90cm 방형의 위석식 노지이고, 2기의 노지는 180cm 방형 노지이다. 노지 주변에는 세 개의 저장혈이 확인되었는데, 직경은 비슷하지만, 깊이는 각기 다르다(표2). 주혈은 주거지 벽면을 따라서 가장자리에서 확인되었는데 4열 배치인 것으로 생각된다(그림8).

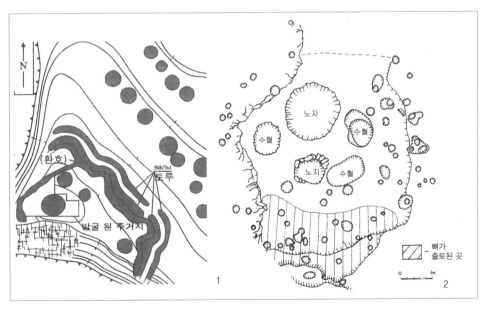

1:드보랸카-1 유적 평면도, 2:신석기시대 주거지

그림8. 드보랸카-1 유적 평면도와 발굴된 주거지(클류예프·가르코빅 2008 재편집)

(5) 루드나야 프린스턴 유적

유적은 동해안으로 흘러가는 루드나야강과 모나스티르카(Монастырка, Monastyrka) 강이 합해지는 계곡부에 위치한다. 높이 12~16m 가량의 하안 단구대 위에 위치한다. 1950년에 지질학자에 의해서 발견되어 유적이 위치한 하안 단구대에서 석기와 소위 '아

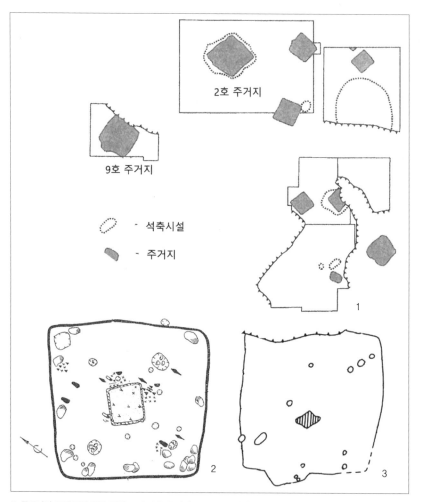

1:루드나야 프린스턴 유적 평면도, 2:2호 주거지, 3:9호 주거지

그림9. 루드나야 프린스턴 유적 평면도와 신석기시대 주거지(댜코프 1992 재편집)

무르 망상문양의 토기가 확인되었다. 이를 오클라드니코프가 최초로 1952~1953년까지 조사하게 되었다. 1982~1983년, 1990년에 댜코프가 조사하였다(표1). 유적은 주거유적으로 이른 시기의 9기, 늦은 시기의 주거지 8기가 확인 되었데, 이른 시기의 주거지는 3기가 조사되었다(그림9).

주거지 1호는 말각방형에 가까운 부정형으로 서쪽벽에 치우친 무시설식 노지가 확인되었다. 기둥구멍은 확인되지 않았다. 하지만 주거지 크기나 형태로 보아서 주거지가 아닐 가능성이 있다. 주거지 2호(그림9-2)는 방형 주거지로 중앙에 무시설식의 노지시설이 확실하게 남아 있다. 노지 주변에는 기둥구멍 4개가 확인되었던 것으로 보아 4열 배치의 주거지인 것으로 생각된다. 주거지 9호(그림9-1·3)는 유적의 가장 서쪽에 위치하는데 방형주거지로 이 유적에서 가장 크다. 남서벽에는 주거지의 입구로 추정되는 불룩 튀어난 곳이 있다. 중앙에는 방형의 무시설식 노지가 설치되어 있다. 기둥구멍은 9개 확인되었는데 4열 배치로 판단된다(표2).

표2. 동해안 북부와 중부유적의 주거지 특징

유적명		주거지	평면형태	크기		노지			주혈		비고
				m	㎡	위치(형태)	수	크기(cm)	수	배치	
아무르강하류	가샤	1호	방형	6×6	36	?			?	?	주거지 바닥에 저장혈
		2호	방형	6×6	36	중앙		방형	?	?	주거지 바닥에 저장혈
		3호	방형?	6×?	·	?			?	?	
	수추	24호	말각방형	9.2×9.2	82.8				?	?	주거지벽면을 따라서 단 시설
		25호	말각방형	6.2×9.5	58.9	중앙-원형		?	?	?	
		26호	말각방형	7×8	56	중앙		?	?	?	주거지 벽면을 따라서 단 시설
		27호	말각방형	8×8.5	68	중앙-원형		30×40	?	?	주거지 벽면을 따라서 단 시설

유적명	주거지	평면형태	크기 m	크기 m²	노지 위치(형태)	노지 수	노지 크기(cm)	주혈 수	주혈 배치	비고
연해주	세르게예프카-1	말각방형	17×18	306	중앙-위석식	1	175×150	71		서벽과 북벽의 단 시설
	쉐클라에보-7	말각방형	10×10	100	?					
	드로럇카-1	방형	30×?	·		2	90×30 180×20	4	4열	노지 주변에 3개의 저장혈
	노보트로이츠코예-1	방형	4.7×4.7	22	중앙-무시설식	1	120×100	20	3열	
	쵸르토븨바로타	말각방형	6.5×7	45	중앙-무시설식	1	150×120	10	2열 혹은 4열	
	루드나야프린스턴 1호	말각방형	3.2×2.2	7	서쪽으로 약간 치우침	1	30×10	·		
	루드나야프린스턴 2호	방형	4.8×4.2	20	중앙-무시설식	1	40×60	5	2열	
	루드나야프린스턴 9호	방형	8×9	72	중앙-무시설식					남서-문시설
동해안	오산리 A·B지구 1호	말각방형 혹은 원형	2.6×2.7	7	없음			·		
	오산리 A·B지구 2호	타원형	7.2×5.9	42,5	방형-위석식2기			8	주거지 가장자리	
	오산리 A·B지구 3호	타원형	6.8×5.5	37	방형- 위석식		60×59 70×90			
	오산리 A·B지구 4호	원형	7×7	49	원형- 위석식		100×100			
	오산리 A·B지구 5호	불명확	·	·	원형- 위석식					
	오산리 A·B지구 6호	원형	3.8×3.8	14.5	원형- 위석식					
	오산리 A·B지구 7호	원형	4×4	16	무시설식		70×50			
	오산리 A·B지구 8호	원형	4.1×3.4	14	원형- 위석식		95×85			
	오산리 A·B지구 9호	원형	2.5×2.7	6.7	원형- 위석식		80×65			평면크기로 보아 주거기능을 못하였을 가능성

유적명	주거지		평면형태	크기		노지			주혈		비고
				m	m²	위치(형태)	수	크기(cm)	수	배치	
오산리 C지구		1호	파괴심함	·	·						
		2호	장방형?	·	·						
	6층	3호	말각방형	7×6.9	48.3	방형-수혈		60×50	·		
		4호	말각방형	7.8×6.8	53	오각형-수혈		70×40	·		
	7층	5호	원형	7.1×7.1	38.5	방형-수혈		60×50			·
		6호	말각방형	4.7×4.7	19.74	장방형-수혈		150×50	·		
	9·	2호	원형	3.6×3.6	13	원형		60×60	·		
	10층	1호	원형	3.5×3.5	12.25	원형		60×60			
문암리		02-1호	원형추정	(4.5×4.5)	·	위석식					
		02-5호	말각방형	(2.25×2.23)	·	위석식추정					바닥 저장구덩이
		02-7호	말각장방형	7.7×4.5	34.7	중앙-위석식		100×90			

(6) 노보트로이츠코예-2 유적

유적은 아르세네프카강의 지류인 노보트로이츠코예(Новотроицкое, Novotroitskoe) 강의 좌안에 위치한 노보트로이츠코예 마을에서 서쪽으로 2km 정도 떨어진 언덕 위에 위치한다. 유적이 위치한 언덕 주변은 늪으로 둘러싸여져 있고, 유적 전체면적은 200㎡ 이다. 이중에서 2004년에 신석기시대 주거지 1기를 조사하였다(표1).

주거지는 말각방형(22㎡)으로 북쪽 어깨선은 거의 남아 있지 않다. 주거지 중앙에는 방형의 무시설식 노지 1기가 설치되었다. 주거지 바닥에는 20개 가량의 기둥구멍이 확인되었는데, 3열 배치인 것으로 판단된다(표2).

(7) 마략-르발로프 유적[7)]

동해안의 푸후순(Пхусун, Puhusun)만 입구의 구릉 위에 위치하고 1959~1960년에

---

7) 만의 이름을 따라서 처음에는 프후순(Пхусун) 유적으로 불렸으나, 연해주의 지명이 1968~ 1972년 개명되면서 마략-르발로프로 바뀌었다.

발굴되었었는데 신석기시대로 알려졌으나 청동기시대 층도 있는 것으로 알려졌다(표1). 이 유적에서 출토된 능형 압날문은 '아무르 망상문'으로 간주되었고, 아무르의 콘돈문화와 관련된 것으로 생각되었다(오클라드니코프 1964).[8]

학사적으로 중요한 위치를 차지하는 유적이지만 유구의 정황과 유물들이 간단하게만 보고되어서 많은 어려움이 있다. 유적에서 주거지 등의 유구는 없고, 유물이 포함된 문화층만이 알려져 있다.

3) 동해안

(1) 오산리 유적의 A · B지구

오산리 A · B지구는 해안 사구에 입지하고 있으며, 1977년 쌍호 매몰시 유적의 중간이 소실되어 그 동쪽을 A지구, 서쪽을 B지구로 부르고 있다. 유적의 입지는 동일한 양상이고 모두 6개층으로 구분된다. 출토유물의 성격에 따라서 1차적으로 청동기시대문화층과 신석기시대문화층(Ⅱ · Ⅴ층)으로 구별되며, Ⅴ층은 다시 1~7층으로 세분되는 것으로 보고되었다(표1). 그러나 이 유적의 층위에 관해서는 회의적인 견해가 지배적이다.

유구는 A지구에서 주거지 8기와 수혈 유구 1기와 B지구에서 주거지 2기, 적석유구 2기가 조사되었다. A지구의 9호 유구는 아주 작은 유구로 주거지 기능은 하지 못했고, 주거지와 관련되 부속 기능을 하는 유구로 판단하고 있다(서울대학교박물관 1988). B지구의 2호 주거지는 첨저의 침선문토기가 출토되는 것으로 보아 오산리 A · B지구에서는 가장 늦은 것으로 생각된다.

(2) 오산리 유적의 C지구

오산리 A · B지구는 층위에 대한 부정적인 인식으로 인해 융기문토기에서 오산리식토기로 변천한다는 의견이 기본적인 동해안 신석기토기편년으로 자리잡았다(한국고고학회 2010). 그러나 70m 정도 떨어진 오산리 C지구에서는 적색마연압날문토기가 9 · 10

---

8) 그러나 루드나야 문화의 유적들이 발굴 조사되고 자료들이 축척되면서 루드나야 문화가 아무르의 콘돈 문화에서 루드나야 문화가 영향을 받아 형성되었다는 논쟁 중이다.

표3. 오산리 C지구 층위(김재윤 2015a)

	문화층	유구
2층	조선시대	주거지
3층	청동기시대	유물포함층
4층	신석기시대 중기	6호 주거지
6층	융기문토기 상부문화층	3, 4호 주거지
7층	융기문토기 하부문화층	5, 6호 주거지
8층	오산리식토기	오산리식 토기
9·10층	적색마연압날점열토기+무문양토기	1, 2호 주거지
11층	후기구석기	박편석기

층, 오산리식평저토기가 8층, 융기문토기가 6·7층에서 출토되어(표3) 기존의 설과는 상반된다. 하지만 이곳에서 출토된 융기문토기가 늦은 형식(하인수 2006)이라는 점을 감안하면 반드시 오산리식토기가 융기문토기보다 이르다고 단정할 수 없다. C지구의 융기문토기층과 오산리식토기층 사이에 절대연대의 차이가 크지 않는 점(표5)과 문암리 유적에서 두 토기가 공반되는 점을 고려한다면, 두 토기는 같은 시간단계에 존재했을 가능성이 있다(김재윤 2013a). 문암리 유적에서는 적색마연토기 및 무문토기가 최하층(X, IX층)에서부터 출토되고 오산리식토기와 융기문토기는 VII-1, 2층에서 중점적으로 출토된다.

오산리 A·B·C지구의 주거지를 비교해 보면 전체적으로 말각방형 혹은 원형의 주거지 평면형태가 주를 이룬다(그림10). 그러나 오산리 유적이 사구위에 형성된 점을 감안해 본다면 이러한 말각방형 혹은 원형의 평면형태 크기가 큰 의미가 없는 것으로 생각된다.

하지만 오산리 C지구는 층위에 따라서 최하층에서는 장방형, 융기문토기와 오산리식토기가 출토되는 주거지는 말각장방형인 것이 뚜렷하게 구별된다. 또한 주거지 간의 평면크기는 차이를 보인다. 특히 층위가 안정적인 오산리 C지구를 기준으로 본다면 적색마연압날문토기와 무문양토기가 출토되는 VI층의 주거지가 융기문토기가 출토되는 III층, IV층의 주거지보다 평면크기가 작다는 것을 알 수 있다(표2).

오산리 C지구 5호와 평면크기가 유사한 것은 오산리 A지구에서 6·7·8호이다. 한

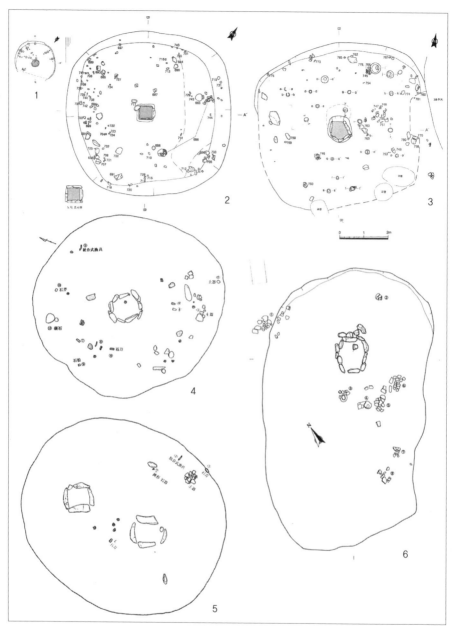

1:오산리 C지구 1호 주거지, 2:오산리 C지구 3호 주거지, 3:오산리 C지구 4호 주거지, 4:오산리 A·B지구 3호,
5:오산리 A·B지구 4호, 6:문암리 02-7호

그림10. 동해안의 유적 주거지(예맥문화재연구원 2010: 서울대학교 1984: 국립문화재연구소 2004 재편집)

편, 오산리 C지구의 1~3호는 50~39㎡로 오산리 A지구 2~4호의 평면크기와 유사한 점을 알 수 있다(표2).

(3) 망상동 유적

유적은 동해안에서 20.7km 가량 떨어져 있는 곳으로, 해발 20m 내외의 평탄면 일대에 위치한다. 유적은 2006년부터 시굴 조사되었다. 비록 유구는 확인할 수 없었으나 많은 양의 신석기시대 토기 및 석기 등이 수습되었으며 신석기시대 문화층 아래에서는 구석기시대 유물 포함층이 존재하고 있음을 확인하였다(표1).

신석기시대 토기는 무문양의 토기, 무문양적색마연토기, 적색마연압날문토기, 대형석도편(그림12-11) 등이 확인되어서 오산리 C지구의 최하층과 유사한 경향을 보이고 있다.

(4) 문암리 유적

유적은 현재 한반도의 동해안 신석기 유적 중 최북단에 위치하고, 구릉대지 위의 사구 위에 형성되어 있다. 1998~1999년까지 발굴조사가 실시되었고 2002년에 주거지 3기, 야외노지 1기, 매장유구 1기, 저장수혈유구 1기가 확인되었다(표1).

유적에서는 토기 이외에도 결상이식, 대형마제석검 등이 출토되어 많은 점을 시사하고 있다. 결상이식이 확인된 유구는 매장유구로 판단되었는데, 이로 하여금 신석기시대의 다양한 매장관습 등을 알 수 있다. 뿐만 아니라 최하층의 가장 이른 주거지 바닥에서 출토된 마제석기는 이제까지 신석기시대의 석기와는 전혀 다른 것으로써 주목받았다(국립문화재연구소 2004).

출토된 토기는 무문양토기, 무문양적색마연토기, 구연압날문토기, 융기문토기 등이 층서를 이루면서 확인되어 오산리 C지구 뿐만 아니라 망상동, 죽변 유적과의 비교가 반드시 필요할 것으로 생각된다.

(5) 교동 유적

춘천 교동 유적은 동굴이 주거지로 사용되었다가 폐기 후 시신을 매장한 무덤으로 사용된 것으로 보고되었다(표1). 인골 3구와 토기 5점, 석부와 석촉, 옥기 등이 동일 평면에 놓여 있다(金元龍 1963).

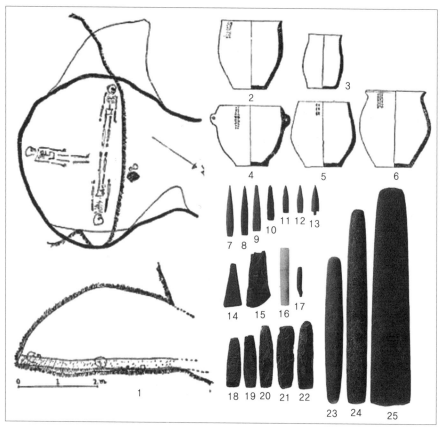

그림11. 춘천 교동 유적의 주거지와 출토유물(金元龍 1963 재편집)

토기는 평저로 구연부에 찍은 문양이 있는 오산리식토기이다. 구연부가 외반한 기형 2점과 구연부가 외반한 옹형토기 2점으로 그중에는 파수가 달린 토기(그림11-2~6)가 있다. 동체부의 문양범위, 복합문, 파수의 존재 등으로 보아 오산리식토기의 편년에서 Ⅲ단계 중에서도 B단계로 본다(하인수 2006).

한편 석기는 다양한데, 40cm 가량의 석부(그림11-25), 석착 5점(그림11-18~22), 석촉 7점(그림11-7~13), 석도 1점(그림11-14), 대롱관옥 1점(그림11-16), 결합식조침 1점(그림11-17) 등이 출토되었다. 주거지 폐기 후, 무덤으로 사용된 점과 대형 석부와 장신구 등은 앞서 설명한 바 있는 연해주의 쵸르토브이 보로타 유적과 유사하다(김재윤 2015a).

2. 아무르강 하류, 연해주, 동해안의 토기

오산리 C지구 등에서 확인되는 적색마연압날문토기는 러시아 말리셰보 문화에서 확인되고, 연해주의 루드나야 문화 세르게예프카 유형에서는 융기문토기와 압날문토기가 공존한다. 이들 토기의 특징은 다음과 같다.

1) 아무르강 하류의 말리셰보 문화

말리셰보 문화의 토기는 시문방법으로는 압날문, 정면방법으로는 적색마연을 했다는 점이 특징이고(사진1), 무문양토기도 상당양으로 알려졌다(데레비얀코·메드베제프 1995). 기형은 평저에 경부가 없는 발형토기인데, 구연부는 직립하거나 내만한다(표4). 이 문화는 석기조성에 따라서 동부와 서부 유형으로 나누어지지만, 토기 유형에서는 별 차이가 없는 것으로 알려졌다(메드베제프 2005).

신석기시대 토기는 문양시문방법과 문양형태, 기형 등으로 설명할 수 있다. 특히 문양시문방법은 신석기시대 내에서 시기를 구분하는 가장 큰 기준이 된다(김재윤 2009c). 그러나 말리셰보 문화에서는 압날문 시문방법 이외에 다른 문양시문방법은 관찰되지 않는다. 말리셰보 문화의 주요한 문양시문방법인 압날문은 단치구와 다치구의 압날 시문구를 반복해서 찍는다. 압날문의 단치구는 '도장'같은 치구로 찍어서 '압인(押印)' 하기 때문에 침선문을 그을 때 사용하는 막대기형 단치구와는 다르다. 하지만 도구를 찍어내려 시문한다는 방법은 단치구와 다치구가 같은 방법으로 사용되기 때문에 단치구에 의한 압날을 '押印'으로 부르지 않고, 압날문의 범주에 넣고자한다. 왜냐하면 짧게 눌러서 찍는 '押引文'도 사용되기 때문에 두 용어를 혼동하지 않고 쓰기 위해서이다. 따라서 본고에서는 押印文을 압날문의 범주에 넣고 시문구를 구분해서 설명하고자 한다(김재윤 2013a).

사진1. 말리셰보 문화의 적색마연압날문토기(필자촬영)

　토기의 문양형태는 시문도구를 하나 혹은 하나 이상 사용해서 다양하게 표현하는 경
우도 있다. 전자는 토기 전체에 같은 문양이 시문되고(그림14-7, 15-7), 후자는 시문
도구의 종류에 따라서 동체부에 서로 다른 문양이 시문된다(그림14-8~10). 따라서 문
양형태는 문양시문방법, 시문도구의 종류, 모티브에 따라 결정되며 속성이 된다. 문양
은 반복해서 찍는데, 압날도구를 수직으로 세워서 횡방향을 반복해서 찍는 횡방향 모티
브(a), 곡선 모티브(b), 이러한 횡방향 모티브와 곡선 모티브를 섞은 경우(a+b), 사선
(c), 타래문 모티브(d) 등으로 나눌 수 있다. 시문도구의 종류는 끝이 꺽쇠 모양인 'ｖ'
(1), 타원형(2), 방형(3), 호선(4)으로 나눌 수 있다(표4).
　기형은 경부가 없는 발형토기가 기본적이며 구연부, 동체부의 형태로 나누어 관찰된
다. 그 중 구연부는 직립 하거나 약간 내만하는 홑구연(A)과 구연단에 융기문이 부착되

어 두터우면서 내만하는 것(B), 구연 아래에 기벽 안쪽으로 턱이 형성되어 외반하는 경우(C)로 나눌 수 있다. 동체부는 구경과 저경의 비율이 거의 같아서 통형을 이루는 것(i), 구연부에서부터 저부까지 완만하게 곡선을 이루는 발형(ii), 구연부가 내만하면서 구연부 부터 저부까지 타원형을 이루는 것(iii)으로 나눌 수 있다(표4).

말리셰보 문화의 절대연대는 8000년 전부터 4000년 전까지 넓은 폭을 보인다(표5). 아무르강 하류의 신석기시대 연구는 메드베제프 박사가 주도하고 있는데, 수추섬 발굴

표4. 말리셰보 문화 토기 기형과 문양(김재윤 2013a)

기형			
구연부	홑구연(A)	융기문 부착 내만하는 구연(B)	구연부 아래에 턱이 형성되는 것(C)
기형	통형(i)	발형(ii)	타원형(iii)

문양					
문양 모티브	횡방향(a)	곡선(b)	횡방향+곡선(a+b)	사선(c)	타래문(d)
시문 도구	꺽쇠모양(1)	타원형(2)	방형(3)	호선(4)	

이후의 논고에서 말리셰보 문화가 콘돈 문화보다 이르며, 수추섬에서 확인된 말리셰보 문화의 절대연대를 그대로 수용해서 기원전 6000년 기부터 기원전 4000년 기 후반까지로 보고 있다(메드메제프 2005).

그런데 러-일 공동연구인 말라야 가반 유적의 발굴을 통해서 기존의 알려진 연대와는 달리 말리셰보 문화 연대는 대략 5200~4400년 전에 해당된다는 연구결과가 발표되었다. 수추섬의 발굴결과(국립문화재연구소 외 2000·2002·2003) 중 이른 연대(6000년대 이상)는 부정하고, 대부분의 수추섬 절대연대가 말라야 가반 유적의 연대를 뒷받침하는 것으로 보았다(세프코무드·후지다 외 2008). 즉 말라야 가반 유적의 발굴을 통해서 기존의 알려진 말리셰보 문화가 콘돈 문화로 발전한다는 편년을 부정하고 콘돈 문화가 앞선다고 보게 된 것이다. 말리셰보 문화는 5200년 전을 상회하는 연대가 없으며, 콘돈 문화의 상한 연대가 기존(5000년 전)과 달리 6000년 전까지 올라갈 수 있다고 한다(세프코무드·후쿠다 외 2008; 內田和典 2011).

하지만 현재 아무르강 하류의 말리셰보 문화와 콘돈 문화의 발전순서는 말라야 가반 유적 한 개소 유적의 연구결과를 아무르강 하류의 신석기문화 전체에 대입하기는 어려우며, 기존의 연구결과를 인정하는 가운데 말라야 가반 유적의 연대도 참고로 할 필요가 있다. 실제로 말리셰보 문화의 연대가 넓은 폭을 보이고 있고, 8000년 전에 근접한 연대가 1개만 존재하기 때문에 이를 상한으로 보기에는 불확실하다. 그런데 토기의 시문 특성상 말리셰보 문화가 인접한 연해주의 보이스만 문화(Бойсманская культура, Boisman culture)와 관련이 있다는 지적을 고려해 볼 때 보이스만 문화가 시작되는 7000년 전 무렵(모레바 2005)에 말리셰보 문화도 존재했다고 보는 것이 안정적이다. 하한은 4000년 전까지 절대연대가 존재하지만(표5) 이 시점에는 신석기 후기 문화인 보즈네세노프카 문화가 이미 시작한 시점이기 때문에 하한으로 보기에는 너무 늦다. 수추섬의 말리셰보 문화 주거지에서 보즈네세노프카 유물이 확인되는데, 이와 관련되었을 수도 있다. 따라서 말리셰보 문화의 하한은 조금 더 연구성과가 필요할 것으로 생각된다(김재윤 2015a).

콘돈 문화는 기존의 5000년 전부터 시작되는 것으로 보았지만(메드베제프 2005) 말라야 가반 유적의 결과 콘돈 문화가 6000년 전께로(6180±6240B.P.)(세프코무드·후

표5. 6500~6000년 전 동해안 북부와 중부의 절대연대(김재윤 2015a)

		유적명	C14연대	보정연대	참고문헌
말리세보 문화		사카치알리안	6900±260 B.P.(МГУ-410)		메드베제프 2007
		가샤	7950±80 B.P.(ЈІЕ-1779)		
		수추	5870±45 B.P.(COAH-45)		국립문화재연구소 외 2002
			5830±65 B.P.(COAH-843)		메드베제프 2005
			6070±90 B.P.(COAH-4347)		국립문화재연구소 외 2000
			5180±100 B.P.(КСР-498)		
			5140±100 B.P.(SNU00-336)		
			5170±90 B.P.(COAH-1123)		오를로바 1995
			5070±40 B.P.(SNU00-335)		국립문화재연구소 외 2000
			4900±40 B.P.(SNU00-338)		
			4950±30 B.P.(SNU00-333)		
			4970±40 B.P.(SNU00-334)		
			4820±90 B.P.(SNU01=363)		국립문화재연구소 외 2002
			4780±70 B.P.(SNU01-365)		
			4780±100 B.P(SNU01-365)		국립문화재연구소 외 2000
			4740±70 B.P.(SNU00-337)		
			4730±100 B.P(COAH-4349)		
			4680±30 B.P(SNU01-366)		국립문화재연구소 외 2002
			4650±55 B.P.(COAH-1281)		오를로바 1995
			4540±100 B.P(SNU-332)		국립문화재연구소 외 2000
			4470±100 B.P.(ГИН-8292)		메드베제프 2005
			4380±40B.P.(COAH-1280)		오를로바 1995
		말라야 가반	4900±5000 B.P.		세프코무드·후지다 외 2008
루드나야문화	루드나야유형	루자노바 소프카2	7320±40 B.P.(IAAA-32076)		파포프·바타르쉐프 2007
		루드나야 프린스턴	7390±100 B.P.(ГИН-5984)		디코프 1992
			7550±60 B.P.(ГИН-5631)		
			7690±80 B.P.(ГИН-5983)		

		유적명	C14연대	보정연대	참고문헌
세르게예프카유형		드보란카-1	7615±180 B.P.(COAH-5902)		클류에프 · 가르코빅 2008
		노보트로에츠코예-2	6920±50 B.P.(SNU07-257)		
		세르게예프카-1	6700±80 B.P.(AA-60608)		파포프 · 바타르쉐프 2007
		우스티노티노프카-8	6770±50 B.P.(TKa-13433)		國學院大學 2006
			6830±50 B.P.(TKa-13432)		
			6890±50 B.P.(TKa-13430)		
			7020±90 B.P.(TKa-13431)		
		쵸르토븨 바로타	5890±45 B.P.(JIE-4181)		쿠즈민 외 1998
			6380±70 B.P.(MГУ-504)		
			6575±45 B.P.(COAH-1083)		
			6710±105 B.P.(JIE-4182)		
			6825±45 B.P.(COAH-1212)		
			7010±95 B.P.(TERRA-b011300a36)		
		쉐클랴에보-7	6045±50 B.P.(AA-60055)		김재윤 외 2007
			6120±45 B.P.(AA-60054)		
			6200±50 B.P.(AA-60057)		
			6280±50 B.P.(AA-60056)		
			6455±50 B.P.(AA-60059)		
동해안 2유형	오산리 A·B	V-①	7120±700 B.P.(KSU-492)	6000~5320(B.C.)	서울대학교박물관 1993
		V-①	6780±1000 B.P.(KSU-494)	6000~4610(B.C.)	
		V-②	6080±210 B.P.(KSU-619)	5260~4690(B.C.)	
		V-③	5740±210±B.P.(KSU-620)	4910~4430(B.C.)	
		V-⑦	6130±50 B.P.(KSU-616)	5140~5020(B.C.)	
		VI	6070±30 B.P.(KSU-615)	5050~4990(B.C.)	
		융기문출토	7050±120 B.P.(KSU-515)	6000~5350(B.C.)	
	오산리 C	6층(융기문상층) 3호 주거지	5750±25 B.P.	4690~4530(B.C.)	예맥문화재연구원 2010
		4호 주거지	5760±25 B.P.	4690~4540(B.C.)	
		7층(융기문하층) 5호 주거지	5770±25 B.P.	4690~4540(B.C.)	
		6호 주거지	5850±25 B.P.	4800~4670(B.C.)	
		8층 오산리식토기	6151±26 B.P.	5210~5010(B.C.)	
		흑갈색사질토층	6005±30 B.P.	4986~4828(B.C.)	

	유적명		C14연대	보정연대	참고문헌
동해안 1유형	9·10층 (조기 문화층)	1호 주거지	6750±30 B.P.	5715~5623(B.C.)	
		2호 주거지	6600±25 B.P.	5570~5480(B.C.)	
	문암리 최하층		6000~10000(B.C.)		국립문화재연구소 2004
	9층 02-7호 주거지		6596±40 B.P.		김은영 2007

쿠다 외 2008) 올라간다. 또한 이 콘돈 문화와 함께 아무르 편목문 토기로 여겨지는 연해주 루드나야 문화의 시작 시점이 6500년 전이라는 점도 참고할 수 있다. 절대연대상으로 말리셰보 문화보다 콘돈 문화가 늦게 시작되지만, 병존하는 시점도 있을 수 있다.

2) 연해주의 루드나야 문화 세르게예프카 유형 토기

루드나야 문화는 루드나야 유형과 세르게예프카 유형[9]으로 나누어진다(바타르쉐프 2009). 루드나야 유형은 발형토기가 기본으로 구연부가 직립하는 것이 대부분인데 약간 내만 혹은 외반하기도 하며 구연단은 편평하거나 둥글다. 동체부의 문양은 구연부와 그 아래에 약간 공간을 두고 시문되는 것이 기본이다. 문양대는 능형, 타원형, 삼각형 등의 단독압날문이 횡방향으로 연속해서 시문되는데 침선문으로 문양대를 구분해서 긋기도 한다. 구연단에 구순각목이 시문되는 점도 특징이다. 기형은 발형만 확인되고, 문양은 단독압날문만 확인되는 등 동해안의 유물과는 차이가 있다.

반면에 루드나야 문화의 세르게예프카 유형은 루드나야 유형과 기형에서 부터 차이가 있는데, 발형토기(I)와 함께 호형토기(II)도 확인된다(그림24~29). 호형토기의 구연부는 직립(A) 혹은 외반하고 구연단 가장자리가 약간 불룩하게 튀어 나왔고(D), 동최대경 위치는 중앙(ㄱ) 혹은 동체부의 중앙에서 아래쪽 하단(ㄴ)에 있다(표6). 문양은 압날문이 단독으로 시문되는 것과 단치구와 다치구의 압날문이 복합되는 것으로 나누어

---

9) 셰클라에보-7 유적을 기준으로 명명된 셰클라에보 유형(김재윤·클류예프 엔.아·얀쉬나 오.베. 2007)과 같다.

표6. 세르게예프카 유형의 기형(김재윤 2013a 재편집)

기형			
구연부		동최대경 위치	
A	D	ㄱ	ㄴ

문양형태					
5+8	6+8	7+8	7+8'	9	9'

진다. 단독압날문은 단치구로 구연부 부근에만 점열문이 단독으로 시문된다(그림27-1~3). 복합압날문은 루드나야 유형에서 확인되는 방형(3), 능형(5), 삼각형(6)과 함께 새로이 이 유형에서는 (새) 부리 모양(7)(표6)이 등장한다. 다치구압날문(8)과 복합되어 구연부 근처에 표현되는데, 기본적인 문양대의 모티브는 문양대의 상단과 하단은 한 줄 혹은 두 줄의 부수적인 문양이 시문되고, 중앙은 특징적인 문양이 넓게 시문되는 것이다(표6). 그 중 방형 및 삼각형, 부리형 압날문은 다치구압날문과 함께 표현되는데, 문양대의 가운데는 방형 및 삼각형 압날문, 문양대의 위와 아래는 다치구압날문이 시문된다(표6-5+8, 6+8, 그림24, 25-8, 26). 반대로, 문양대의 위 아래와 가운데 시문방법이 반대로 베풀어지기도 하는데, 문양대가 3단까지 반복되어 시문되기도 한다(표6-7+8, 7+8′, 그림26-24~27).

한편 세르게예프카 유형의 문양 중에는 융기문(9)이 확인된다. 이러한 문양은 구연부 근처에만, 파상문(9) 혹은 횡선(9')으로 시문된다(표6, 그림27-5 · 7 · 9 · 10, 28-5~14).

3) 동해안의 토기

동해안의 유물은 기존의 '오산리식토기'와 '융기문토기'로 불리던 토기와 오산리 C지구에서 오산리식토기 아래층에서 출토된 적색마연압날문토기와 무문양토기는 평저토기이다. 이러한 유물들이 출토되는 유적은 오산리 A·B지구, 오산리 C지구, 망상동, 문암리 등이다.

오산리 A·B지구의 출토유물은 크게 구연부 근처에 압날 혹은 압인문이 시문되는 특징을 보이는 소위 '오산리식토기'와 융기문 토기가 주류를 이룬다. 그러나 이 유적의 층위 문제가 심각하게 제기 되면서 층위를 고려하지 않고 형식학적으로 판단해서 융기문토기에서 오산리식토기로 발전한다는 견해(김장석 1991; 하인수 1995)가 일반적으로 통용된다(한국고고학회 2010).

하지만 새로이 발굴된 오산리 C지구는 유적의 층위가 안정되었고, 오산리 C지구 최하층에서 출토된 적색마연압날문토기는 무문양 토기와 함께 출토되었다(표3). 이 토기는 끝이 뾰족한 시문구를 이용하여 구연부에서 1cm 정도의 공백을 둔 후, 횡방향으로 2열 또는 3열씩 압날 시문 한 후 밑으로 바로 연결하여 방형 또는 삼각형으로 구획한 후 그 안에 다시 삼각형이나 방형을 구획하는 문양 모티브를 만들었다. 전부 발형토기로, 저부가 좁고 구연부가 넓은 것이 특징으로, 기벽의 내·외면은 모두 매끈하게 적색마연되었다(그림30-1~12).

뿐만 아니라 문암리의 Ⅷ층에서도 접시모양의 소형토기도 끝이 뾰족한 시문구로 표현되었고, 비슷한 모티브로 시문되었다(그림32-4). 무문토기와 공반되는 점도 오산리 C지구의 조기문화층과 관계가 깊은 것으로 생각된다.

무문양토기의 기형은 적색마연압날문토기와 거의 유사하다. 좁은 저부에 상대적으로 넓은 구연부가 특징으로, 구연부는 내만되거나 직립한다. 내외면에 적색마연[10]된 것도

---

10) 이 유물은 토기편으로 확인할 경우 청동기시대 적색마연토기와 거의 구분이 안 될 정도로 유사하다. 물론 한반도 청동기시대의 적색마연토기와 기형 등에서는 차이가 크지만, 토기질은 거의 유사하다. 따라서 이러한 토기를 신석기시대적색마연토기로 보고자 한다. 한편, 주칠토기(김은영 2006)로 명명된 토기도 마찬가지이다. 표면박리가 심하지만, 적색으로 칠이 되어 있는 점과 공반

있고, 물손질 정면만 한 것 등이 있다(고동순 2009, 그림30-1~12).

오산리 C지구 1단계와 망상동, 문암리 1단계는 적색마연압날문토기와 무문양토기, 무문적색토기 등이 출토된다. 토기 이외에 관찰되는 대형 석도가 있다. 오산리 C지구, 망상동, 문암리, 죽변 등에서 출토(그림12-7~14)되어 서로 관련성이 깊은 것으로 보인다.

오산리 C지구의 1·2호 주거지는 적색마연압날문토기와 무문양토기가 출토되는 주거지로 원형의 수혈주거지이다. 문암리의 02-7호 주거지(그림10-6)는 말각장방형으로 확인되었지만, 유적은 사구에 형성된 것으로 유적 형성당시와는 차이가 있을 것으로 생각된다. 출토된 토기로 보아서 오산리 C지구 1단계와 망상동 유적, 문암리 1단계는 동해안 1유형으로 설정가능하다.

그런데 죽변 유적에서도 적색마연토기가 출토되는데 오산리 중층양식의 토기와 유사한 점이 많아서 죽변양식으로 설정되었으며, 가까운 오산리 유적이나 남해안과도 관련성이 있다고 보기 때문에(임상택 2012), 오산리 C지구, 망상동, 문암리와는 약간 성격을 달리하며, 재지성이 강한 것으로 생각된다.

오산리식토기는 구연부 혹은 그 근처에 압날문 혹은 압인문이 시문되는데, 발형토기와 경부가 있는 호형 혹은 옹형토기로 나눌 수 있다. 오산리식토기라 불리는 이 토기는 크게는 단독압날문과 복합압날문으로 나누어지고, 이러한 문양대는 여러 가지 문양형태 혹은 시문방법으로 시문된다(그림34·35).

단독압날문(그림34)은 주로 단치구의 압날문이 횡방향으로 시문되는 것으로, 시문구를 수직으로 대고 눌러 시문구의 단명형태가 나타나도록 하였으며, 구연부에 집중된다. 이러한 문양은 반죽관문, 점열문, 사격자문, 음각선문, 사선문 등으로 불린다. 그 중 사선문은(그림34-3) 상하단의 횡단으로 압날한 후 그 사이를 사선 혹은 파상으로 표현하고 있는데 같은 시문도구를 사용했다는 점에서 이러한 범주에 포함할 수 있으며, 유물들을 오산리토기의 압날문토기로 보고자 한다. 기형은 구연부와 저경의 비가 큰 발형토기가 대부분이며, 호형토기도 존재한다. 호형토기에는 횡교상 파수가 부착되는 것이 있다.

되는 유물로 보아서 같은 정면방법으로 생각된다.

복합압날문은 다치구와 단치구의 시문도구를 복합해서 사용하는 것이다. 다치구의 문양시문도구를 종방향으로 세워서 문양대의 상하에 시문하고, 그 사이에 삼각형의 단치구 압날문을 시문하는 것이다(그림35-25·26, 36-13). 문양모티브는 상하단의 시문이 위의 것은 반죽관문, 아래의 것은 삼각형시문구를 사용해서 다른 것도 있지만, 기본적으로 같은 아이디어임으로 같은 문양의 범주에 넣고자 한다. 이러한 문양대는 1단으로 시문되는 경우도 있으나 2·3단이 반복되어 시문되는 경우도 있다.

융기문토기는 압날문토기처럼 시문구로 토기 기벽을 찍어서 시문하는 음각적인 방법이 아닌 토기점토를 기벽에 부착해서 만드는 양각 문양으로 오산리식 토기와는 시문방법이 다르다(그림36-26~30). 융기문토기는 구연부에서 약간 떨어지거나 혹은 구연부에서 바로 부착되어 시문된다. 융기문양은 횡방향으로만 부착된 것, 삼각형과 횡방향이 복합된 것 등으로 나눌 수 있다. 융기문 위에 아주 날카롭게 시문되거나 융기선문 시문 시 점토띠 위아래에 도구의 흔적을 남기는 것, 도구 대신 손가락으로 눌러 점토띠를 부착하는 것 등이 특징이다.

문암리 유적, 오산리 유적(A·B지구)에서는 융기문토기와 오산리식토기인 압날문토기가 공반된다. 또한 오산리 C지구에서는 오산리식토기와 융기문토기가 층을 이루지만 오산리식토기가 출토되는 층과 융기문토기가 출토되는 층의 시간차가 크지 않다(표5). 또한 토기의 형식도 동해안의 융기문토기 가운데서 이르다고는 할 수 없다(하인수2006). 따라서 오산리 C지구 발굴결과 만으로 동해안의 모든 유적에서 오산리식토기가 융기문토기 보다 이르다고 보는 것은 어렵다.

현재는 두 토기는 일정기간 같은 시간대에 공존했을 가능성이 있는데, 연해주의 세르게예프카 유형에서는 두 형식의 토기가 동시 출현하는 점도 참고할 수 있다. 따라서 융기문토기와 오산리식토기는 동해안 2유형으로 보고자 한다(표7).

토기 이외에 동해안 1유형과 2유형을 비교할 수 있는 것은 주거지가 있다. 주거지 평면형태는 1유형이 원형, 말각장방형 등이고, 2유형은 비교적 원형 혹은 말각방형 등으로 차이가 있다. 또한 1유형에 비해서 2유형의 평면크기도 훨씬 큰점(표2)은 뚜렷하게 다르다.

표7. 동해안 침선문토기 출토 이전의 유형(김재윤 2015a)

	시문방법 유적명	적색마연 (압날)토기	무문양토기	오산리식토기	융기문토기
1 유 형	오산리 C지구 Ⅵ층	○	○		
	문암리 Ⅹ층		○		
	문암리 Ⅸ층	○	○		
	망상동	○	○		
2 유 형	오산리 C지구 Ⅴ층			○	
	오산리 C지구 Ⅳ층				○
	오산리 C지구 Ⅲ층				○
	오산리 A·B지구			○	○

3. 동해안에서의 이동 정황

오산리 C지구 신석기시대 최하층(Ⅵ층)과 문암리 최하층, 망상동 등에서 확인되는 적색마연압날문토기와 무문토기가 주요한 특징인 동해안 1유형은 아무르강 하류의 말리셰보 문화 토기와 관련이 깊다. 마연하는 정면방법과 다치구를 사선방향으로 찍어서 시문하는 기법이 상호 유사하다. 문암리 02-3호 매장유구에서 결상이식(그림32-1·2)과 공반된 접시형토기(그림32-4)는 한반도에서 출토되지 않는 기형(국립문화재연구소 2004)으로 말리셰보 문화에서 찾아볼 수 있다. 말리셰보 문화의 주거지는 평면형태가 말각방형 혹은 원형이고 노지는 대체적으로 무시설식이며 바닥에 저장공이 설치되는 특징을 보인다. 아무르강 하류의 주거지가 동해안의 주거지보다는 큰 점 등은 차이가 있다(표2). 이러한 이유에는 지리적 입지, 기후 등의 영향이 있었을 것으로 보인다. 이 외에 동해안에서 나타나는 말리셰보 문화의 영향은 토우로도 입증된다(김재윤 2015a).

한반도는 동북아시아의 다른 지역에 비해서 토우가 적은 편이지만, 동해안은 출토수가 많은 편이다(김재윤 2008). 아무르강 하류 지역은 신석기시대 전 기간에 걸쳐서 토우가 많이 확인되는데, 그중 특히 말리셰보 문화에서 토우가 많이 출토된다. 그런데 오산리 C지구의 최하층에서 동물형 토우(그림31-9·10)가 확인되었다. 이 토우와 아무르강 하류 수추섬의 24호 주거지 출토(그림17-12)의 것이 아주 유사하다. 각각 곰 모양(고동순 2007)과 엘크(사슴) 토우(메드베제프 2005)로 보고 있다. 두 토우 동정의 옳고 그름을 떠나서, 동물은 일정한 자연환경과 장소에서 서식하기 때문에 유사한 형태의 토우가 각 지역에서 확인되었다는 점은 시사하는 바가 크다.

한편 동해안 적색마연토기가 확인되는 유적에서 나타나는 대형 석도(그림12-7~14)는 적색마연토기가 확인되는 오산리 C지구 신석기시대 최하층, 죽변, 문암리 등에서만 확인된다. 여러 시기에 걸쳐서 사용된 결합식 낚시바늘(그림12-1~6) 등은 연해주나 아무르강 하류에서는 확인되지 않는 남한 동해안의 지역성이 그대로 남아 있는 유물로 생각된다. 그래서 동해안에서 적색마연토기와 무문양토기 등이 나타나는 시기는 오산리 C지구의 조기층을 참고하면 7000년 전이지만, 망상동, 문암리 등 여러 유적에서 나타나

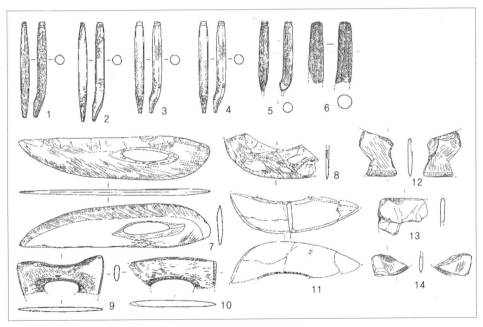

1~4·7·8:문암리 유적, 5·6·9·10:망상동, 11:죽변 유적, 12~14:오산리 C지구 조기

그림12. 동해안의 석기(1/4)(김재윤 2015a 재편집)

는 토기와 석기양상은 이미 재지화된 것으로 생각되며 말리셰보 문화와의 관련성은 오산리 조기층의 1호·2호 주거지 연대(표5)를 참고로 대략 6500~6000년 전 무렵으로 생각된다.

동해안의 신석기 2유형은 오산리식토기와 융기문토기가 공반된다. 이들 유형의 계보를 찾을 수 있는 것은 연해주에서 융기문토기와 구연부압날문토기가 공반된 루드나야 문화의 세르게예프카 유형이다. 구연부압날문토기는 구연부에만 압날문이 시문되는데, 단독으로 시문되기도 하고 다른 문양과 복합되기도 한다. 문양시문방법, 문양형태의 유사성, 문양 모티브의 아이디어 등이 오산리식 토기와 아주 유사하다.

또한 세르게예프카 유형의 융기문토기는 횡방향이 주를 이루고 기형도 발형이나 호형 등이 있다. 전체적으로 파상의 횡방향 융기문이 많지만, 직선의 횡방향 융기문(시로틴카, 엘제페-3-6) 등도 확인되고 있다. 따라서 세르게예프카 유형의 융기문토기와 구연부압날문토기는 동해안 2유형과 관련이 깊은 것으로 생각된다. 루드나야 문화의 세르게예프카 유형 절대연대와 동해안 2유형의 중심연대와 비교해 본다면 6000~5800년 전 무렵에 서로 관련이 있는 것으로 생각된다. 한편 문암리 유적의 02-3호 유구에서는 결상이식(그림32-1·2)이 확인되었는데, 옥제장신구는 세르게예프카 유형의 쵸르토브이 보로타 유적(그림29-1)에서도 확인된다. 앞서 살펴보았듯이 이 유적은 주거지 폐기 후, 무덤으로 사용한 예로 동해안의 교동 유적에서도 같은 정황이 확인된다. 다만 교동 유적에서는 결합식 낚시바늘이 출토되는 것으로 보아서, 이미 오산리식 토기를 사용하던 사람의 것으로 보인다.

남한 동해안의 최북단에 위치한 문암리와 이곳에서 대략 40km 떨어진 곳에 해발고도 1,638m 이상의 금강산이 위치한 것을 상기한다면, 아무르강 하류나 연해주에서 해안을 따라서 내려온 해안육로보다는 연안을 따라서 배로 이동하는 것이 훨씬 용이했을 것으로 생각한다. 배로 이동이 가능했을 것이라는 직접적인 증거인 목제 배가 오산리 C지구와 죽변 유적에서 출토되었다. 죽변의 Ⅳ문화층에서 통나무배가 보고되었고, 이 층에서는 신석기시대 적색마연토기 및 무문양토기 등이 다량으로 출토되었다(삼한문화재연구원 2012). 물론 죽변유적은 오산리와 관련성이 깊은 것으로 생각되어(임상택 2012) 본고에서는 제외되었지만, 한반도 동해안에서 배를 사용했다는 것을 방증하는 자료로 볼 수 있다.

4. 극동전신상토우와 동해안 수렵채집민의 아이덴티티

두만강 하류에 위치한 서포항 유적에서 비상하게 생긴 토우(그림13-8~10)가 출토되었다. 이 토우는 입상이며, 사람으로 생각되었지만, 성별을 알 수 없고, 머리 정수리가 뾰족하고, 머리와 몸통이 각을 이루고 있다. 도대체 이 토우는 왜 이런 모습을 하고 있으며, 무엇을 의미하는 것인가? 선사시대 다른 동북아시아의 토우는 적어도 여성, 남성을 구분할 수 있는 것이 대부분이고, 머리도 둥글게 표현되며 머리와 몸통도 일자로 부착된 것이 많기 때문이다(김재윤 2008).

서포항 토우와 유사한 모습의 토우는 아무르강 하류, 연해주, 두만강에서 신석기시대부터 청동기시대까지 출토된다. 인접한 중국동북지방에서는 특히 남성상의 토우가 존재

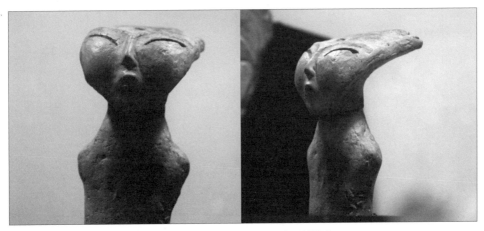

사진2. 아무르강 하류의 토우사진(콘돈 유적출토, 보즈네세노프카 문화, 필자촬영)

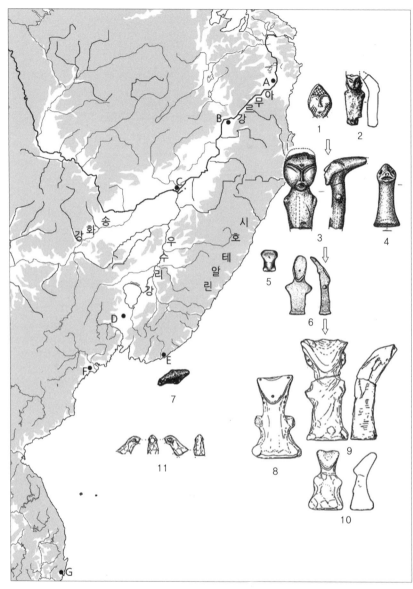

1:가샤 출토, 2:수추섬 1호 주거지, 3:콘돈 유적, 4:수추섬 4호 주거지, 5:세르게예프카-1,
6:리도프카, 7:에프스타피-4, 8·9:서포항 청동기시대 아래층, 10:서포항 청동기시대 윗층, 11:울산 세죽,
A:수추, B: 보즈네세노프카, C:가샤, D: 세르게예프카1 E:에프스타피-4, F:서포항, G:세죽리

그림13. 환동해문화권의 선사시대 토우와 아이덴티티(김재윤 2008 재편집)

하지 않고 여성상이 주류를 이룬다. 동북아시아 사람모양의 토우가 머리와 몸통을 보통 인간과 마찬가지로 일직선으로 부착하는데, 반면에 앞서 설명한 토우는 무성인 사람모양으로 머리와 몸통에 부착되는 방법 등이 차이가 있어서 토우가 내포하고 있는 의미가 차이가 있을 것으로 유추가능하다. 따라서 이러한 토우를 '극동전신상 토우'라고 명명하였고, 性을 표현하지 않는 특징을 포함한다(김재윤 2008). 상기한 지역에서만 출토되기 때문에 환동해안의 신석기시대~청동기시대의 사람의 모습, 나아가서 그들의 아이덴티티를 표현 하는 것으로 보인다.

극동전신상토우는 아무르강 하류의 7000년 전 신석기문화인 말리셰보 문화(그림13-1, 2)에서 최초로 등장한다. 이 토우는 동북아시아 신석기시대 最古의 인물상토우이다. 그 이후에 5000년 전부터 시작되는 보즈네세노프카 문화에서 눈썹과 코가 더욱 뚜렷해진다(사진2, 그림13-3). 가늘게 표현된 눈, 눈썹과 코가 연결되어 표현된 점 등은 말리셰보 문화의 것과 유사하다. 토우의 몸체를 수직으로 관통하는 구멍이 하단에서부터 있는데, 나무를 끼워서 토우를 세우기 위한 기능과 관련되었다. 현재로서, 아무르강 하류에서는 신석기시대 이후에는 극동전신상토우가 확인되지 않는다.

그런데 연해주에서도 극동전신상토우가 확인되는데, 청동기시대인 리도프카 문화(그림13-5)와 서포항 아래층(그림13-8, 9)과 윗층(그림13-10)에서 확인된다.[11] 연해주 리도프카 문화의 토우는 얼굴과 몸통의 형태는 보즈네세노프카 문화의 것보다 단순화되었다. 머리 정수리가 뾰족하게 표현되어 전체적으로 타원형이고, 눈, 코, 입 등이 상략되었으며, 몸통을 관통하는 구멍 대신 하반신이 편평하게 제작되어 단독으로 세울 수 있게 되었다. 또한 양손을 양쪽으로 뻗고 있는 점도 이전 시대와 차이점이다. 이 토우를 전신상이라고 판단하게 된 근거도 청동기시대의 것이 단독으로 세울 수 있도록 하반신을 마감했기 때문이다. 얼굴 형태가 더욱 간략하게 표현되었는데 얼굴모양이 사다리꼴 모양 혹은 삼각형을 띠고 있으며 몸통이 안정감 있게 표현되었다(김재윤 2008).

---

11) 현재까지 연해주 신석기시대에서 확실하게 극동전신상토우로 보이는 유물은 확인되지 않았으나, 세르게예프카-1 유적 출토유물(그림13-5)이 가능성이 있다. 머리가 제거된 채 출토되었지만, 무성으로 표현된 점, 양손을 벌리고 있는 점 등이 연해주에서 출토된 청동기시대의 토우와 유사하다.

아무르강 하류는 동북아시아에서 토우가 출토되는 곳 중에서 제일 위도가 높다. 겨울에는 아주 혹독한 자연환경이지만 사계가 뚜렷하고, 겨울을 제외한 다른 계절에는 식량획득이 용이한 곳이다. 이곳에서는 세석인과 함께 동아시아에서 가장 연대가 가장 올라가는 고토기가 출토되어 가장 이른 신석기시대가 시작된 곳이기도 하다. 고토기가 특징인 아무르강 하류의 오시포프카 문화는 토기의 등장으로 보아서 제한적이지만 정착적인 생활을 할 수 있게 되었다. 토우도 정착생활을 하게 됨으로 주거공간과 가족에 대한 보호의식이 생기게 되면서 토기와 마찬가지로 등장하게 되었다. 정착생활이 동북아시아에서 가장 이른 시점에 일어난 곳에서 토우도 확인 되었을 것이다.

극동전신상토우 이외에도 동물형토우 중 물개형 토우도 주목할 필요가 있다. 아무르강 하류의 수추섬(그림13-4), 연해주의 에프스타피-4(그림13-7), 세죽리(그림13-11) 등에서 확인되었다. 물개는 북태평양 연안에서만 서식하는데, 아시아에서는 시베리아 연안으로부터 캄차카반도·베링해(海)·사할린섬·쿠릴열도 등에서만 나타나고 겨울에는 홋카이도 및 한국 동해안에도 나타난다. 이 물개를 모티브로 한 토우는 요서·요동·길림 지방 등 태평양과 접하지 않은 지역에서는 잘 확인되지 않으며, 아무르강 하류, 연해주 등 태평양 연안의 지역에서는 확인된다. 물개는 500kg이 넘는 대형 해양동물로, 19세기 말까지 극동의 나나이족, 울치족 등에게 중요한 식량한 자원이 되었다. 또한 오산리 C지구와 수추섬의 주거지에서도 유사한 형태의 토우가 출토되었다. 각각 곰모양토우와 사슴모양토우로 다르게 보고되었지만, 동물의 모습이 거의 비슷해서 같은 종류로 생각된다. 물개와 마찬가지로 이 지역이 같은 서식환경임을 나타낸다. 한반도 동해안에서 극동인물상토우는 확인되지 않았지만 최근 동해안의 자료로 아무르강 하류와 연해주의 관련성이 제기되고 있다.

극동전신상토우가 출토되는 아무르강 하류와 연해주, 두만강은 환동해문화권으로서, 이 유물은 동일한 문화권임을 나타낸다. 동북아시아 신석기시대 최고(最古) 인물형토우는 말리셰보 문화에서 나타나며 이러한 전통 혹은 극동전신상토우에 대한 아이덴티티는 아무르강 하류에서는 신석기시대 후기까지, 연해주와 두만강 하류에서는 청동기시대 전기까지 전해진다. 또한 동물형토우는 아무르강 하류가 연해주나 동해안에 비해서 위도가 높은 지역이기는 하지만 바다와 산맥 등 같은 자연환경으로서 어로를 중심으로 한 비슷한 생계경제가 공유되어서 하나의 문화권으로 볼 수 있다.

하지만 남한 동해안에서는 극동전신상토우가 아직 출토된 예가 없다. 한반도 전체가 다른 동북아시아 지역에 비해 토우의 출토양이 많지 않은 편이지만, 동해안은 토우가 많이 출토되는데, 앞으로 이곳에서 계속 토우가 출토될 것을 예상해본다(김재윤 2008).

선사시대 토우는 왜 만들어졌을까? 세계사적 관점에서 토우는 후기구석기시대에서부터 확인된다. 우크라이나의 가가리노 유적과 마이친스카야 유적 등에서 각각 비너스 상과 무성의 토우가 확인된다. 동북아시아에서는 토우는 아니지만 골우가 바이칼 호수로 흘러가는 앙가라 강 유역의 말타 유적에서 확인된 예가 있다. 이 골우는 주거지 내부의 무덤에서 확인된 것으로 보고 있다(아브라모바 등 1984). 앞서 보즈네세노프카 문화의

사진3. 나나이족 나무인형

전신상 토우도 콘돈 포취타 유적의 3호 주거지에서 확인되었다.

　뿐만 아니라 토우는 동북지방의 다른 여러 지역에서도 확인되는데, 요서지역 흥륭와문화의 백음장한 유적에서는 주거지의 노지 아래에서 출토된 바가 있다. 또한 다른 유적에서도 주거지나 특별한 유구에서 출토됨을 볼 때 집과 관련된 의례와 관련이 있었을 것이다. 또한 아무르강 하류의 토우는 아무르강 하류에 현존하고 있는 나나이족과 니기달 족 등의 여러 민족이 제사를 지낼 때 사용하는 나무로 만들어진 인형이 있는데, 얇은 동체부와 머리표현 등이 신석기시대의 출토의 것과 유사하다는 연구가 있다(오클라드니코프·메드베제프 1981). 이들 민족은 19세기 후반 러시아인들에게 동화되기 전까지 수렵채집생활을 하던 사람들로, 의식주 생활습관이 오랜 기간 지속되었다는 점에서 고고학적 해석이 자료로도 접근할 수 있다. 목우는 집과 가족 부엌의 불씨를 보호하는 의미로 각 가정에 세워놓았다(사진3). 극동전신상토우도 주거지 내에서 확인된다는 점에서 볼 때 민족지자료와 같은 의미로 사용 되었을 것이다.

　현대처럼 모든 일상을 사진이나 글로 남기는 행위가 없던 시대에 환동해문화권을 이해하는 고고자료로서 극동전신상토우는 환동해문화권의 선사시대 인물의 표상이며, 물개형토우나 곰형토우는 대산맥과 동해에서 얻을 수 있는 자연물 혹은 사냥물로서 그들의 생업을 말없이 표현하고 있다(김재윤 2015c).

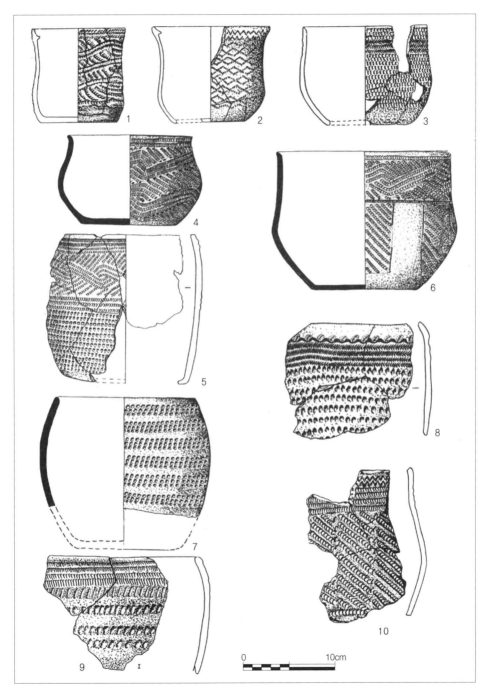

그림14. 말리셰보 분화의 토기-가샤 유적 출토(1/4)(메드베제프 · 데레뱌코 1993, 1994 재편집)

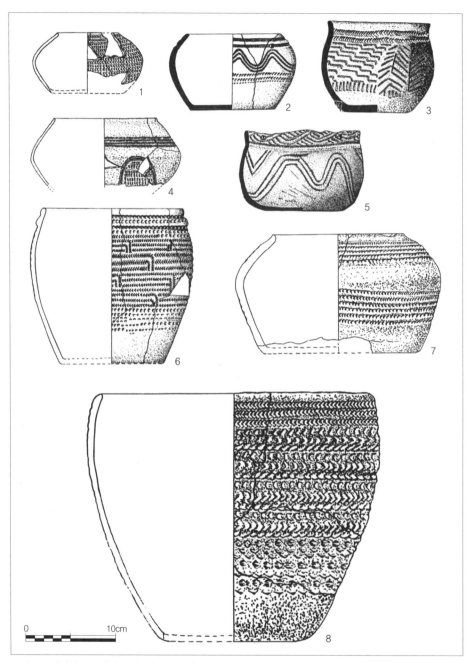

그림15. 말리셰보 문화의 토기-가샤 유적 출토(1/4)(메드베제프·데레반코 1994, 1995 재편집)

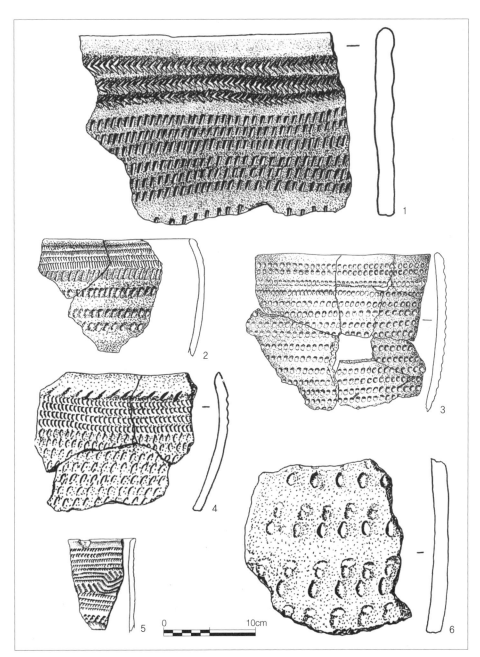

그림16. 말리셰보 문화의 토기-가샤 유적 출토(1/4)(메드베제프 · 데레반코 1993, 1995 재편집)

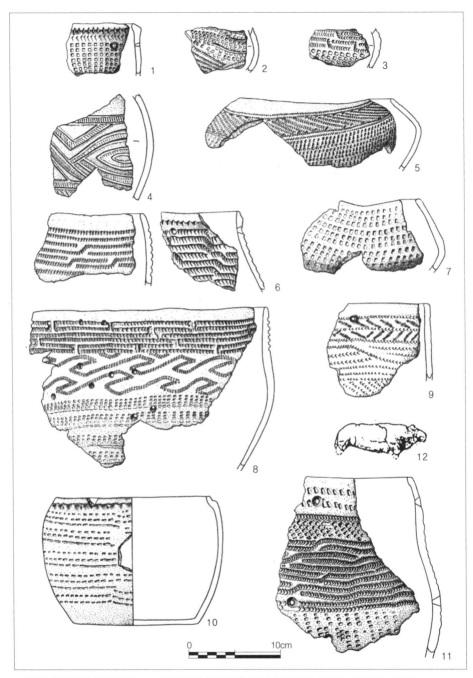

그림17. 말리셰보 문화의 토기-수추섬 24호 주거지 출토(1/4)(국립문화재연구소 외 2000 재편집)

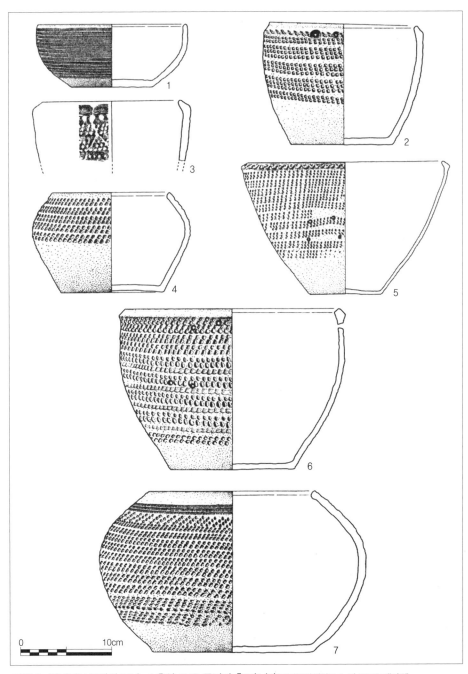

그림18. 말리셰보 문화의 토기-수추섬 25호 주거지 출토(1/4)(국립문화재연구소 외 2000 재편집)

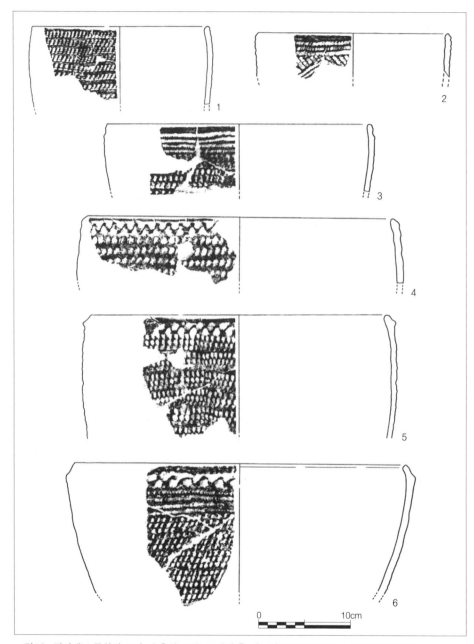

그림19. 말리셰보 문화의 토기-수추섬 25호 주거지 출토(1/4)(국립문화재연구소 외 2000 재편집)

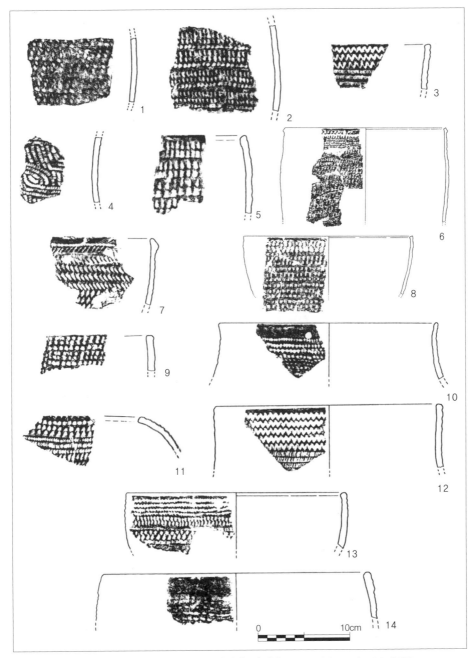

그림20. 말리셰보 문화의 토기-수추섬 25호 주거지 출토(1/4)(국립문화재연구소 외 2000 재편집)

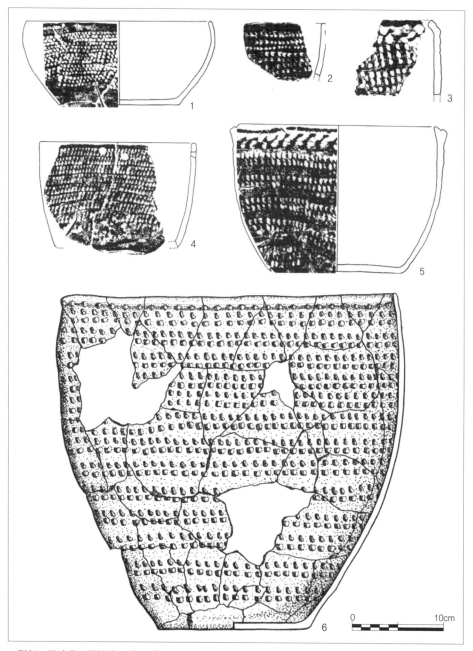

그림21. 말리셰보 문화의 토기-수추섬 25호 주거지 출토(1/4)(국립문화재연구소 외 2000 재편집)

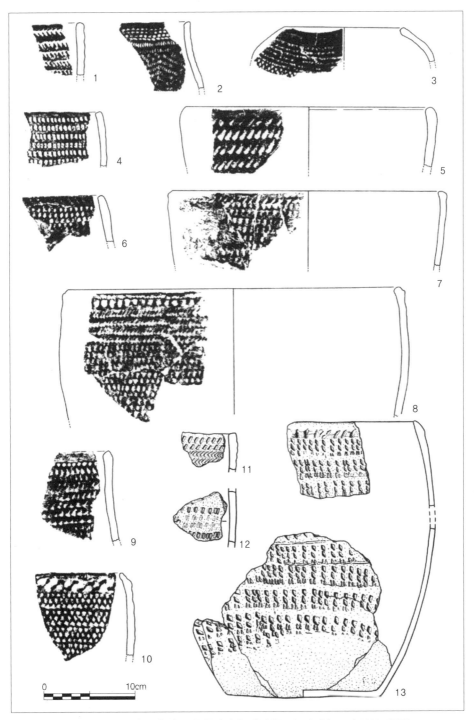

그림22. 말리셰보 문화의 토기-수추섬 26호 주거지 출토(1/4)(국립문화재연구소 외 2002 재편집)

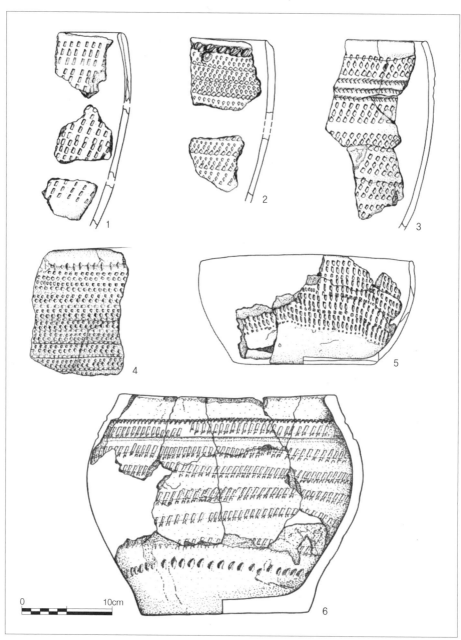

그림23. 말리셰보 문화의 토기-수추섬 26호 주거지 출토 토기(1/4)(국립문화재연구소 외 2002 재편집)

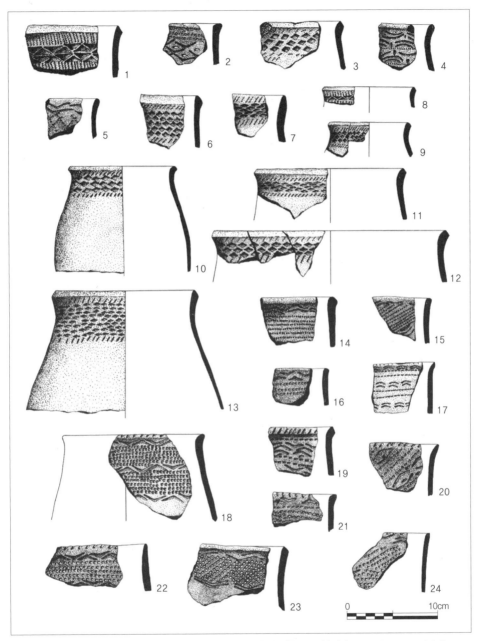

그림24. 세르게예프카 유형의 토기-세르게예프카 1 주거지 1호 출토 토기(1/4)(바타르쉐프 2009 재편집)

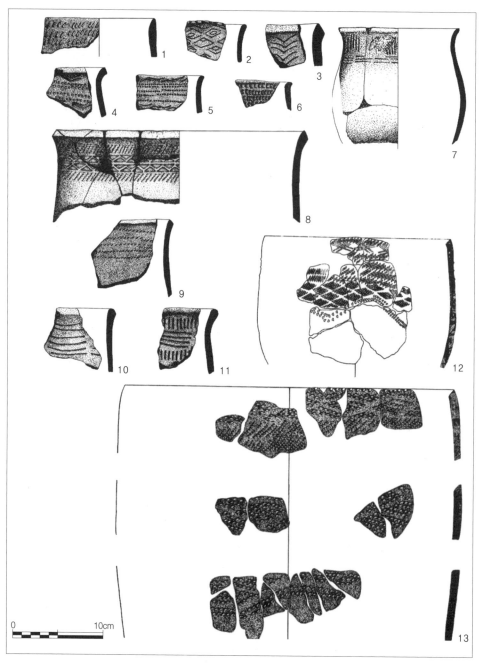

그림25. 세르게예프카 유형의 토기(바타르쉐프 2009: 오클라드니코프 1964 재편집)
(1∼11:세르게예프카 1 주거지 1호, 12·13:마략-르발로프 유적)

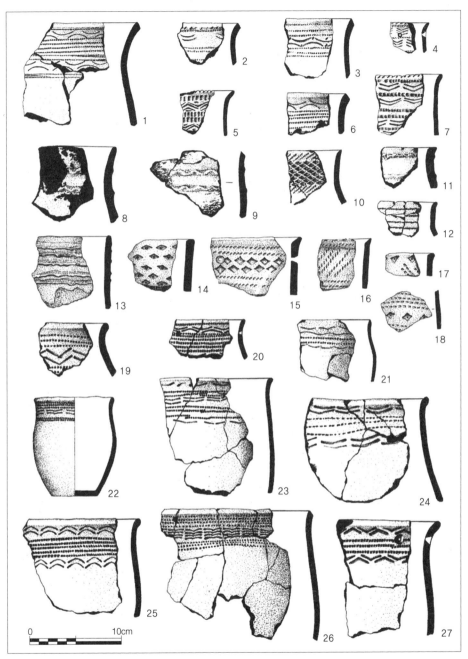

그림26. 세르게예프카 유형의 토기(1/4)(클류에프·가르코빅 2008; 클류에프·판튜히나 2006 재편집)
(1~7:노보트로이츠코예 2, 8~12.엘제페 3 6, 13~18·시루테카, 19~27:드보랸카 1 유적 출토)

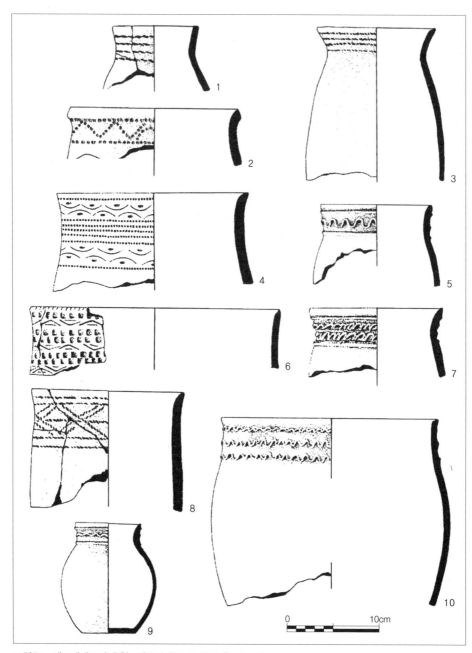

그림27. 세르게예프카 유형-셰클라에보-7 유적 출토(1/4)(클류에프 외 2003 재편집)

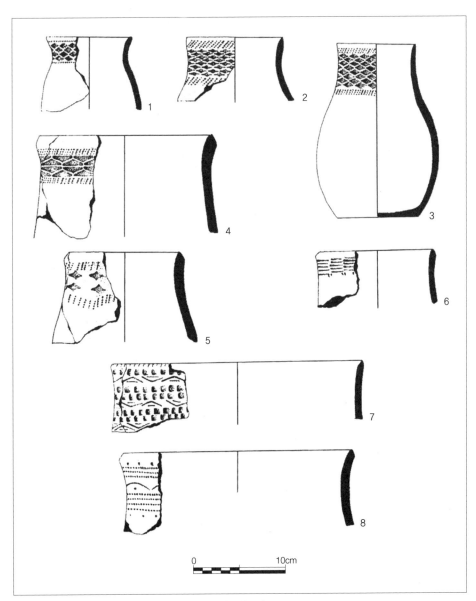

그림28. 세르게예프카 유형-셰클라에보-7 유적 출토(1/4)(클류예프 외 2003 재편집)

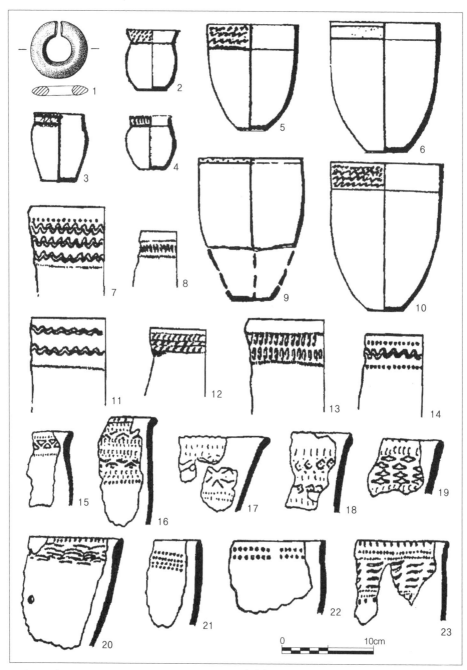

그림29. 세르게예프카 유형-쵸르토비 바로타 유적 출토(1/4)(알렉세프 외 1991 재편집)

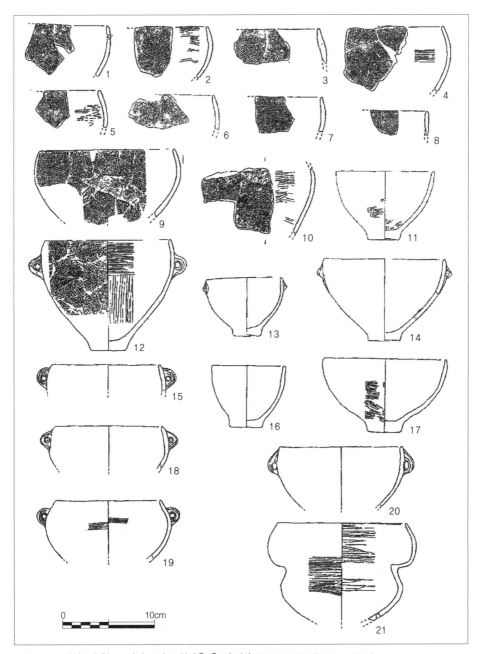

그림30. 오산리 1유형-오산리 C지구 최하층 출토(1/4)(예맥문화재연구원 2010 재편집)

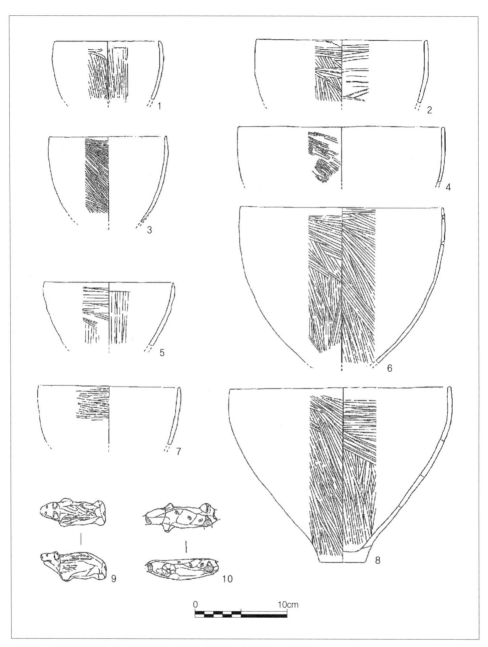

그림31. 오산리 1유형-오산리 C지구 최하층 출토(1/4)(예맥문화재연구원 2010 재편집)

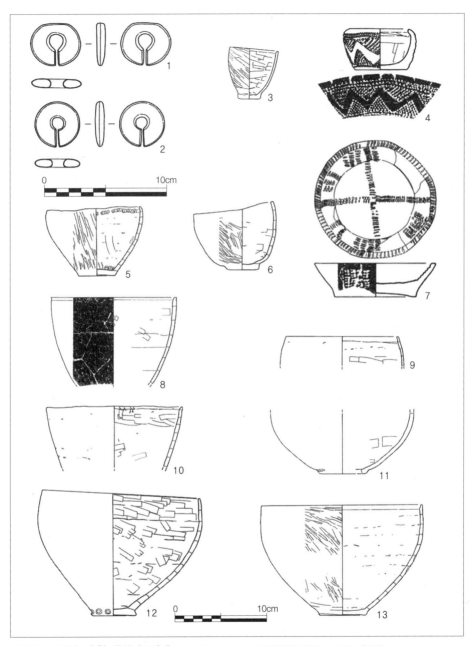

그림32. 오산리 1유형-문암리 1단계(1·2:1/3, 3∼13:1/4)(국립문화재연구소 2004 재편집)

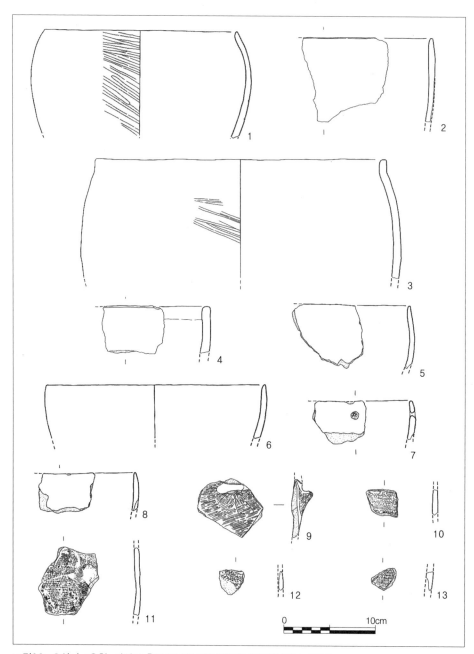

그림33. 오산리 1유형-망상동 출토 토기(1/4)(예맥문화재연구원 2008 재편집)

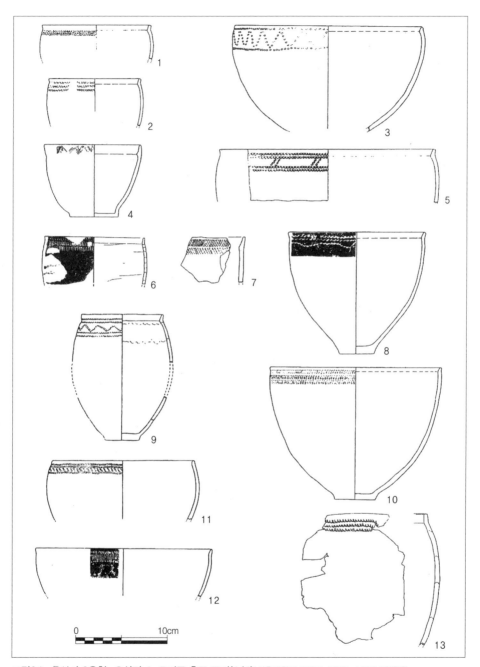

그림34. 오산리 2유형-오산리 A·B지구 출토 토기(1/4)(서울대학교 1984·1985·1988 재편집)

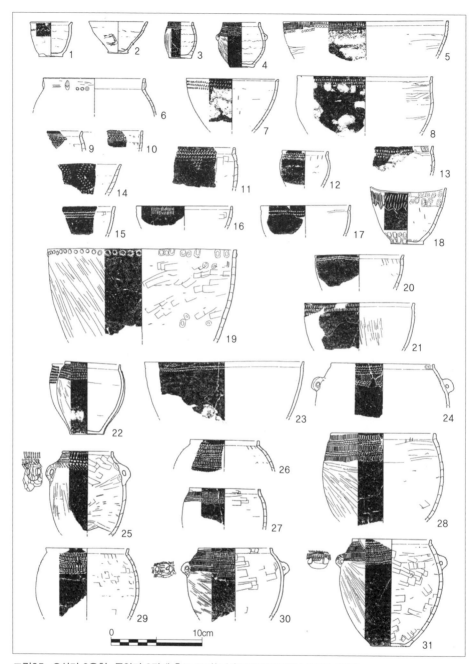

그림35. 오산리 2유형-문암리 2단계 출토 토기(1/4)(국립문화재연구소 2004 재편집)

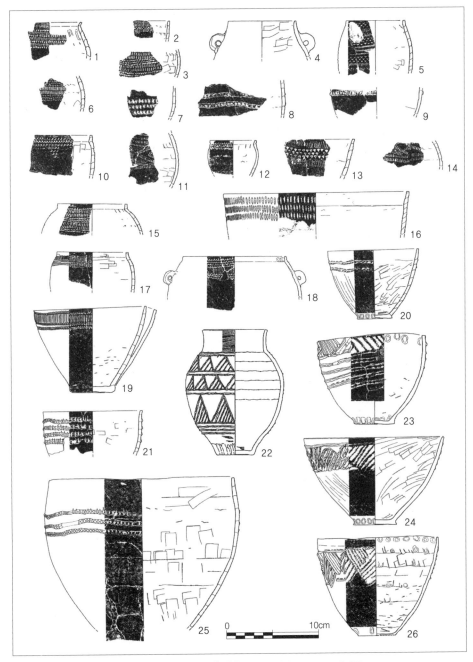

그림36. 오산리 2유형-문암리 2단계 출토 토기(1/4)(국립문화재연구소 2004 재편집)

Ⅲ. 5000년 전 동해안 북부의 신석기문화

동해안에서 첨저토기가 등장하기 이전에 여러 유적에서 나타나는 고고문화변동은 아무르강 하류와 연해주에서 이동한 인간이 동해안의 문암리나 오산리에서 정착했던 것에서 비롯되었다고 할 수 있다. 신석기시대에 수렵(어로)이나 채집으로 주로 생계경제를 영위했던 것을 고려한다면, 완전히 정착하기 이전 수렵채집민의 이동 결과로 볼 수 있을 것이다.

한반도 동해안에서 동해안 북부의 토기가 더 이상 확인되지 않는 시점은 5800년 전부터이고 다시 유적에서 토기가 나타나는 시기는 지금으로부터 4700년 전 쯤에 송전리, 지경리 등에서 확인된다. 그 토기의 모습은 동해안 북부에서 확인되는 토기와는 달리 한반도 중서부지방의 첨저 침선문토기이다.

이 때 동해안 북부의 연해주나 두만강 유역에서는 여전히 평저의 토기가 확인된다. 5000년 전부터 연해주는 자이사노프카 문화, 두만강 내륙에는 금곡-흥성문화, 두만강 하류 및 동북한의 동해안에는 서포항 상층문화(김재윤 2009a), 목단강 유역에는 앵가령 하층문화 등이 있으며 모두 같은 성격의 문화라고 여겨진다. 그런데 문화명은 국가별로 연구되면서 하나의 문화지역이 여러 개로 불려졌다.

이 지역은 국가마다 문화명에 차이가 있지만, 중국은 목단강 유역의 압날문 문화(아포력, 신개류 유적 등), 연해주 보이스만 문화가 끝난 뒤에 신석기 후기로 넘어 가면서

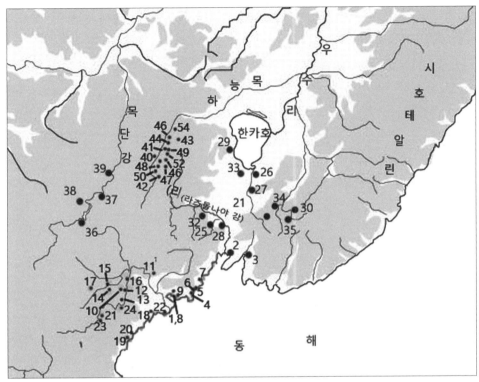

그림37. 5000년 전 동해안 북부의 신석기 유적(표8의 번호와 일치, 유적명은 표3 참고)

압날문의 영향은 아직 남아 있고 새로운 요소(승선압날문, 점선자돌문, 침선문)가 등장한다는 점은 공통이다. 북한의 함경북도에도 라진초도, 서포항 1기 등을 보아서 보이스만 문화와 같은 압날문 문화가 있었던 것으로 보인다.

따라서 대상 지역은 압날문 문화가 끝나고 새로운 문화 요소들이 같은 경향을 보이는 것으로 보아서 하나의 문화권이다. 신석기시대에 국한 한다면 평저토기문화권의 동부지역에 속하지만, '廣義의 한국사'라는 측면에서 연구대상 지역이 발해까지 오랜 기간 동안 한국사와 관련이 있다는 점에서는 환동해문화권으로도 생각해 볼 수 있다.

5000년 전 평저토기문화권의 동부지역 범위는 두만강 유역~연해주~목단강 유역 및 아무르강 하류까지 확대되지만, 양 지역간의 관련성에 대한 연구는 아직 미미하다. 또한 아무르강 하류는 청동기시대가 되면서, 두만강 유역 일대와는 전혀 다른 문화양상으로 변해간다는 점도 염두 해야 할 것이다. 따라서 본고에서 다루는 지역은 평저토기문화권의 동부지역 중에서도 동해안북부이며, 신석기시대 환동해문화권에 속하는 곳이다.

따라서 Ⅲ장은 남한의 동해안으로 6000년 전 무렵까지 이동하던 수렵채집민이 멈춘 시점과 관련된 동해안 북부의 신석기문화인 자이사노프카 문화에 대해서 설명코자 한다. 물론 두만강 유역과 목단강 유역을 포함한다. 4700년 전 이후로 남한의 동해안에는 더 이상 평저토기가 확인되지 않는데, 그 배경은 역시 기온변화와 관련했을 가능성이 크다. 수렵채집민족의 이동은 생태지대 및 온도와 관련(로베트 켈리 2014)되어 있기 때문일 것이다. 이는 Ⅳ장에서 살펴보도록 하겠다.

1. 동해안 북부의 유적

지정학적인 특징 때문에 국가별로 연구되었지만 본고에서는 유물의 특징과 지리적 입지를 고려해서 두만강 유역, 한카호 유역, 목단강 유역으로 나누어 설명코자 한다. 이곳은 동북아시아 전체에서는 장광재령의 동쪽에 속하는 곳이다.

표8. 5000년 전 동해안 북부의 신석기시대 관련 유적(그림37의 번호와 표8의 번호 일치)

국경	지도 번호	유적명	조사연도	조사 성격	시대	성격	참고문헌
두만강 유역							
러시아	1	자이사노프카-1 (Зайсановка1, Zaisanovka 1)	1953	발굴	신석기	문화층	안드레예프 1957 Gelman et al. 2007b
러시아	2	키롭스키 (Кировский, Kirovskii)	1957	발굴	철기 청동기 철기	주거유적	오클라드니코프 · 데레뱐코 1973 브로댠스키 1987 (정석배 역)
러시아	3	올레니-1 (Олени, Oleni)	1959	발굴	신석기	주거유적	브로댠스키 1987 (정석배 역)

국경	지도 번호	유적명	조사연도	조사 성격	시대	성격	참고문헌
러시아	4	클레르크-5 (Клерк 5, Klerk)	1989 2003	발굴	신석기 · 초기철기	패총 · 문화층	Gelman et al. 2007a
러시아	5	보이스만-2 자이사노프카 문화층 (Бойсман 2, Boisman)	1991	발굴	신석기	패총 · 문화층	포포프 외 1997 모레바 외 2002
러시아	6	보이스만-1 (Бойсмана 1, Boisman 1)	1992	발굴	신석기 · 초기철기	주거 · 문화층	보스트레쵸프 1998 주쉬호프스카야 1998
러시아	7	르박-1 (Рыбак, Ribak 1)	1998		신석기 · 철기	문화층	가르코빅 2002
러시아	8	자이사노프카 7 (Зайсановка 7, Zaisanovka 7)	2004			유물 포함층 · 패총	Gelman et al. 2005
러시아	9	그보즈제보-4 (Гвоздево, Gvozgevo)	2003 2007	단층위		주거유적	모레바 외 2009 쿠르티흐 외 2007
중국	10	금곡(金谷)	1972	발굴	신석기	주거유적	沿邊博物館 1991
중국	11	남단산(南團山)	1973	시굴	신석기 · 청동기	주거유적	吉林省文物志 編委會 1984b
중국	12	삼합우국(三合郵局)	1984	지표수습	신석기	?	吉林省文物志 編委會 1984b
중국	13	대소조기(大蘇早期)	1985	지표수습	신석기	?	吉林省文物志 編委會 1984b
중국	14	비암산(琵岩山)	1984	지표수습	신석기	?	吉林省文物志 編委會 1984a
중국	15	대톤대(大墩台)	1985	지표수습	신석기 · 철기	주거유적	吉林省文物志 編委會 1985a
중국	16	기신육대(岐新六隊)	1985	지표수습	신석기	?	吉林省文物志 編委會 1985b
중국	17	흥성(興城)	1986 · 1987	발굴	신석기 · 청동기	주거유적	延邊博物館 · 吉林省文物考古 研究所 2002
북한	18	송평동	1927 · 1928	발굴	신석기 · 청동기?	패총 · 문화층	藤田亮策 1930 황기덕 1962
북한	19	농포	1933 · 1956	발굴 · 지표수습	신석기 청동기	패총 · 문화층	橫山將三郎 1933 황기덕 1957a

국경	지도 번호	유적명	조사연도	조사 성격	시대	성격	참고문헌
북한	20	원사대	1933	발굴	신석기	문화층	橫山將三郎 1933
북한	21	범의구석	1959~1961	발굴	신석기 청동기 초기철기	주거유적	황기덕 1975
북한	22	서포항	1960~1964	발굴	구석기~ 청동기 초기철기	주거유적	김용간 · 서국태 1972
북한	23	두루봉	1962	지표수습	신석기 · 초기철기	문화층	황기덕 1962
북한	24	검은개봉	1962	지표수습	신석기 · 청동기	문화층	황기덕 1962
한카호 유역							
러시아	25	크로우노프카-1 (Кроуновка 1, Krounovka 1)	1957~1958 2001~2003	발굴	신석기 · 철기	주거유적	오클라드니코프 · 브로댠스키 1984 Gelman et al. 2003
러시아	26	시니가이-1(Синий Гай А, Sini Guy)	1968	발굴	신석기 · 청동기	주거유적	브로댠스키 1987
러시아	27	무스탕-1 (Мустанг 1, Mustang 1)	1988	발굴	신석기	주거유적	가르코빅 1993
러시아	28	보골류보프까-1 (Боголюбовка 1, Bogolubovka 1)	1996 2006 2007	발굴	신석기	주거유적	가르코빅 1989 · 2008
러시아	29	노보셀리쉐-4 (Новоселище 4, Novocelishe 4)	1998	발굴	신석기	주거유적	클류에프 2001
러시아	30	아누치노-14(Анучино 14, Anuchino 14)	1999~2001	발굴	신석기 · 청동기	주거유적	클류에프 외 2002
러시아	31	레티호프카 (Реттиховка-геологи ческая, Retihovka)	1999 2004	발굴	신석기 · 철기	주거유적	콜로미예츠 외 2002 김재윤 외 2006
러시아	32	알렉세이니콜스코예-1 (Алексей-Никольское 1, Aleksey-Nikol'skoye 1)	2003	발굴	신석기	주거유적	가르코빅 외 2004
러시아	33	루자노바 소프카-2 (Лузанова Сопка 2, Luzanova's Sopka 2)	2001~2003	발굴	구석기 · 신석기 · 중세	문화층	쿠르티흐 외 2008

국경	지도 번호	유적명	조사연도	조사 성격	시대	성격	참고문헌
러시아	34	셰클라에보-7(Шекляево 7, Sheklaeva 7)	2003 · 2004	발굴	신석기 · 중세	주거유적	클류에프 외 2003
러시아	35	아누치노-29(Анучино 29, Anuchino 29)	2006	발굴	신석기	주거유적	슬레쵸프 · 김재윤 2009
목단강 유역							
중국	36	앵가령(鶯歌嶺)	1931~1939 1958 · 1959	발굴 · 시굴	신석기 · 청동기	주거유적	黑龍江省文物 考古工作隊 1981
중국	37	석회장(石灰場)	1987	발굴	신석기	주거유적	牡丹江市文物 管理站 1990
중국	38	서안촌동(西安村東)	1999	발굴	신석기	주거유적	牡丹江市文物 管理站 2004
중국	39	진흥(振興)	1994~1995	수습	신석기 말갈	문화층 회갱	黑龍江城文物高古 研究所 · 吉林大學 考古學系 2002
중국	40	금엄구(金厂泃)	1985	수습	신석기 · 철기	?	陶刚 · 倪春野 2003
중국	41	후동강북(后東崗北)	1985	수습		?	陶刚 · 倪春野 2003
중국	42	이백호(二百戶)	1985	수습	신석기 · 청동기?		陶刚 · 倪春野 2003
중국	43	광명(光明)	1985	수습	신석기		陶刚 · 倪春野 2003
중국	44	남천문(南天門)	1985년	수습	신석기		陶刚 · 倪春野 2003
중국	45	육도구북(六道泃北)	1985년	수습	신석기		陶刚 · 倪春野 2003
중국	46	중산과수원(中山果樹園)	1985년	수습	신석기		陶刚 · 倪春野 2003
중국	47	남산서(南山西)	1985년	수습	신석기		陶刚 · 倪春野 2003
중국	48	방수강동(万水江東)	1985년	수습	신석기		陶刚 · 倪春野 2003
중국	49	참원(參圓)	1985년	수습	신석기		陶刚 · 倪春野 2003
중국	50	조삼구(趙三泃)	1985년	수습	신석기		陶刚 · 倪春野 2003
중국	51	북산(北山)	1985년	수습	신석기		陶刚 · 倪春野 2003
중국	52	만수강(万水江)	1985년	수습	신석기		陶刚 · 倪春野 2003
중국	53	후동강동(后東崗東)	1985년	수습	신석기		陶刚 · 倪春野 2003
중국	54	용묘산(龍廟山)	1985년	수습	신석기 · 철기		陶刚 · 倪春野 2003

1) 두만강 유역

두만강 유역에 위치한 유적은 두만강 본류와 해란강(海蘭江), 알아하(嘎呀河), 포이합통하(布爾哈通河), 혼춘하(琿春河) 등 지류와 두만강 하구와 북한·러시아 측의 가까운 해안가와 해안가로 흐르는 강 주변의 유적[1]들도 포함한다(그림37).

(1) 자이사노프카-1 유적

1953년 조사된 자이사노프카-1 유적[2]은 엑스페디치야 만의 해안을 끼고 있는 낮은 언덕에 위치하는데, 주거지로 추정되는 수혈이 반파된 상태로 발견되었다(표8). 현재 유물은 노보시베르스크 고고민속학 연구소, 모스크바 고고학 연구 등에 소장되어 있다. 본 유적은 키롭스키 유적과 더불어 연해주 신석기시대의 마지막 단계인 자이사노프카 문화(안드레예프 1957)로 규정되었다.

이 유적에서는 토기와 석기 등 대량의 유물이 확인되었다. 토기는 단치구로 침선한 횡주어골문, 단치구로 침선한 후 그 내부를 압인으로 채운 뇌문을 비롯해서 여러 가지 방법으로 시문된 토기가 확인되었다. 또한 토기 기형도 발형 뿐만 아니라 대접형토기 등 다양성을 보이고 있다. 승선압날문토기(17%), 침선문토기(68%), 점선자돌문토기(10%), 무문(5%)이 확인되었다. 점선자돌문 기법의 토기는 구연에서부터 동체부에 사선방향으로 짧게 점선을 시문하거나, 동체부에만 시문하는 경우도 있다. 구연단에 1조의 침선을 긋고 그 아래 점선자돌문양(15)을 시문한 것도 있다(그림65-1~11). 침선문 기법의 토기는 횡주어골문, 능형집선문, 가로집선문, 횡주어골문에 돌대문이 부착된 것, 가로 집선과 삼각형 모티브가 복합된 것, 뇌문토기 등이 매우 다양하다(그림73·그림74-2). 뇌문토기는 침선문으로 기본 문양을 시문한 뒤 내부를 단사선(그림74-2)으

---

1) 각 유적의 보고서 및 참고문헌은 표8에 적어두었다. 러시아어 유적명칭도 표8에 명기하여서 본문에서는 생략한다.
2) 가장 가까운 강은 글라드카야강으로 오클라드니코프는 이 유적을 글라드카야로 명명하였고(오클라드니코프·데레반코 1973), 두 명칭은 오랫동안 함께 사용되었다. 북한 보고서 등에서 종종 확인할 수 있는데, 같은 유적임을 알려둔다.

로 채운 것과 침선문으로 문양을 그리고 내부를 압날문(그림74-1·3·5)으로 채운 것으로 나눠진다. 뇌문토기에는 적색마연된 흔적이 남아 있는 점(안드레예프 1957; 김재윤 2007)은 서포항과 검은개봉, 농포 등 유적과 비교해서 주목할 필요가 있을 것으로 보인다. 침선문 중에서 압날문 기법과 복합되는 것은 뇌문토기가 유일한데 압날문 기법이 가장 마지막으로 남아 있는 것으로 생각된다.

(2) 키롭스키 유적

유적은 아르테모프카(Артемовка, Artemika)강의 하구 단구대에 위치하며 1959년에 신석기 주거지 2기가 발굴되었다(표8). 그러나 필자가 노보시베르스크의 고고연구소에서 유물을 실견한 바에 의하면 이 유적은 다층위 유적으로 크로우노프카 문화, 청동기시대, 신석기시대 층이 있는 것으로 판단된다.

토기는 시문 방법은 점선자돌문(28.4%), 단독침선문(40.6%), 무문(28.4%)이 있다. 점선자돌문토기는 사선방향으로 구연부에서부터 동체부까지 시문되었다. 점선자돌문토기 중에는 돌대가 부착되고 그 아래 구멍을 뚫은 것도 확인되었다. 침선문토기는 능형집선문양으로 이 토기의 구연단에서 어느 정도 떨어진 곳에 파상형의 돌대가 부착되었다. 구연단은 사선방향으로 방향을 바꾸어서 삼각형 집선 효과를 내고 동체부에는 가로와 세로 방향으로 시문한 것도 있다. 이 토기는 또한 토기 기벽을 잘라서 돌대를 부착한 것과 같은 효과를 내었다. 삼각형 모티브도 있는데, 구연단에 각목을 하고 그 아래 공열을 뚫었다. 무문토기 중에는 돌대를 부착한 것과 공열을 뚫은 것이 있다. 이러한 토기는 점선자돌문토기·침선문토기와 다른 유형으로 구분될 가능성이 있다(김재윤 2010a).

(3) 올레니-1 유적

우수리스크 만(Уссурийский зал, Ussuri Bay)으로 흘러 들어가는 아르테모프카 강의 하구의 구릉에 위치한다. 주거 유적으로 신석기시대, 청동기시대, 철기시대의 얀콥스키 문화 단계까지 확인되는데 자이사노프카 문화 단계의 신석기시대 층위는 II~IV에 해당된다(표8).

그러나 유구와 유물과의 관계가 정확하게 보고되지 않았기 때문에 유물 분석에 많은 어려움이 있다. 본문에서는 출토된 토기를 시문방법과 문양형태 별로 분류해서 검토하고자 한다.

토기의 시문방법은 승선압날문 기법(47.3%), 점선자돌문 기법(15.7%), 단독침선문 기법(36.8%)으로 나눌 수 있다. 점선자돌문토기는 동체부 전체를 점선으로 횡주어골문 모티브로 시문하고 구연에는 파상의 돌대, 각목한 돌대를 부착하거나 이중구연화 된 것이 있다(그림76-16). 승선압날문토기의 문양은 횡주어골문 혹은 사선으로 시문되었다. 발형기형은 거의 대부분 돌대가 부착되었고, 잔발 기형에는 돌대가 부착되지 않았다. 침선문토기의 문양형태는 능형집선문, 횡주어골문, 궁형문, 타래문 등이다. 무문토기는 구연단에 주구가 형성된 것과 소형토기 등이 있다. 문양 시문법 중에서 단독 침선문은 다른 기법의 토기와는 다른 유형으로 분리될 가능성이 있다(김재윤 2010a).

(4) 클레르크-5 유적

표트르 대제 만(Зал. Пётра Великого, Peter the Great bay)에서 보이스만 후미의 클레르크 반도의 북쪽에 위치한다. 1989년 시굴 결과, 토기, 물고기 뼈, 짐승뼈 등 동물유존체와 함께 초기 철기시대 얀코프스키 문화층과 그 아래 자아사노프카 문화 단계에 해당하는 토기들이 확인되었다(표8). 2003년에 발굴조사를 하였는데, 유적에서는 2번의 해안선 변화가 있었던 것으로 판단된다(Gelman et al 2004a).

출토된 유물로 보아서, 유적은 대략 4시기에 걸쳐서 형성되었는데 보이스만 문화, 이른 자이사노프카 문화, 클레르크 유형 혹은 문화, 얀코프스키 문화층으로 나누어진다. 토기는 점선자돌문 기법의 토기이나, 아직 자세하게 보고되지 않고 일부만 발표(그림 66-24~30)되었다.

(5) 보이스만-2 유적의 자이사노프카 문화층

표트르만의 보이스만 항에 위치한 연해주 남부의 보이스만-2 유적은 여러 시기 동안 이루어진 형성된 다층위 유적으로 1991년부터 발굴되었다(표8). 상층은 얀코프스키 문화로 암갈색 사질토층이며, 신석기시대는 크게 두 문화로 나누어진다. 늦은 신석기시대인 자이사노프카 문화는 쇄석이 혼입된 회갈색 사질토층이며, 그 이전 시기인 보이스만 문화는 패각층에 형성되어 있고 패총과 무덤군이 확인되었다.

신석기시대층에서 보이스만 문화의 위층에는 자이사노프카 문화층으로 압날문 기법(16.1%), 승선압날문 기법(48.3%), 점선자돌문 기법(9.6%), 복합침선문 기법(6.4%), 단독침선문 기법(16.1%), 무문 기법(3.2%) 토기 등이 확인된다(모레바 외 2002). 압날문토기(그림59-1~4)는 구연부가 외반된 것이 대부분으로 구연부는 사선, 동체부는 가로선으로 시문 된 것, 동체부에 횡주어골문 모티브가 시문된 것도 있다. 승선압날문토기(그림59-10~12)는 동체부를 돌아가면서 집선 삼각형 모티브를 시문한 후, 그 아래 가로선을 그어서 하나의 문양대를 표현하고, 이러한 문양대를 반복하였다. 복합 침선문 중에서는 승선압날문과 침선문 기법이 결합된 것이 있다. 단독 침선문(그림78-1~6·8)은 횡주어골문으로 표현되었다(김재윤 2010a).

침선문토기는 발형토기 외에도 새로운 기형의 토기가 생겨난다. 대접형토기에 굽다리가 부착된 것(그림78-8) 등이 있과 무문양토기 중에는 전혀 다른 새로운 기종(그림78-7)으로 동최대경이 아래쪽에 있으며 동체의 아래와 상체부가 각을 이루며 부착된다. 필자의 유물 실견에 의하면 이 토기는 적색으로 마연된 흔적이 남아 있다.

이 유적의 아주 다양한 문양 시문 방법과 무문이면서 전혀 다른 기종은 유적의 자이사노프카 문화층도 분기 가능성을 시사한다.

(6) 보이스만-1 유적의 자이사노프카 유형

보이스만-2 유적과 거의 인접한 유적으로 시굴조사에서 신석기시대와 초기철기시대 문화층이 확인되었다. 1992년 발굴조사를 하였는데, 패각층과 주거지 5기가 확인되었다(표8). 유적에서는 다치구로 압날한 토기(보이스만 문화)와 승선압날문토기, 단치구로 침선문토기가 대량으로 출토되었다(주시호프스카야 1998, 그림63). 보이스만 문화의 토기를 보이스만 유형, 침선문토기를 자이사노프카 유형으로 나눌 수 있고 본문의 대상 자료는 후자이다.

침선문토기의 문양은 횡주어골문, 능형집선문, 평행선문 등이 다양하게 확인되고 구연부에 돌대가 부착된 것도 있다. 침선문토기 중 기형을 알 수 있는 것은 발형토기로, 구연부의 형태에 따라서 전체적인 형태가 차이가 있다. 구연부가 동체부와 직립하는 것, 구연부가 내만해서 둥글게 표현되는 것, 구연부가 외반된 것 등 다양하다.

그 외에 무문양으로 구연부가 90° 꺾이고 동체부에 돌대가 부착된 토기가 출토되는 것으로 보아서 얀코프스키 문화층도 존재했을 것으로 보이는데, 보고에서는 언급되지 않았다.

(7) 르박-1 유적

유적은 표트르 대제 만에 북서쪽 슬랴뱐카(Слявянка, Slavyanka) 만의 해안가에 높이 2m 가량의 모래층으로 이루어진 단구대 위에 위치한다. 유적은 파괴가 심하게 된 상태로써 별다른 시설물은 확인되지 않으며, 1998년 발굴 결과 여러 문화층이 있었던 것으로 보인다(표8).

유적에서는 압날문양(그림57)과 침선문양(그림62)이 주요한 것이 출토되었다. 압날문은 다치구 압날에 사용된 도구(그림59-1~4)와 단치구로 시문한 것(그림59-5) 두 가지 종류가 있다. 그 외에도 순수한 승선압날문(10% 가량), 복합침선문과 단독 침선문으로 시문된 것은 토기(61% 가량, 그림62)도 보고 되었다.

승선압날문토기의 문양은 가로방향으로 시문하는 것이 특징적이다. 이 문양토기의 구연부에는 기본적으로 사선방향으로 시문하거나, 엇갈리게 시문해서 삼각형을 이룬 것도 확인된다. 동체부에는 횡주어골문, 가로 방향, 능형으로 시문한 것 등이 있다(그림57-15~21). 침선문토기는 점선자돌문과 혼합침선문(그림57-17~18)과 단독침선문만으로 시문된 것이 있다. 복합침선문은 문양 구성이 복잡한데, 구연부와 동체부가 다른 것(그림62)이 특징이다. 침선문만 순수하게 시문되는 토기는 횡주어골문, 횡주어골문문양, 방형집선문, 능형집선문, 가로문토기 등이 있다(그림62).

그러나 유적에서는 압날문부터 승선압날문, 침선문 단계까지 존재 하지만 클레르크-5, 그보즈제보-4와 같은 점선자돌문토기가 없다. 이러한 점으로 보아서 유적 내에서 분기의 가능성을 시사한다.

(8) 자이사노프카-7 유적

엑스베디치야 만(бухта Экспедиции, bay Expedition)으로 흐르고 있는 글라드

카야강(Гладкая, Gladkaya)의 입구에 위치한다. 2004년에 문화층과 패총을 발굴하였는데, 지장공으로 추정되는 수혈과 노지가 확인되었으나 구체적으로 주거지가 확인되지는 않았다. 유적에서는 발굴한 지역의 북서쪽에서 인골이 확인된 무덤 1구가 확인되었다(표8).

대량의 토기와 동물유존체가 출토되었다. 토기는 대체적으로 신석기시대 자이사노프카 문화 단계의 것이다. 토기는 발형토기가 대체적이나, 구연이 외반하는 기형도 확인된다. 토기의 문양은 승선압날문 기법(30.5%), 점선자돌문 기법(11.1%), 침선문 기법(50%), 무문 기법(8.4%)이다(김재윤 2010a).

승선압날문양의 토기(그림60-8~15)는 구연부가 약간 외반 되며, 구연단이 편평하거나 둥글게 처리되었다. 문양은 구연부와 동체부의 문양 형태가 다르다. 구연부에는 사선을 방향을 엇갈리게 한 삼각형 모티브와 그 아래 동체부에는 가로방향 혹은 횡주어골문으로 시문하였다. 점선자돌문토기는 구연에서 동체부까지 시문되는데, 대체적으로 사선문이 시문된다. 드물게는 동체에만 가로로 점선을 찍어 시문(그림61-11)하는 것도 있다. 침선문토기에는 저부에서부터 구연까지 직립하는 통형기형(그림61-4·6)이 나타나기 시작한다. 침선문토기(그림61-2~6·10)는 단독 횡주어골문이 구연에서부터 동체부까지 시문되는 것이 대부분이다. 드물게는 구연단에 가로로 여러 줄을 시문한 후 그 아래 횡주어골문을 시문한 것도 확인된다.

(9) 그보즈제보-4 유적

글라드카야강의 좌안 단구대 위에 위치한다. 유적은 취락성격으로 발굴된 주거지는 지상식주거지인 것으로 보고 되었다(표8). 주거지의 형태는 장방형으로 주거지 내부에 단이 졌고 그 내부에는 장방혈 저장혈이 있다(그림38).

출토된 유물은 단치구로 짧게 그은 점선압날문토기가 주를 이룬다(그림66-18~23). 타래문토기와 반관통 된 공열문토기(표23-13)도 확인되었다.

필자가 실견한 바에 의하면 단치구로 짧게 그은 점선자돌문은 이웃한 흥성 유적(그림66-1~12), 클레르크-5(그림66-24~30), 검은개봉(그림66-13~17) 등에서도 주를 이루는 것으로 후기와 말기의 구분에서 중요한 영향을 미칠 것으로 판단된다.

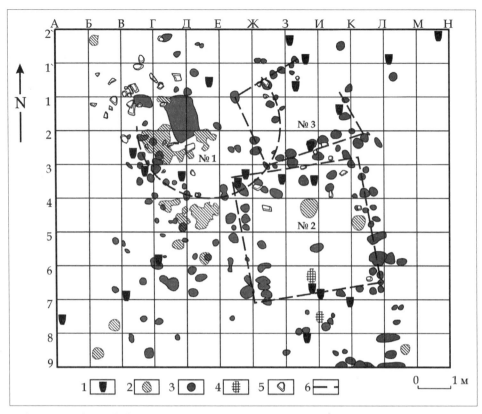

그림38. 그보즈제보-4 유적(쿠르티흐 외 2007 재편집)

(10) 금곡 유적

유적은 1979년과 1980년 2년에 걸쳐 연변박물관에서 조사하였다. 해란강 중류의 강안대지의 구릉에 위치하고 있는 신석기시대 주거 유적이다. 가까운 곳에 청동기시대 무덤 유적이 금곡 무덤으로 보고되었다(표8).

유적은 높이 400~500m 언덕 위에 위치한다. 대체적인 주거지의 평면형태는 장방형이고, 평면적은 25~29㎡이다. 노지를 알 수 있는 것은 모두 무시설식이고, 주혈은 주거지 벽면과 중앙을 지나는 배치이다. 6호는 평면형태, 크기 등으로 보아서 주거지가 아

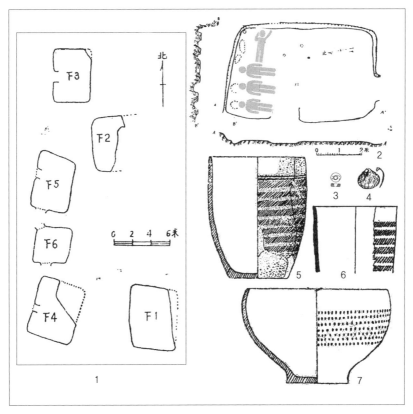

1:유적분포도, 2:5호 주거지, 3~7:5호 주거지 출토유물

그림39. 금곡(金谷) 유적의 주거지(김재윤 2016)

닐 가능성이 있다(표9). 3호 주거지와 5호 주거지에는 주거지의 동쪽 벽 부근에 수혈이
설치되어 있고 토기가 거꾸로 세워져 보관된 것으로 보고되었다. 5호 주거지 북쪽에는
남성의 인골이 4구 확인되었고 주변에 토기가 많이 흩어졌는데, 주거지내의 인골은 우
연한 사고로 주거지내에서 사망한 것으로 보았다(延吉博物館 1991). 5호 주거지에는 석
기, 골각기, 토기(그림39-2~7) 등이 확인되었고 특히 조개로 만든 구슬과 패각 등은 마
연 흔적이 있고 바다조개인 점 등이 흥미롭다. 그런 금곡 5호 주거지 뿐만 아니라 범의

구석 2호 주거지, 레티호프카 유적 등에서는 5000년 전 이후의 유적으로 주거지내에 인골이 확인되었는데, 주거지 폐기 후 무덤으로 사용되었을 가능성이 있다(김재윤 2016). 6호 주거지는 평면형태 방형이며, 크기가 다른 주거지에 비해서 많이 작은 편이다(표9). 출토 유물도 방추차만 보고된 것으로 보아서 주거지라기 보다는 다른 용도의 수혈인 것으로 보인다. 보고된 토기는 점선자돌문 기법(50%)과 침선문 기법(50%)으로 보아서 다른 주거지들과 토기 시문 방법에서 차이를 보인다(그림68, 김재윤 2012a).

(11) 남단산 유적

1973년에 조사된 남단산 유적은 중국의 육도구하와 훈춘하 사이에 접하는 부분이 위치하는데 해발 30m의 구릉상 평지에 위치한다. 동, 남, 서 삼면에 강이 돌아가고, 북쪽은 산을 접하고 있다. 육안으로 수혈이 관찰되는데 30여 기 정도이다. 그 중 유적의 북서와 동남쪽 모서리에서 시굴조사를 하였다(표8).

시굴조사에서는 돌을 돌린 위석식노지가 확인 되었는데 길이 20cm, 너비 10cm로 소토, 목탄 등이 채워져 있던 걸로 보아 주거지 바닥인 것으로 판단된다. 유물은 석검 4기, 석촉, 어망추, 흑요석 편과 단독침선문(100%)으로 삼각형 집선문이 확인되었다(그림76-10~14). 유적의 시기는 토기로 본다면 신석기시대, 석검은 청동기시대의 것일 가능성이 높다.

(12) 삼합우국 유적

1984년 길림성의 용정현 대규모 유적분포 조사사업에서 유적은 비암산 유적·대소 유적과 함께 조사되었다. 위치는 두만강 변 하안대지의 높이 10m 언덕 위에 위치한다. 유적의 범위는 유물의 분포상황으로 보아 남북 50m, 동서 10m로 추측할 수 있다(표8).

침선문토기가 대부분인데, 횡주어골문(단사선문), 평행단사선문으로 삼각형조합문토기 등이 확인되었는데 마연된 토기도 소수 존재한다. 그 외에 마제석촉, 어망추, 타제·마제 석부, 석분 등이 확인되었다. 삼합우국 유적은 대체적으로 금곡 유적의 신석기시대와 비슷한 것으로 보고되었다.

표9. 두만강 유역 신석기시대 후기의 주거지(2010a 재편집)

유적		형태	평면크기		노지				기둥구멍		비고
			m	m²	형태	위치	크기(cm)	수	수	위치	
범의구석	1호	장방형?	(4.5×?)	?	?	?	?	?	?	?	
	2호	방형	4.0×3.8	15.2	?-위석식	서쪽	·	1	21	노지 주변 2줄	
	3호	방형	3.5×3.3	11.55	원형-무시설	서쪽	50	1	23	벽면과 중앙 -4열	
	9호	방형	3.8×3.8	14.44	원형-위석식	서쪽	60	1	?	벽면과 중앙 -4열	
	12호(ㄱ)	?	4.4×?	?	?	?	?	?	?	?	
	12호(ㄴ)	파괴심함									
	23호	장방형?	(4.1×2.5)	(10.25)	원형-위석식	동벽	?	1	10+	벽면과 중앙 -2열	서벽 부근 수혈
	24호	?	?	?	원형-위석식	동벽	?		9	벽면과 중앙 -4열	동벽 부근 수혈
	25호3)	파괴심함									
	41호	파괴심함									
금곡	1호	장방형	6.5×4.5	29.25	?	?	?	?	?	?	
	2호	장방형?	파괴심함								
	3호	장방형	6.1×4.1	25	원형-무시설	북벽	50	1	9	벽면과 중앙 -4열	북벽 부근 수혈-2
	4호	장방형	6.0×4.5	27	?				?	?	
	5호	장방형	6.0×4.2	25.2	원형-무시설	중앙	40	1	4	벽면과 중앙 -1열	동벽 부근 수혈
	6호	방형	3.9×3.9	15.21	·	·	·	·	·	·	
흥성	AF1	장방형	4.0×3.4	13.6	원형-무시설	남벽	35~40	5	?	?	문시설
	AF3	장방형?	(6.2×4.7)	(29.2)	?						
	AF5	파괴심함									
	AF11	파괴심함									
	AF14	파괴심함									
	AF16	장방형	9.8×10.7	104.9	불규칙	동벽	160	1	18	가장자리와 중앙	
					원형	모서리	70	1			
	AF17	장방형	10×6.6	66	?	?	?	?	?	?	
	BF6	장방형	8.3×5.2	43.2	?	?	?	?	?	?	
	BF7	파괴심함									

(13) 대소 유적의 이른 시기

유적은 두만강에서 동북으로 500m 떨어진 강안에 산의 비탈에 위치한다(표8). 흑요석제 활삭기, 곰배괭이, 토기 등이 수습되었다. 토기는 침선문양이 주를 이루며 이중구연과 홑구연 등이 있다. 이러한 토기 문양과 곰배괭이는 금곡의 이른 시기와 상당히 유사하다(표8).

(14) 비암산 유적

유적은 두만강의 지류인 해란강 유역의 비암산 정상부에 위치하며 유적의 범위는 동서 25m, 남북 35m이다(표8). 채집된 유물은 마연봉, 타제 곰배괭이, 흑요석 활석기, 흑요석 도편, 침선문 기법의 토기로 횡주어골문양이 주류를 이룬다. 비암산 출토 유물은 금곡 유적의 이른 시기 유물과 비슷한 시기로 판단된다.

(15) 대톤대 유적

유적은 합통하 유역의 지류인 구릉성 산지에 위치하고 있으며 유적의 면적은 동서 약 400m, 남북 200m 가량이다(표8). 1985년 폭우로 인해 유물이 노출되었고, 1기의 주거지가 확인되었는데, 주거지 내에서는 신석기시대 토기편이 많이 수습되었다. 신석기시대 금곡 유적과 유사한 것이 많이 출토 되어 신석기시대 후기 유적으로 생각된다(표8). 신석기시대 이외에 나무그릇터기형 파수, 시루 등 단결 문화의 것도 확인된 것으로 보아서, 유적은 신석기시대, 초기철기시대까지 존속된 것으로 보인다(김재윤 2009c).

신석기시대 유물은 승선압날문토기(75%), 침선문토기(25%) 등이 확인(그림63-28~31)되었는데, 자이사노프카-7 유적, 르박-1 유적의 늦은 유형, 서포항 유적의 17호, 19호와 유사하다(김재윤 2010a).

---

3) 도면상의 25호 주거지는 장방형으로 뚜렷하게 표시되어 있지만, 주거지 기술상에서는 동벽과 북벽만 약간 남아 있다고 되었고 중복이 심해서 정확파악이 어려운 것으로 기술되었다. 따라서 도면상의 주거지는 추정일 가능성이 많다.

(16) 기신육대 유적

두만강에 접한 곳으로, 길게 뻗어 나온 높이 30m 구릉 위에 형성되었다. 지표에 유물 편들이 흩어져 있는데, 동서 100m, 남북 150m 범위 내로 대강의 유적 면적을 짐작할 수 있다(표8). 확인된 유물은 신석기시대 토기, 갈판, 마봉, 석인, 타제 석조, 할삭기, 마봉, 흑요석제 석편 등이다. 토기는 점선자돌문 기법 토기가 대부분 확인되었다.

(17) 흥성 유적

유적은 두만강의 지류인 해란강(海蘭江)에서 1.5km 떨어진 해발 320~ 300m의 구릉 위에 위치한다. 1986년과 1987년에 걸쳐서 발굴되었는데, 1986년도는 유적이 위치한 구릉의 가장자리에 붕괴되는 지역을 발굴하여 주거지 5기와 무덤 1기를 확인하였다. 1987년에는 A구역, B구역으로 나누어서 조사하였다. A구역에서는 신석기시대 주거지 7기, 청동기시대 주거지 13기, 무덤 2기, B구역에서는 신석기시대 주거지 2기, 청동기시대 주거지 6기, 무덤 1기 등이 조사되었다(표8).

신석기시대로 보고된 주거지는 모두 8기이고, 주거지 중복관계에 의해 2期로 나누어서 보고되었다. 그러나 평면형태를 알 수 있는 것은 AF1, AF16, AF17, BF6로 나머지 주거지들은 중복으로 인해서 정확하지 않거나 파괴가 심하다. AF16호와 AF14호는 거의 몇 m 간격으로 떨어져 있지만 같은 시기로 나

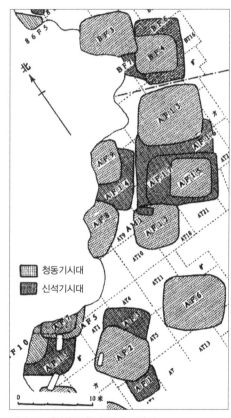

그림40. 흥성(興城) 유적의 주거지
(延邊博物館·吉林省文物考古研究所 2002 재편집)

누어 보고되었다(표9).

주거지의 중복관계가 불명확하고, 주거지 평면형태가 부정확한 점 등으로 보아 본 유적은 신석기시대의 시기를 나누어서 보는 것은 무리라고 생각되며 이러한 점은 유물을 통해서 살펴보도록 하겠다.[4] 그중에서 주거지의 평면형태를 알 수 있는 것은 장방형이며, 무시설식 노지가 대체적이다. 그 중 AF16호는 서포항, 범의구석, 금곡(金谷) 유적 중에서도 가장 큰 것으로 보인다(표9 · 14).

① 1호 주거지

평면형태는 북벽이 87F2호에 의해 파괴되었으나 대강 장방형으로 추정된다(그림40). 무시설석 노지가 주거지 남벽에 치우쳐서 설치되었고, 주혈은 5개 확인되었다(표9).

흑요석제 석촉과 갈판, 곰배괭이 토기 등이 집중 출토되었다. 토기는 사선방향으로 점선자돌문 기법(50%)으로 시문된 것과 횡주어골문이 침선문 기법(50%)으로 시문된 토기가 주를 이룬다. 잔발형 무문토기도 존재한다(그림64-12~17).

② 3호 주거지

1호 주거지와 아주 가깝게 위치하고, 청동기시대 2호 주거지에 의해 이 주거지의 남쪽은 파괴된 상태인데 대략 방형으로 추정된다(그림40). 주거지에 대한 자세한 시설물이나 내부현상은 보고되지 않았고, 유물만 보고 되었다.

출토된 토기는 뇌문토기가 전부인데, 침선문으로 시문한 후 압날문으로 채운 것이다. 토기를 제외하고는 갈판, 고타기, 곰배괭이, 마제석부 등이 출토되었다.

③ 5호 주거지

주거지는 유적의 동쪽 낭떠러지에 위치해서 주거지의 동서벽은 거의 남아 있지 않고, 주거지의 평면 형태도 거의 판단하기 불가능하다. 평면도에서는 본 주거지가 87AF11주거지 보다 상층이고, 이 주거지의 상부에 청동기시대 주거지와 교란된 것으로 보고되었다(그림40).

---

4) 그 외 청동기시대로 보고된 주거지의 내부에서 출토된 신석기시대 유물은 정확한 공반관계를 알지 못함으로 자료를 이용하는데 어려움이 따랐다.

주거지의 출토유물은 복합침선문 기법(76.7%) 토기와 침선문 기법(23.3%) 토기로 시문된 타래문과 횡주어골문토기가 대부분이다(그림71-1~5).

④ 11호 주거지

주거지의 동북쪽은 청동기시대 주거지 10호 주거지와 7호 주거지와 낭떠러지에 의해서 거의 남아 있지 않다. 그러나 남아 있는 주거지 벽의 길이가 6.5m인 것을 본다면 다른 신석기시대 주거지에 비해서 큰 것으로 판단된다.

출토된 유물(그림66-1~9)은 토기와 석촉인데, 그 중 토기는 점선자돌문 기법(70.5%)과 침선문 기법(29.5%)으로 시문되었는데 문양형태는 사선문과 타래문이다. 점선자돌문토기 중에는 이중구연토기(그림66-7)도 관찰된다(그림66-1~9).

⑤ 14호 주거지

유적의 서쪽 낭떠러지에 위치하며 반파된 주거지이다. 청동기시대 주거지 8호, 9호와 중복되어 주거지 남쪽벽이 파괴되었다(그림40). 자세한 주거지의 정황은 보고되지 않았다.

출토된 유물은 토기,곰배괭이, 갈판, 방추차이다. 토기는 점선압날문 기법(25%)과 침선문 기법(75%)의 횡주어골문과 사선문 문양형태로 시문되었다(그림66-10~12).

⑥ 16호 주거지

평면형태 장방형의 주거지로, 북벽과 남벽은 청동기시대 주거지들로 잘려져 나갔다(그림40). 주거지의 긴 벽을 따라서 기둥구멍이 있고, 남동 모서리에 노지가 설치되었는데, 무시설식 노지이다.

출토유물은 토기와 곰배괭이, 석촉, 방추차 등이다. 토기는 점선자돌문 기법으로 사선문 혹은 가로선 방향으로 시문된 토기로 홑구연과 이중구연토기가 존재한다. 무문토기는 잔발형 토기이다(그림64-1~11).

이 외에 보고서에서 주거지는 따로 설명되지 않았으나, 출토된 토기로 보아서 6호 주거지도 신석기시대 주거지로 보인다. 출토 유물은 점선압날문 기법으로 사선방향으로 시문된 토기인데, 기형은 기벽이 편평한 발형 기형이 아니고 구연부가 외반되고, 동체부가 굴곡되는 점이 특징적이다(그림64-18).

(18) 송평동 유적

1927년과 1928년 일인학자 藤田亮策 1930년에 의해서 조사된 두만강하류 룡수호의 주변에 위치한다. 호수 주변으로 모래 언덕과 그 경사면 일대에서 패총과 유물 포함층이 곳곳에 분포한다(표8). 채집된 유물은 흑요석제 타제석기가 많은 부분을 차지하고 신석기 토기가 확인되었다. 토기는 단사선 횡주어골문가 가장 많은 비중을 차지한다. 뇌문 문양과 삼각형문양은 기벽이 얇은 토기에 새겨진다. 유적은 뇌문토기와 무문토기의 이중구연토기가 확인되는 것으로 보아서 이른 유형(그림76-7~9)과 늦은 유형으로 나눌 수 있다.

(19) 농포 유적

유적은 1933년 일인학자 橫山將三郎가 조사 한 바 있고, 1956년 청진 역사박물관에서 시굴 조사하였다(표8). 강 하구의 유판 언덕의 경사면에서 유물이 수습되었다.

유적에서는 흑요석기가 대량으로 확인되고, 타제와 마제 석부, 토기가 확인되었다. 토기는 대량으로 확인되는데, 유문토기가 대부분이지만, 복원품 가운데는 무문의 대접형토기가 많이 확인되었다. 토기의 시문 방법은 점선압날문 기법(14.2%), 단독침선문(85.8%)이 관찰된다. 문양형태는 횡주어골문, 사선문, 뇌문토기, 삼각형문양 등이 있고, 기형은 발형토기, 대접형토기 등이 있다(그림68-4~14, 그림69). 토기 중에는 뇌문토기가 적색마연토기로 보고된 점은 서포항이나 자이사노프카-1 유적과 동일하다(김재윤 2010a). 그 외에 여성 토우와 동물형 우상물, 패천 등이 채집되었다.

(20) 원사대 유적

농포 유적과 함께 1933년 橫山將三郎 의해 조사되었는데, 농포 유적에서 서남쪽으로 4km 떨어진 오촌천 하구의 낮은 언덕에서 유물이 수습되어 되었다. 이 곳에서 약간 떨어진 곳에 패각층이 형성되어 있다. 농포 유적이 구릉위의 패총 유적이라면, 원사대 유적은 계곡 아래의 패총 유적으로 볼 수 있다(표8).

유물은 토기만 보고되었는데, 점선자돌문 기법(33.3%), 복합침선문 기법(66.7%) 등이 관찰된다. 점선자돌문 토기를 사선방향 혹은 가로방향으로 짧게 그어서 시문하였다.

또한 한 토기 내에 방향을 달리 시문해서 여러가지 문양 모티브를 한 것 등이 특징이다
(그림71-10~14).

(21) 범의구석 유적

두만강가의 서쪽 단구대 위에 위치하고 있다. 1959년부터 시작해서 61년까지 거의
전면 발굴하였다. 발굴 결과 주거지가 모두 38기가 확인 되었으며, 주거지와 유물과의
공통성을 중심으로 6기로 나누어지고 Ⅰ기는 신석기시대, Ⅱ~Ⅳ기 청동기시대, Ⅴ·Ⅵ
기는 철기시대로 보았다(표8). 그 중에서 보고서의 신석기시대 Ⅰ기가 본 연구의 시기와
관계가 있다.

1期로 분류된 것은 모두 10기이다. 주거지의 평면형태를 알 수 있는 것은 2호, 3호,
9호로 방형 주거지이고, 평면적은 11~15㎡이다. 1호 주거지는 남은 벽과 평면의 크
기가 방형 주거지 보다 큰 것으로 보아서 장방형 주거지일 가능성이 있다. 노지는 3호
를 제외하고는 원형의 위석식 노지이고, 크기도 비슷하다. 주거지의 주혈은 주거지 가
장자리와 중앙을 지나는 4열 배치이다(표9). 한편, 2호 주거지에서는 인골이 1구 확인
되었는데, 보고자는 의도적으로 매장한 것이 아닌 사고에 의한 것으로 보았다(황기덕

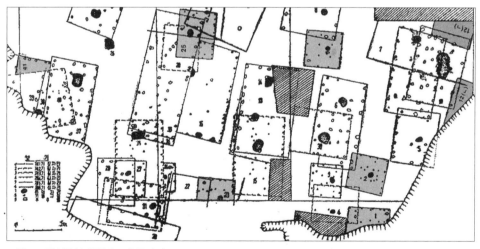

그림41. 범의구석 유적의 1기 주거지(회색으로 표시된 부분)(김재윤 2010a)

1975).

그러나 1기로 분류된 주거지들이 모두 같은 유형의 것으로 보기에는 힘들다. 신석기시대 문양 토기가 출토되는 토기와 그렇지 않은 것들의 차이가 있다(김재윤 2007). 특히 주거지 1호는 굽다리 적색마연토기와 공열문토기(그림77-3·4·7~9)가 확인되어 청동기시대로 편년된다.

(22) 서포항 유적

① 서포항 1기

1기에 해당하는 주거지는 9호 세장방형으로써, 신석기시대 주거지 중에서 가장 크다. 돌을 이용해서 만든 노지 5기는 주거지의 가운데 위치하고 있는데 노지마다 제작방법의 차이가 있다. 노지②·③은 돌을 가장자리에 두르지 않고 펴 놓은 것이고, 그 외 노지는 가장자리에 돌을 두른 것인데, 노지④는 위석 후 가운데 돌을 채워 넣었다(그림42). 주거지의 동남-서북으로 한 줄의 돌 칸막이가 설치되었고, 그것을 기준으로 동쪽에는 유물이 출토되지 않았기 때문에 주거지 내에서 공간이 분리 되었다고 보았다(김용간·서국태 1972).

1기의 토기(그림55-1·2)는 문양이 4개 혹은 5개의 '점살빗'으로 돋친 것으로 동체부의 1/5, 1/2 이상 채운 것, 저부 근처까지 채운 것 등 다양한 것으로 보고되었다(김용간·서국태 1972, 그림43-1·2). 이

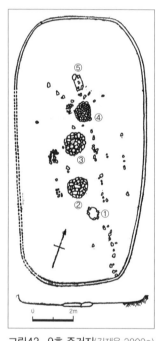

그림42. 9호 주거지(김재윤 2009a)

러한 토기는 다치구 '押捺文'으로 나진 패총(宮本一夫 1986), 가칭 자레치 문화(大貫靜夫 1992b), 보이스만 문화의 것(大貫靜夫 1998)으로 주목된다(김재윤 2009a).

② 서포항 2기

3호 주거지와 23호 주거지는 방형이고, 17호와 19호 주거지는 상층의 주거지로 인해

서 파괴되어 평면형태를 정확하게 알 수 없다. 3호와 23호 주거지는 평면크기와 주거지 중앙 원형의 위석식 노지가 설치된 점이 서로 비슷하다(표14).

17호(그림60-1~3)와 19호(그림60-4~7)에서 출토된 승선압날문 기법은 자이사노프카 문화의 유적인 자이사노프카-7(그림60-8~11), 크로우노프카-1의 4호(그림82-5~15)와 5호(그림83), 르박-1(그림57), 루자노바 소프카-2 자이사노프카 문화층(그림79), 보이스만-2 유적의 자이사노프카 문화층(그림59) 등에서 확인되고 있다.

3호의 점선자돌문 기법[5](그림67-3 · 4)은 침선문과는 달리 짧게 잘라서 점선처럼 시문하는 것이다. 이러한 문양 기법은 두만강 신석기 후기 유적인 흥성 유적의 신석기시대, 클레르크-5 유적, 그보즈데보-4 유적과 아주 유사하다. 흥성 유적과 그보즈제

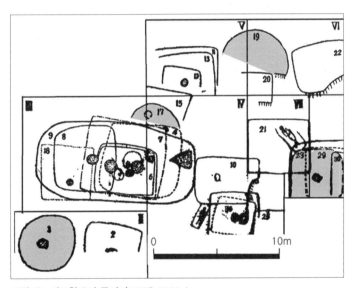

그림43. 서포항 2기 주거지(김재윤 2009a)

---

5) 점선자돌문 기법은 보고서의 17호 유물을 지칭하는 '점선무늬'와 다르다. 점선자돌문 기법은 문양 시문 방법이고, 점선무늬는 문양형태를 의미하는 것이기 때문이다. 점선자돌문의 문양시문 방법 은 승선압날문임을 앞에서 밝혔다.

보-4 유적에서는 점선자돌문과 타래문이 공반되고 있다.

그 외에 퇴적층 출토의 압날문 방법으로 횡주어골문이 시문된 토기(김재윤 2009a, 그림11-1)는 보이스만 문화의 압날문과 자이사노프카 문화의 대표문양인 횡주어골문이 결합되었다는 점에서 주목할 수 있다. 종전에는 횡주어골문양은 침선되었다는 생각이 지배적이었으나 최근 셰클라예보-7 유적 자이사노프카 층(그림80-5), 보이스만-2 유적의 자이사노프카층(그림59-2) 등에서 다치구로 찍은 문양이 확인되고 있다. 이 유물은 상기 유적들에서도 승선압날문 토기와 공반되기 때문에 같은 유형에 속하는 것으로 보인다.

토기 기형은 크게 구연에서 저부까지 동체부가 편평하게 처리된 발형토기(그림60-5)와 구연이 외반되면서 동체부가 곡률을 이루는 토기로 나눌 수 있는데(그림60-1~4 · 6), 후자의 토기는 모두 승선압날문이 시문되었다. 서포항 1기에서 이러한 기형이 관찰되지는 않았지만, 보이스만 5단계(표18)에서 기벽이 곡률을 이루는 토기가 많은 점으로 보아 이러한 기형의 토기는 2기 내에서도 이른 시기의 것으로 보인다.

이러한 점들을 고려해 볼 때 서포항 2기는 승선압날문 기법이 관찰되는 17호 · 19호 · 퇴적층의 압날 횡주어골문과 점선자돌문 기법이 나타나는 3호 주거지 · 23호 주거지로 구분된다. 23호 주거지는 무문 토기만 1점만 보고되었는데, 3호 주거지와 평면형태, 노지 등이 유사함으로 같이 분류하여도 무난하다. 2기 퇴적층의 베트카 유형 유물 1점을 제외한다면, 2기의 출토유물은 자이사노프카 문화, 흥성 1기 문화와 상응된다.

그런데 서포항 유적의 2기에서는 베트카 유형의 토기와 유사한 유물이 출토되었다(김재윤 2009a, 그림5). 베트카-2 유적의 토기는 押印文과 押捺文이 함께 시문되는 것이 특징으로, 연해주에서 처음으로 확인되는 형식의 토기들이기 때문에 하나의 유형으로 분리하고 있다. 보이스만 문화 1단계 토기에서 일부 이러한 특징이 보이기 때문에 이 단계를 보이스만-1 유형과 베트카 유형으로 분리될 가능성을 제시하였다(모레바 외 2008). 押印하는 시문 방법과 다치구로 押捺하는 시문 방법이 함께 사용되는 이 유형은 두 시문방법의 과도기적 특징을 보인다는 점에서 중요하다. 그러나 베트카 유형의 능형 압인은 그 내부에 빗금이 그어졌다는 점에서 루드나야 문화의 압인문과는 차이가 있다.

③ 서포항 3기

3기 주거지 12호 · 13호, 27호 · 28호와 29호 · 30호는 중복관계에 있지만 같은 단계로 기술됨으로써 많은 비판을 받았다. 유물이 알려진 주거지는 8호, 26호, 27호, 29호이고 그 중 평면형태를 정확하게 알 수 있는 것은 8호, 26호, 29호로 모두 말각방형 주거지이다. 노지는 주거지 중앙에 설치되었는데 모두 원형의 무시설식이다(표14, 그림44).

3기의 문양 시문 기법에서는 특별히 새롭게 확인되는 것은 없고 승선압날문, 압날문 등이 사라지고, 점선자돌문과 단독 침선문이 확연히 많아졌다. 새로운 문양으로 타래문과 돌대문이 나타나는데, 돌대문은 완형 3점이 퇴적층에서 보고되었다.

26호 점선자돌문과 타래문, 27호 타래문, 28호 점선자돌문이 출토된 것으로 보고되었다. 27호와 28호 주거지는 중복 관계로써 28호 주거지가 27호 보다는 늦을 수 있으나 유물 특징상 그러한 점이 관찰되지 않고, 주거지 파괴가 심한 점 등을 고려해서 같은 유형으로 보고자 한다. 특히 흥성 유적에서는 이러한 점선자돌문 기법은 타래문토기와 공반되고 있다. 그렇기 때문에 이들 세 주거지는 침선문이 주를 이루는 8호 · 30호 주거지와는 다른 유형으로 분류하여도 무관하다고 생각된다.

30호 주거지는 8호 주거지와 중복관계이나 토기의 특징이 거의 비슷하다. 무문토기 1점만 보고된 29호는 8호와 주거지의 특징이 별 다른 차이가 없다.

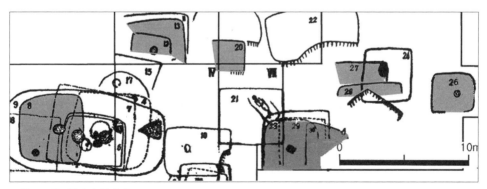

그림44. 서포항 3기 주거지(김재윤 2009a)

표10. 서포항 3기의 토기문양(김재윤 2009a)

위치	보고서명칭	본고 명칭		개체수	그림번호
		시문방법	문양형태		
8호	·	침선문	무질서	1	그림70-3
	빗살무늬그릇 전나무잎무늬	침선문	횡주어골문	2	그림70-1·2
26호	사선무늬	점선자돌문	사선문	4	그림67-9~12
	타래무늬	점선자돌문+침선문	타래문	1	그림67-8
	민문양	무문	·	2	
27호	타래무늬	점선자돌문+침선문	타래문	2	그림67-6·7
28호	비방울무늬	점선자돌문	가로선	1	그림65-13
29호	민무늬	무문		1	그림70-4
30호	전나무잎무늬	침선문	횡주어골문	1	
퇴적층	덧띠무늬	점선자돌문+돌대	가로선문+돌대	1	
		침선+돌대	세로선문+돌대	1	
	전나무잎무늬	침선문	횡주어골문	1	

④ 서포항 4기

4기에는 5기의 주거지가 알려졌는데 그 중 22호 주거지는 장방형이고, 다른 주거지보다 대형이어서, 이 시기부터 주거지 평면형태가 바뀌는 것으로 판단하고 있다(김용간·서국태 1972).

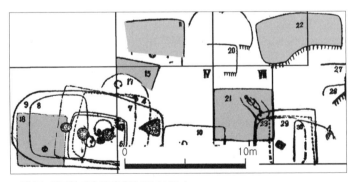

그림45. 서포항 4기 주거지(김재윤 2009a)

22호 주거지를 제외하고 나머지 주거지의 노지는 원형 위석식이며, 노지 위치는 대체적으로 서쪽 벽에 치우쳐서 확인되고 있다. 노지의 크기도 상대적으로 커진 점 등은 3기의 노지가 무시설식이었던 것과 대조 된다(표14, 그림45).

4기의 토기 시문 방법은 11호 주거지에는 점선자돌문이 남아있지만 침선문이 주를 이루고, 문양형태는 매우 다양하다. 그 중 타래문은 사라지고, 뇌문이 등장한다. 뇌문은 4기의 가장 큰 특징이며, 특히 서북한 자료와 비교해 병행관계를 설정하였다(강중광 1975; 김재윤 2007).

타래문은 그보즈데보-4, 클레르크-5, 흥성 유적의 신석기시대 주거지 등 주로 두만강 유역에서 확인되지만, 뇌문은 연해주 내륙까지 확인된다. 따라서 이 토기는 동북한 신석기 후기에서도 지역적 특징일 가능성이 많다(김재윤 2012a).

서포항 4기의 뇌문은 농포 유적 뇌문토기보다 늦은 것으로 보고 이 유적은 서포항 3기와 4기 사이에 시간적으로 놓일 수 있다고 지적하였다(宮本一夫 1986). 이와는 달리, 서포항 4기 뇌문은 늦은 것이지만, 농포유적의 뇌문은 1계열과 2계열로 나누어지고 1계열 뇌문이 서북한 쌍학 유적등과 비교되어 서포항 3기 보다 이르다는 의견도 있다(김재윤 2007).

문양을 알 수 있는 뇌문은 11호와 21호 주거지의 것뿐이지만 보고서에서는 4기의 모든 주거지에서 뇌문이 출토된다고 지적하였다. 21호 주거지의 뇌문은 대형토기이고 붉은 칠(그림75-2)이 되었다는 점으로 보아 11호의 것과는 차이가 있는데, 4기의 뇌문토기는 기형·문양형태 등에서 다양하다는 점을 반증한다. 따라서 현재 자료로써는 뇌문토기의 유무 혹은 형태로 4기 주거지 간의 시간차이를 결정하는 것은 어렵다.

11호 주거지와 15호 주거지의 시간 차이에 대해서 이미 논의가 되었다. 15호 주거지의 능형집선문(그림75-3·5)이 4기 퇴적층(그림70-13)의 유물보다 형식상 늦은 것으로 15호 주거지가 4기 중에서 늦다는 것이다. 또한 11호 주거지와 15호 주거지 사이가 좁기 때문에 공존할 수 없다는 점도 지적되었다(大貫靜夫 1992).

11호 주거지는 점선자돌문이 잔존하는 주거지로 4기의 다른 주거지들과 차이가 있다. 11호 출토품은 3기의 것과 아주 유사한 점선자돌문 기법 토기이다. 반면에 지적된 것처럼 15호 출토의 토기는 4기 퇴적층의 것과 형식적인 선후관계가 있는지에 대해서는 회의적이다. 이 토기는 능형집선문이라기 보다는 무질서한 문양에 가까운 것으로 관찰된다.

그렇기 때문에 11호 주거지가 15호 주거지와 시간차이가 있다 점은 동의하지만 15호 주거거지가 11호 주거지보다 늦다고 본 것과는 달리 11호 주거지가 4기의 다른 주거지에 비해서 빠르다고 생각된다.

표11. 서포항 유적의 4·5기 토기 문양(김재윤 2009a)

위치		보고서명칭	본고 명칭		개체수	그림번호
			시문방법	문양형태		
4기	11호	점선띠, 비방울	점선자돌문	사선문	1	
		번개무늬	침선문	뇌문	2	그림70-5·6
	15호	삼각형무늬구도	침선문	능형집선	1	그림75-3
		무질서	침선문	무질서	1	그림75-5
	18호	무문	무문	·	1	그림75-6
		전나무잎	침선문	어골문	1	그림75-1
		변행번개무늬	?	?	1	그림75-4
	21호	변형번개무늬	침선문	뇌문	1	그림75-2
	22호	삼각형구도	점선자돌문+침선문	삼각복합문	1	그림70-9
		전나무잎	침선문	횡주어골문+가로선	1	그림70-10
		무문양	무문		1	그림70-8
	퇴적층	삼각형	점선자돌문+침선문	삼각복합문	1	그림70-14
		점선띠	점선자돌문+침선문	사각복합문	1	그림70-12
		전나무잎	침선문	횡주어골문	1	그림70-15
		삼각형무늬구도	침선문	능형집선문	1	그림70-13
		덧띠무늬	침선문+돌대문	어골문+돌대문	1	
		콩알 덧무늬	침선문+공열	사선?어골문+공열	1	
		점선띠+사선띠	점선자돌문+침선문	가로선문+사선	1	
5기	7호	덧띠무늬	무문, 돌대문	돌대문	1	그림77-14
		전나무잎	침선문	횡주어골문	1	그림77-13
	16호	민그릇	무문	무문	2	그림77-10·11
		민그릇	무문, 돌대문	무문	1	그림77-12

⑤ 서포항 5기

5기의 주거지는 모두 방형으로 노지는 무시설식, 위석식이다. 노지의 위치도 벽에 치우친 것과 중앙에 설치된 것 등 일정하지 않다. 출토유물은 대체적으로 무문토기가 많다. 그 중에서도 덧무늬그릇 즉 돌대문토기가 가장 비중을 많이 차지하는 것으로 보고되었다. 이러한 돌대문 토기는 돌대를 각목한 것, 능형, 원형, 사각형, 삼각형의 시문구로 찍은 것 등 다양하다(그림77-10~14).

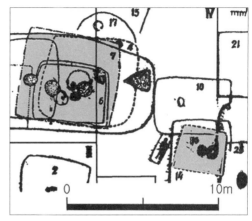

그림46. 서포항 5기 주거지(김재윤 2009a)

이러한 토기의 특징으로 보아 서포항 5기는 송평동 유적의 청동기시대 토기와도 비교되었고(大貫靜夫 1992). 청동기시대로 이미 넘어간 단계로 보고 있다(배진성 2003; 김재윤 2004; 천선행 2007).

(23) 두루봉 유적

두루봉과 검은개봉 유적은 서포항 유적 발굴 이전에 동북한의 신석기편년의 표지가 되는 유적이었다. 유적은 두만강 상류역에 길게 형성된 강안대지의 두루봉 경사면에 위치한다. 1962년에 조사되었는데, 채집된 유물로 보아서 신석기 시대부터 초기 철기시대까지 긴 기간에 걸쳐서 형성된 유적이다(표8).

출토유물은 단치구로 그은 침선기법으로 그은 횡주어골문토기가 가장 많은 비중(50%)와 점선자돌문 기법의 토기(25%)(그림65-12)도 존재한다. 그 외에 반관통의 공열문토기(25%), 아주 기벽이 얇은 마연된 뇌문토기, 들린 굽이 출토되었다.

(24) 검은개봉 유적

유적은 두루봉 유적과 함께 1962년 조사되었다. 두만강 상류 강변의 높은 강안대지의 기슭에 위치하고 있다. 유적의 구릉사면에는 청동기시대 무문토기와 함께 신석기시대 토기편 들이 확인되고 있다. 이러한 유물들은 강안대지의 꼭대기에서 흘러내린 것으로 추측되며, 유적은 강안대지 정상부와 일부 구릉에 형성된 것으로 보인다(표8).

유적에서 가장 많이 확인된 유물은 흑요석제 타제 석기와 신석기시대 토기편이다. 토기의 시문 방법은 점선자돌문 기법(28.5%), 복합침선문 기법(28.5%), 침선문 기법(42.7%), 무문토기(14.2%)로 아주 다양하다. 문양은 뇌문토기, 타래문토기, 반관통 공열문 토기(도면 보고되지 않음) 등이 확인되었고 그중 뇌문토기는 기벽이 마연된 것으로 보고되었다(그림66-13~17). 반관통 공열문 토기의 무문토기는 송평동 유적의 늦은 유형과도 일치하는 것으로 보인다. 따라서 유적은 이른 유형과 늦은 유형으로 나누어질 가능성이 있다.

2) 한카호 유역

(1) 크로우노프카-1 유적의 하층

라즈돌라야(Раздольная, 綏芬河)강의 지류인 크로우노프카강의 하안 대지 위에 위치한다. 유적은 강의 침식작용에 의해서 계속해서 파괴되고 있는 상황이다. 초기철기시대 문화인 크로우노프카 문화의 표지유적으로 잘 알려진 곳이나, 이 유적의 하층에서는 신석기시대 주거지가 확인되었고 뇌문토기, 횡주어골문토기 등이 출토되었다. 그 외에 초기 철기시대인 얀콥스키(Янковский) 문화도 존재한다(표8).

신석기시대 후기 주거지는 2001~2003년에 발굴된 4호와 5호가 알려져 있다(표12, 그림47). 4호와 5호 모두 말각방형에 가까운 주거지로, 강의 침식으로 반파된 상태로 채로 발굴되었다. 모두 무시설식 노지가 주거지의 중앙에서 확인되었고, 기둥구멍은 4호에서는 노지를 중심으로, 5호에서는 노지 주변과 주거지 내부의 구덩이 주변에서 확인되었는데, 벽의 가장자리에서는 확인되지 않았다. 5호의 북동쪽 모서리에서 구덩이가 확인되었는데, 갈판과 자비용 토기가 확인되었다.

(2) 시니가이-A 유적

한카호 유역의 넓은 저지대에 과거 호수로 흘러갔던 마른 하상변의 높고 가파른 구릉의 남쪽 경사면에 위치하고 있다. 대규모 주거 유적으로 30기가 1968년에 의해서 발굴

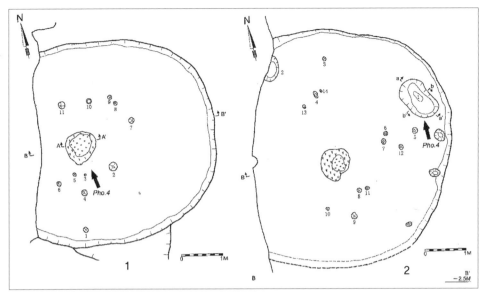

그림47. 크로우노프카-1 유적(1:4호 주거지, 2:5호 주거지)(김재윤 2012a)

되었다(표8, 그림85 · 86). 그러나 주거지와 유물과의 공반관계가 잘 알려지지 않고, 주거지에 대해서도 거의 보고가 되어 있지 않아서 전체적인 양상을 살피기는 힘들다.

(3) 무스탕-1 유적

일리스타야(Илистая, Ilictaya)강 주변의 높은 구릉의 경사면 남쪽에 위치하며, 원형수혈 12기가 열상배치를 이루고 확인되었다. 그 중 주거지 4기가 완전하게 발굴되었다(표8). 5호 주거지(1968년 발굴)는 말각방형에 가까운데, 북동쪽 벽이 경사면으로 인해서 파괴되었다. 주거지의 남쪽에는 장방형 위석식 노지가 설치되었다. 10호 주거지(1971년 발굴)는 말각방형으로, 노지 등 주거지의 기본적인 특징은 5호와 유사하다(표12, 그림48).[6] 주거지 내에서는 토기 이외에 어망추, 갈판, 갈돌, 갈판 등이 출토되었다.

---

6) 그 외 6호 주거지는 전면, 7호 주거지는 일부 발굴된 것으로 알려져 있으나, 6호 주거지는 주거지 벽선 등이 명확하지 않은 점 등 석연치 않은 부분이 있어서 본고에서는 제외한다.

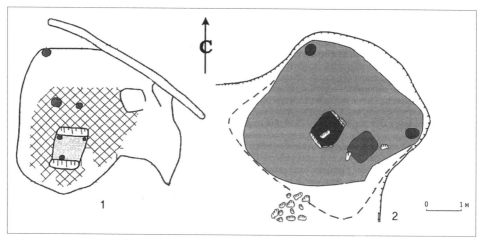

그림48. 무스탕-1 유적의 주거지(1:5호 주거지, 2:10호 주거지)(가르코빅 2008)

(4) 보골류보프카-1 유적

유적은 라즈돌라야강의 지류에 낮은
둔덕의 북동쪽 경사면에 위치한다. 유적
에서는 11개의 수혈이 확인되었다. 평면
형태가 유사한 주거지가 2기 발굴되었다
(표8). 말각 방형으로 평면크기는 각각
30㎡, 24㎡이다. 주거지에는 기둥구멍
이 확인되었지만, 노지는 정확하게 확인
되지 않았다. 주거지의 남쪽 부분에서 불
맞은 흔적 60cm 가량을 확인할 수 있었
다(표12, 그림49).

(5) 노보셀리셰-4 유적

유적은 한카호에서 19km 떨어진 곳

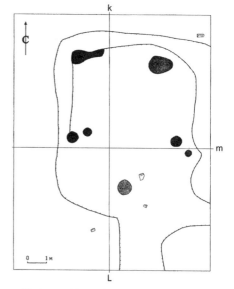

그림49. 보골류보프카-1 유적의 주거지
(가르코빅 2008)

으로, 계곡의 길게 뻗은 구릉의 정상부에 위치한다. 모두 4기 주거지가 발굴되었는데,

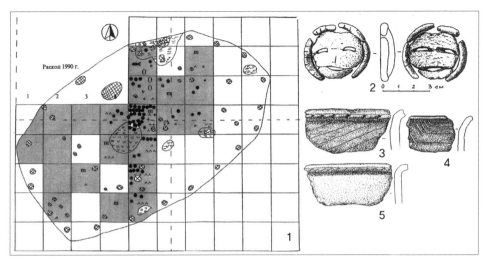

그림50. 노보셀리셰-4 유적 주거지(클류에프 2001)

초기철기시대 1기, 청동기시대 1기, 신석기시대 후기 2기인데(표8), 그 중 1기는 파괴
가 심하며, 다른 1기는 장방형으로, 중앙에 무시설식 노지가 설치되어 있으며 주거지
벽 가장자리로 기둥구멍이 설치되어 있다(표12, 그림50-1). 주거지의 기둥자리에서 거
의 바닥과 가까운 곳에서 사람의 얼굴모양 토제품(그림50-2)이 확인되었다. 또한 자이
사노프카 문화의 한카호 유형 토기 이외에도 여러 가지 식물자료와 등과 석도가 확인되
었다. 기장(*Panicum miliaceum*), 헤즐넛(*Corylus sp.*), 도토리(*Qurcus sp.*), 황백
(*Phellodendron amurensis*) 등이 확인되었다. 특히 기장과 일부 식물은 재배된 것으
로 알려졌다(세르구세바 2008).

(6) 아누치노-14 유적

아르세네프카강의 오른쪽 지류에 위치한 계곡에서 북에서 동쪽 방향으로 돌아가는 언
덕의 정상부에 자리 잡고 있다. 언덕의 높이는 강에서 약 30m 정도이고, 정상부는 편평
하다. 유적에는 6기의 원형수혈이 육안으로 관찰되는데, 1999~2001년까지 청동기시
대 주거지 3기와 신석기시대 후기 주거지 1기를 발굴하였다(표8). 신석기시대 주거지는

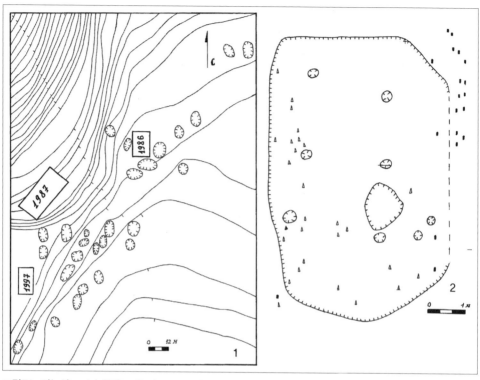

그림51. 아누치노-14 유적(1:아누치노-14 유적 평면도, 2:아누치노-14 주거지 평면도)(클류에프 외 2002)

말각 장방형으로 60㎡, 노지는 북쪽에서 확인되었다. 주거지 내부에는 기둥구멍이 대량
으로 확인되었다(그림51).

(7) 레티호프카 유적

　말라야 바시아노프카(Малая Вассиановка, Malaya Vassianovka)강에서 200m가
량 떨어진 낮은 구릉의 경사면에 위치한다. 1999년 주거지와 2004년에 저장수혈 성격
을 띠는 시설물을 조사 하였다(표8).

　1999년 주거지는 도로에 의해서 이미 반 이상 파괴된 것으로 상층에서는 철기시대 폴
체(Полце) 문화의 토기가 확인되었고, 주거지 바닥에서 신석기 토기(그림93~95)가 출

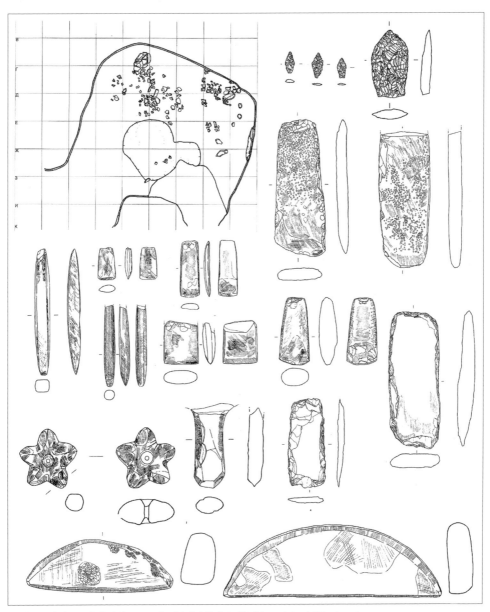

그림52. 레티호프카 유적의 2004년도 주거지와 출토 석기(유물 필자, 김재윤 2012a)

토되었다. 주거지는 말각 장방형으로 평면크기가 33㎡ 정도로, 노지는 확인되지 않았다. 2004년 발굴 유구는 평면형태 장방형이고, 주거지 내부에서 노지는 확인되지 않았다(표12, 그림52). 출토유물은 침선문토기와 횡주어골문토기로 돌대가 부착된 즐문돌대토기와 뇌문토기, 궁형문토기, 무문토기(그림93~95)와 이외에 양인석부, 석착, 곰배괭이, 방추차, 성형석부, 석검의 병부 등이다(김재윤 외 2006, 그림52). 특히 대형토기, 봉상파수부 토기, 성형석부, 석검의 병부 등이 확인되어 이 유구의 성격과 시기 등은 고려할 점이 많은 것으로 보인다.

(8) 알렉세이 니콜스코예-1 유적

카자치키(Казачики, Cossaks)강의 지류에 위치한 높이 80m의 구릉 위에 위치하고 있다(표8). 주거지 1기를 발굴하였는데, 평면형태 방형으로 노지는 확인되지 않고, 원형의 수혈이 동쪽 벽에 붙어서 설치되었다(표12).

출토된 유물은 승선압날문 기법(44.4%), 점선자돌문 기법(11.1%), 침선문 기법(22.2%), 무문(22.2%) 등으로 시문된 토기이다. 승선압날문 기법 토기는 가로방향으로 시문하고, 구연부에 돌대를 부착하였다. 침선문 기법 토기는 다치구로 궁형문, 가로선문, 사선문으로 시문하였다. 무문토기로 구연부에 돌대가 부착된 것도 있다(그림87, 김재윤 2012a).

(9) 루자노바 소프카-2 자이사노프카 문화층

한카호에서 0.5km 떨어진 곳으로 시바코바 마을에서 북쪽으로 7.3km 떨어진, 5m 높이의 구릉 위에 위치한다. 전체 유적 면적은 121㎡으로, 후기 구석기시대, 신석기 중기, 신석기 후기, 중세시대 까지 오랜 기간 형성된 유적이다(표8). 2001~2003년 까지 발굴 조사하였는데, 주거지나 어떤 시설물 흔적은 확인되지 않은 일시적으로 점유했던 것으로 보고 있다. 승선압날문 기법이 주를 이루는 이른 유형과 침선문 기법이 주를 이루는 늦은 유형으로 구분된다(김재윤 2012a).

이른 유형은 압날문 기법(13.5%)과 승선압날문 기법(35.5%)이고, 늦은 유형은 침선문 기법(51%)으로써 구연단이 이중구연이거나 돌대가 부착된 것이다. 압날문 기법은 사선문양과 가로선문양으로 시문한 것이 대부분이다. 승선압날문 기법은 가로선을 여러 줄 시문한 후 그 아래 사선방향으로 시문하는 것이 문양단위가 되어 이를 동체부 전체에 반복 하는 것, 사선방향으로 여러 선 그은 후 방향을 바꾸어서 삼각형을 이루도록 하는 것, 횡주 어골문등이다(그림79). 침선문 기법으로 횡주어골문 토기, 사선문토기, 뇌문토기(그림92-13 · 18~20) 등이 있다.

(10) 셰클라에보-7 유적

우수리 강의 남쪽 지류인 아르세네프카 강 계곡에서 주변의 산과는 연결되지 않는 단독 언덕의 정상부에 위치한다. 유적의 전면을 조사하였는데 그 결과 좁은 언덕 정상부에 주거지 1기가 루드나야(Рудная) 문화부터 자이사노프카 문화까지 계속 중복해서 재건축되면서 사용된 것으로 밝혀졌다(표8, 그림5). 자이사노프카 주거지의 평면형태는 말각 방형으로 중앙에 방형의 무시설식 노지가 확인되었다. 4개의 기둥구멍과 저장공도 설치되었다(표12).

신석기 후기와 관련된 토기는 승선압날문 기법(42.9%), 침선문 기법(57.1%) 등으로 시문된 것이다. 압날문 기법의 문양형태는 횡주어골문, 사선문 등이 있는데, 구연부에 파상 돌대(그림80-2)가 부착된 것으로 구연단에는 불규칙하게 압날문 기법으로 시문되고, 그 아래에는 삼각형 모티브를 시문한 것 등이 있다(그림80).

또한 순수한 침선문 토기로, 구연부에 돌대가 부착되고 횡주어골문이 시문된 것, 능형문이 시문된 것(그림92-22~24) 등이 있는데, 단독 침선문 토기는 주거지 내부 출토 유물이 아니다(클류예프 2003).

(11) 아누치노-29 유적

아르세네프카 강과 무라비예이카(Муравиейка, Muraveika) 강 사이의 계곡에 길게 형성된 낮은 구릉의 정상 위에 위치한다. 정상에는 7개의 수혈이 확인되었는데, 그 중 1기가(7호) 발굴되었다(표8).

평면형태가 말각 장방형에 가까운데 노지는 확인되지 않았고, 기둥구멍은 동쪽벽을 따라서 7개 확인되었다(표12). 이 기둥구멍은 주거지 바닥면에서 확인되는 것이 아니라, 주거지 밖에서 확인된다. 또한 주거지의 서쪽의 어깨선이 뚜렷하지 않고, 노지가 확인되지 않은 점 등을 들어서 맞배지붕의 4주식 수혈 집이 아니라 지붕이 한 쪽만 있고,

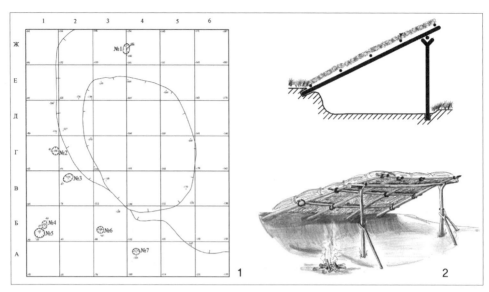

그림53. 아누치노-29 유적의 주거지(1:7호 주거지, 2:7호 주거지 복원도)(슬렙초프·김재윤 2009)

이 지붕면이 땅으로 지지되고 있고, 한쪽은 기둥으로 지탱하는 것으로 보고 있다(슬렙
초프·김재윤 2009, 그림53).

유물은 침선문 기법(73%) 토기, 무문(27%) 토기와 마제 양인 석부, 석착, 흑요석제
석촉, 갈돌 등이 확인되었다. 침선문 기법 토기는 횡주어골문(57%), 궁형문(3.5%), 뇌
문(15%), 무문(3.5%) 등이다(그림98·99). 무문토기 중에서는 레티호프까 유적의 손
잡이 부착된 무문토기와 유사한 것으로 보이는 토기로 손잡이만 출토되었다. 모든 침선
문은 구연단 아래에 돌대가 부착되거나, 구연단 끝에 이중구연으로 처리되었다(김재윤
2012a).

3) 목단강 유역

송화강의 수계인 목단강 유역과 우수리 강의 수계인 목능하 유역의 유적을 대상으로
한다. 목단강 유역 뿐 만 아니라 목능하 유역에서도 앵가령하층 문화로 관계되는 유적
들이 확인되는데 모두 논의에 포함시키고자 한다.

앵가령 유적이 위치한 목단강과 수분하의 선사유적은 1930년대 러시아 학자 포노소프가 경박호 및 그 주변의 목단강 일대를 조사해서, 채집된 유물을 보고하였다. 일인 학자가 금명수(金明水) 유적, 요정자(腰井子) 유적, 남호두(南湖頭) 유적 등을 시굴하였고, 그 뒤에 동북박물관과 흑룡강성박물관이 조사하였다(黑龍江省博物館 1960). 이 지역의 신석기 문화를 알 수 있는 유적은 왜긍합달(倭肯哈達) 유적, 석회장 유적, 앵가령 유적, 아포력(亞布力) 유적 등이 알려졌고, 2000년대 들어서 진흥(振興)과 하구(河口) 유적 등이 조사되었다.

목단강 유역의 신석기 후기는 주로 앵가령 유적의 하층을 기준으로 알려졌다. 앵가령 유적을 발굴한 뒤, 이 유적의 상층은 청동기시대, 하층이 신석기시대로 구분되고, 목단강 유역 신석기시대 하나의 유형으로써 분리되었다(黑龍江省文物考古工作隊 1981). 이 지역의 대표적인 신석기 후기 문화로 보았으나, 최근에는 앵가령 하층 유적과 석회장하층 유적을 새롭게 인식해서 각각을 다른 문화로 규정하고 있다(趙賓福 2011).

이 지역의 신석기문화는 유적이 많이 조사되지 않았기 때문에 인접한 지역과 비교를 통해서 파악되고 있는 실정이다(궈다순·장싱더 2008; 趙賓福 2011). 이 문화에 포함시킬 수 있는 유적으로 석회장 유적 하층과 최근에는 서안촌동(西安村東) 유적, 진흥 유적, 목능하의 여러 유적(표8·13, 그림37) 등이 새롭게 조사되었다.

(1) 앵가령 유적

앵가령 유적은 장백호의 호숫가에 위치한다. 유적을 시굴한 결과 5개층으로 나누어지는데 2·3층은 상층문화, 4·5층은 하층문화로 신석기 후기로 판단된다(표8). 모두 주거지 4기를 확인하였는데, 신석기 후기와 관련된 주거지는 모두 2기가 확인되었다(표12). 하층의 주거지(3호, 4호)는 반수혈식으로, 한쪽 벽이 침식되었다. 평면형태는 말각장방형 혹은 방형인데, 면적은 약 25㎡이고, 벽을 따라서 기둥구멍이 확인된다. 3호 주거지는 동벽을 따라서 돌이 한줄 배치된 것이 확인되었는데, 돌과 돌 사이, 돌과 벽 사이를 진흙으로 매운 것으로 확인된다(그림54-1·2, 표12). 주거지 중앙에는 무시설식 노지가 설치되었고, 문지는 침식된 서쪽이나 서남쪽 벽에 있었을 것으로 추정된다. 4호 주거지의 중앙에는 노루의 두개골을 편평한 큰 돌이 누르고 있으며, 이 돌과 화덕 사이에 5개의 노루 두개골과 돼지 두개골이 가지런히 놓여 있다(黑龍江省文物考古工作隊

1981). 토기는 침선기법의 횡주 어골문과 평행사선문, 다치구 압날문 기법의 그려진 어골문양이다. 기형은 이중구연 혹은 각목돌대가 부착된 토기 등이다. 그 외 방추차와 멧돼지, 개모양 토우 등이 확인되었다.

(2) 석회장 유적

유적은 목단강과 오련하(烏蓮河)가 합하는 삼각대지 위의 해발 283m 언덕에 위치한다. 1987년 유적 범위 내에서 5×5m 5개를 조사한 결과 주거지 4기, 회갱 12기, 무덤 1기가 확인되었다(표8). 출토된 유물로 판단해서 1호·2호와 회갱 7기는 초기 철기시대, 3호와 4호는 신석기시대 주거지의 것으로 확인되었다.

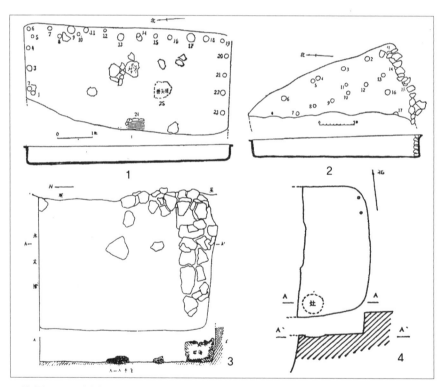

1:앵가령 3호, 2:앵가령 4호, 3:석회장 4호, 4:서안촌동 4호

그림54. 목단강 유역의 신석기 후기 주거지(김재윤 2012b 재편집)

3호와 4호 주거지 모두 반수혈식으로, 장방형 주거지이다. 3호 주거지의 남쪽에는 돌로 벽을 쌓은 흔적이 남아 있으며 북쪽은 현재 발굴되지 못하였다. 석단은 남쪽 벽에서부터 동쪽벽으로 약간 치우쳐져서 쌓여 있다. 석단의 상면은 편평하고, 내벽 부분도 편평하게 다듬어졌다. 노지, 주혈, 문은 확인되지 않았다(그림54-3, 표12). 토기는 침선문 기법으로 구연단에 돌대 혹은 이중구연화된 토기가 대부분이고, 소형의 무문토기도 출토되었다(그림101-17~24).

그 외 목단강의 장백호 주변에는 남호두 유적, 학원·금명수 유적(學園·金明水), 석두하자 유적(石頭河子), 요겸자(腰嶺子), 오봉루(五峰樓) 유적 등이 알려져 있다. 대체적으로 유적은 장백호로 흘러 들어가는 지류의 산 아래 혹은 경사면에 위치하였는데, 유물은 대체적으로 신석기시대 후기로 앵가령 유적, 석회장 유적의 하층과 같은 시기로 보고 있다(牡丹江市文物管理站 1990).

(3) 서안촌동 유적

유적은 목단강 유역에 접하고 있는 곳으로, 유적의 서·북·동쪽은 용암지대이다. 면적은 10,000㎡ 정도로, 도로를 건설하는 과정에서 확인되었다. A·B지구로 나누어서 220㎡를 발굴하였는데, 주거지 4기를 확인하였다. A지구의 4호 주거지는 신석기시대 후기, B지구의 1~3호 주거지는 초기철기시대 동강문화에 해당하는 것으로 판단하였다(표8).

4호 주거지는 유적의 동쪽에 위치하며, 말각 장방형으로 주거지의 서쪽은 파손된 상태이다. 남쪽에 치우쳐서 무시설식 원형 노지가 확인되었다(표12). 주거지에서는 토기, 석기, 골각기 등이 출토되었다. 대량의 토기편이 출토되었으나 대부분 복원이 불가능하다. 대체적으로 침선문 기법(100%) 토기로 구연단은 점토띠를 부착해서 이중구연화 한 것, 돌대를 부착 한 것이고, 문양 모티브는 종주어골문, 능형문 등이 대부분이다(그림101-1~16).

(4) 진흥 유적 신석기시대 乙類

유적은 목단강 유역의 해발고도 350m 좌안 하안대지 위에 위치하며, 강 건너에는 하구(河口) 유적이 위치한다. 유적의 면적은 동서 400m, 남북 700m으로 추정되며, 1994~1995년에 걸쳐서 세 지구로 나누어 발굴하여서 모두 주거지 17기, 회갱 124기,

표12. 5000년 전 한카호 유역과 목단강 유역의 주거지 속성표(김재윤 2009a·2009b·2010 보완 및 재편집)

유적		형태	평면크기		형태	노지			수	기둥구멍	비고
			m	㎡		위치	크기(cm)	수		위치	
한카호유역	크로우노프카1, 4호	말각방형	(5.5)	30.25	무시설식-원형	중앙	70×65	1	10	노지 주변	반패 주거지
	크로우노프카15호	말각방형	(6)	(36)	무시설식-원형	중앙	70×60	1	14	주거지 바닥 전면	반패주거지. 북동쪽 모서리에 구덩이-일괄과 토기
	무스탕-1 5호	말각방형	4×4.5	18	위석식-방형	남쪽벽	80×80	1	3	주거지 바닥	노지 내에서 기둥구멍? 확인
	무스탕-1 10호	말각방형	4.2×4.2	18	위석식-방형	중앙	80×85	1	2	주거지 모서리	
	무스탕-1 8호	말각방형	4.6×5	22.5	없음				4	북서쪽 모서리 1, 동쪽 모서리 1, 주거지 벽선 1, 주거지 중앙 1	주거지의 남동쪽 모서리에 작은 돌이 쌓여 있음
	무스탕-1 6호	?									
	무스탕-1 7호	?									
목단강	보룰륨보크가-1 1호	말각방형	5×6	30	무시설식-원형	남쪽에	60×60	1	?	벽 가장자리	
	보룰륨보크가-1 2호	말각방형	?	24	?	?	?	1	?	벽 가장자리	
	노브셀리셰-4	말각장방형	9.3×5.8	54	무시설식-원형	중앙	120×100	1	50	벽 가장자리	남쪽벽도로에 의해서 파괴됨
	레티호프카 99호	말각장방형		(33)	무시설식-방형	없음				없음	
	레티호프카 04호	장방형	6.7×6.8	45.6	없음	없음				없음	
	아누치노-14	장방형		60	무시설식-타원형	북서쪽	140×90	1	45	주거지 남쪽에서 확인	
	아누치노-29	말각방형	5×5	25	없음				7	동쪽벽선을 따라서만 확인	지름 1m 가량의 구덩이 확인
	셰르게예보-7	장방형	3.6×2.5	9	없음				19	벽 가장자리	노지 옆, 1m 가량의 구덩이
	옝가령3호	장방형	4×4	16	무시설형	중앙	100×100	1	17	벽 가장자리	노지 밑, 1m 가량의 구덩이
	옝가령4호	장방형	5.9×(3.2)	25	무시설형	중앙	0.9~1.1	?	23	벽 가장자리	돌담
	석회장3호	장방형	3.2×2.5	8	없음				?	벽 가장자리	돌담
	서언동동4호	장방형?	3.2×(1.6)	(5.1)	무시설식	남쪽벽가	?	?	2	벽 가장자리	주거지 2/3가량 파손

구 3기가 조사되었다(표8). 신석기시대부터 말갈시대까지 형성된 유적으로 강 건너의 하구유적 또한 유물과 층위 상으로 거의 유사하다.

신석기시대 유물은 토층상 4~5층에서 출토되었는데, 4층에서 회갱 146호, 5층에서 회갱 133호, 회갱 143호 등이 확인되었다. 출토된 토기는 甲類와 乙類로 나뉘는데, 전 자는 압날문 토기, 후자는 침선문 토기로 구분되었다(黑龍江城文物高古硏究所·吉林大 學考古學系 2002).

갑조의 압날문 기법 토기들은 5개의 층에서 확인된 것이기 때문에 긴 기간 형성된 것 으로 연해주의 보이스만 문화, 흑룡강성의 신개류 유적과 유사한 것이 대부분이다. 그 러나 그 중에서도 횡주어골문을 시문한 것, 사선방향과 가로방향을 번갈아 가면서 시문 한 것(그림100) 등은 세클라에보-7, 루자노바 소프카 자이사노프카 문화층의 이른 유 형에도 확인된다. 따라서 보고서에서 진흥 갑조(A유형)으로 분류된 것 중 위와 같은 문 양을 진흥 갑조-신석기 후기 유형으로 분류하였다(김재윤 2009b). 진흥 乙조(B유형)는 침선문 기법으로 능형문 문양이 시문된 토기로 구연부에는 돌대를 부착하였다. 또한 회 갱 출토품으로 무문의 돌대를 부착한 토기도 확인되었다.

(5) 금엄구 유적 下層

목능하의 좌안에 위치한 해발 310m 구릉에 위치한다. 문화층은 2층으로 나누어지는 데, 상층은 철기시대, 하층은 신석기시대 후기의 토기편이 채집되었다(표8·13).

점선자돌문과 침선문 기법으로 시문된 것인데, 전자는 사선방향으로 시문된 것이고 후자는 횡주 어골문으로 시문된 것이다(그림104-20~21).

(6) 후동강북 유적

유적은 목능하의 이름 없는 지류의 평탄한 하안대지에 입지한다. 수습유물은 토기, 타제석부 등인데, 그 중 토기는 침선문 기법으로 횡주어골문, 궁형문 등이 시문되었고, 이중구연인 것도 확인되었다(표8·13, 그림103-7~19).

(7) 이백호 유적

목능하 오른쪽 하안대지로 길쭉하게 돌출된 해발 380m의 구릉 정상에 위치한다(표

8 · 13). 유적의 상면은 흙을 채취로 많이 교란된 상태에서 폭우로 인해서 문화층이 노출되어 목탄, 토기, 석기, 동물유존체 등이 대량으로 노출되었다. 토기는 침선문 기법과 무문이 있는데, 침선문 토기는 궁형문, 능형문 등의 형태로 시문되었고, 대체적으로 구연단에 점토띠를 부착해서 이중구연화 한 것이 대부분이다(그림102-19~31). 석기는 갈판과 갈돌, 양인석부, 석검 등이 확인되었다. 주거지 출토 유물이 아니고, 채집된 유물이어서 토기와 석검의 공반관계는 알 수 없으나, 토기와 석기의 조합이 레티호프카 유적과 아주 유사하다.

(8) 광명 유적

목릉하의 지류인 양자하의 해발 400m 좌안 강안 대지상에 분포하고 있다. 폭우 후에 토기와 석기가 넓은 지역에서 확인되었다(표8 · 13).

채집된 유물은 갈돌, 갈판, 양인 석부와 토기이다. 토기는 침선문 기법으로 뇌문, 궁형문양이 시문되었으며 무문의 이중구연토기도 있다(그림104-22~28).

(9) 남천문 유적

목능하의 오른쪽 강안 대지 위에 위치한다. 지표 중에서 경작 정리를 하는 중에 발견되었다(표8 · 13).

채집된 유물은 침선문 기법 토기와 석기 등이다. 침선문 기법 토기는 구연단 근처에 돌대가 부착된 것으로 동체부에는 횡주어골문 혹은 능형문 등이 시문되었다. 석기는 갈판과 타제석촉 등이다.

(10) 육도구북 유적

목릉하의 해발 440m 육도대지 위에 위치하며, 경작 도중 유물들이 채집되었다(표8 · 13). 채집된 유물은 침선문 토기로 횡주어골문과 능형문 등이 시문된 토기로 대체적으로 이중 구연 토기이다. 석기는 타제석기와 갈판 등이 확인되었다.

(11) 중산과수원 유적

목능하의 해발 고도 410m의 강안대지 위에 위치하며 폭우 후 유물이 대량으로 확인되었다(표8 · 13). 유물의 산포 면적으로 보아 유적 면적은 대강 10,000㎡인 것으로 추정된다.

채집된 토기는 침선문토기, 무문토기로 궁형문, 횡주어골문 형태 등이 시문된 것이다. 구연부는 이중구연으로 표현된 것들이 많다(그림102-6~18). 그 외에 석촉과 타제석부 등이 확인되었다.

(12) 남산서 유적

목능하의 지류인 오교하 좌안 해발 높이 370m 평탄 하안대지 위에 위치한다. 채집된 유물은 침선문 기법의 횡주어골문 토기와 무문토기가 대부분인데, 침선문토기와 무문토기 모두 이중구연토기가 많다. 그 외에 타제 석부 등이 확인되었다.

(13) 만수강동 유적

목능하로 흘러가는 이름 없는 작은 지류의 오른쪽 강안 편평한 대지 위에 위치한다(표8 · 13). 수습된 유물은 토기와 석기 등이다. 토기는 침선문 토기로 횡주어골문이 시문되었고 이중구연 토기가 많다.

(14) 참원 유적

목능하 좌안 하안대지에 위치하는데 폭우로 인해서 문화층이 드러났다(표8 · 13). 침선문 기법의 능형문토기, 무문토기 등이 채집되었다.

(15) 조삼구 유적

목능하의 해발고도 400m의 하안대지 상에 위치하며, 폭우 후 지표에서 유물이 대량으로 수습되었다(표8 · 13). 유물은 침선문 기법으로 사선 문양 혹은 횡주어골문이 시문된 것과 무문토기, 석기 등이 확인되었다.

(16) 북산 유적

목능하의 해발고도 350m의 좌안대지 상에 위치하고 지표에 육안으로 12기의 수혈이 관찰되며 유적의 면적은 7000㎡ 추정된다(표8 · 13). 토기는 침선문 기법의 것이 대부분으로 구연부에 이중구연 혹은 돌대가 부착된 것이 많다(그림104-9~16). 석기는 곰배괭이 등 타제석부가 수습되었다.

(17) 만수강 유적

목능하의 지류인 만수강 하안대지 위에 위치한다. 폭우로 인해서 유물이 다량으로 확인되었는데(표8 · 13) 토기는 침선문 기법으로 궁형문으로 시문되었고, 그 외 곰배괭이가 확인되었다.

(18) 후동강동 유적

목능하의 강안대지에 위치하고 있으며 현재 유적지는 경작되고 있다. 폭우로 인해서 토기와 석기가 많이 드러났다(표8).

수습된 토기는 구연은 이중이며, 동체부에는 침선문 기법으로 횡주어골문과 사선문 양으로 시문된 것과 무문의 이중구연토기가 대부분이다(그림103-1~6).

(19) 용묘산 유적

목능하 지류인 양자하의 좌안 하안대지 위에 위치하는데, 해발고도 320m 가량으로 전체적으로 편평한 하안대지이다. 유적은 현재 경작지로 폭우로 인해서 유물이 많이 드러났는데 신석기시대 후기~철기시대까지 유물이 수습되었다.

신석기시대의 토기는 침선문 기법으로 그려진 횡주어골문 혹은 궁형문 등 토기(그림104-29~38)와 타제석부, 방추차 등이 있다.

표13. 5000년 전 목능하 유역의 신석기시대 유적

유적명	위치	해발(m)	유적면적	수습배경	시대
金厂沟	목능하 좌안 하안대지	310	·	폭우 후	신석기시대 철기시대
后東崗北	목능하 지류의 하안대지	?	·		
二百戶	목능하 우안 하안대지	380	·	폭우 후	신석기시대 청동기시대?
光明	목능하의 지류(양자하) 대지	400	350×150m	폭우 후	신석기시대
南天門	목능하의 우안 하안대지	?	200×150m	폭우 후	신석기시대
六道沟北	목능하 하안대지	440	200×150m	경작 중	신석기시대
中山果樹園	목능하 하안대지	410	10,000㎡	폭우 후	신석기시대
南山西	목능하의 지류(오교하) 하안대지	370	7,000㎡	폭우 후	신석기시대
万水江東	목능하 지류의 우안대지	·	4,000㎡		신석기시대

유적명	위치	해발(m)	유적면적	수습배경	시대
參圓	목능하의 우안 하안대지	·	300×80m	폭우 후	신석기시대
趙三泃	목능하의 하안대지	400	·	폭우 후	신석기시대
北山	목능하의 하안대지	350	7,000㎡	폭우 후	신석기시대
万水江	목능하의 지류(만수강) 하안대지	·	200×70m	폭우 후	신석기시대
后東崗東	목능하의 하안대지	·	·	폭우 후	신석기시대
龍廟山	목능하의 지류(양자하) 하안대지	320	·	경작 중	신석기시대 철기시대

목능하 유역의 유적들의 입지는 강가의 해발고도 400~450m 구릉위의 평탄면에 위치하는 것이 특징이다. 목단강 유적의 앵가령 상층, 석회장, 진흥 유적, 수분하(중국)에서 조사된 유적도 목능하 유역의 입지와도 유사하다(표13). 목능하 유역의 신석기시대 토기는 주로 침선문으로 시문된 토기가 대부분이며, 횡주어골문과 궁형문 등의 문양모티브가 확인된다(그림102~104). 이는 목단강 유역과 매우 비슷한데, 유적의 입지나 유물의 특징으로 보아서 목단강 유역에 포함해서 설명할 수 있다. 특히 이백호 출토 유물은(그림102-19~31) 토기와 석기의 조합이 레티호프카 유적과 아주 유사하다. 따라서 목단강 유역의 출토유물상은 한카호 유역과 유사하다. 그러나 아직 승선압날문 등으로 시문된 토기는 확인된 바가 없다. 한카호 유역과의 가장 큰 차이점은 주거지로 생각되는데, 뒤에서 구체화 하도록 하겠다.

2. 서포항 유적 편년 재검토

서포항 유적의 신석기시대 2~4기[7]는 문양시문방법에 의해서 비슷한 특징의 토기들이 출토되는 주거지들로 구분되므로, 이를 바탕으로 각 期를 분화해 보고자 한다. 토기

---

7) 1기는 압날문이 주를 이루는 보이스만 문화의 5단계로 나머지 층위와 문화적 특징이 다르다. 5기는 이미 청동기시대로 진입한 것으로 보이므로, 앞서 살핀 대로 주거지를 구분할 근거가 없다. 따라서 1기와 5기는 제외한다.

는 시문방법과 문양형태로 형식을 설정할 수 있고, 이러한 형식설정이 이루어진 유물들은 출토된 주거지와 하나의 집합체로 볼 수 있다.

1) 각 期의 분화

1기의 9호 주거지는 서포항 유적 신석기시대에서 가장 대형으로, 장단축비가 1:2가

표14. 서포항 유적의 신석기시대 주거지(김재윤 2009a)

호수	형태	(잔존)평면크기		노지				기둥구멍		기타시설
		m	m²	형태	위치(m)	크기(cm)	수	수	위치	
1기 9호	장방형	12×6	72	(1)원형-위석	남벽+2	60	1	?	?	칸막이
				(2)원형-부석	(1)+0.6	100	1			
				(3)원형-위석+적석	(2)+1	107	1			
				(4)원형-위석+적석	(3)+0.7	92	1			
				(5)원형-위석	(4)+0.5	77	1			
2기 3호	방형	4.2×4.4	18.5	원형-위석	중앙	80	1	?	주거지 벽쪽	문
17호	?	(4×4)	(16)	원형-?	북벽	60	1	?	주거지 벽쪽	·
19호	?	(4.2×4.4)	(18.5)	원형-무시설	?	?	?	?		·
23호	방형	3.8×4.0	15.2	원형-위석	중앙	70~80	1	?	주거지 동벽 질서	·
3기 8호	방형	4.5×4.8	21.6	원형-위석	동벽	50	1	9	주거지 남북벽 질서	·
12호	방형	(4.3×3.3)	(14.2)	?	?	?	?	?	?	
13호	방형	·	·	원형-무시설	중앙	?	1	?	?	
29호	방형	(3.6×4.0)	(14.4)	원형-무시설	중앙	50	1	?	?	
30호	?	(1.6×3.4)	(5.4)	?	?	?	?	?	?	
27호	?	?	?·	?	?	?	?	?	?	
28호	?	?	?	?	?	?	?	?	?	
26호	방형	3.1×2.8	8.7	원형-무시설	중앙	?	1	?	?	
4기 11호		파괴가 심함		?	?	?	?·	?	?	
15호	?	(3.7×3.3)	(12.2)	원형-위석	서벽	70~80	1	?	?	
18호	방형	4.3×4.2	18.1	원형-위석	서벽	50	1	12~16	주거지 벽	
21호	방형	5×4	20	원형-위석	중앙	80	1	6+	주거지 벽	
22호	장방형	7.1×4.0	28.4	원형-무시설	서벽	50~60	1	9+	주거지 벽, 중앙	
5기 7호	방형	6.2×6.0	37.2	원형-위석	남벽	·	1	30+	주거지 벽	작업대
16호	방형	(3.2×3.0)	(9.6)	원형-무시설	중앙	60	1	4	주거지 벽, 중앙	

되는 세장방형이며 돌로 만든 노지가 5기나 확인되었다(그림42). 이와 같이 노지수가 많은 주거지는 아직 인근 지역에서도 확인된 예가 없다(데레뱐코 1991). 이 주거지의 집석노지는 조리용도 보다는 난방용도로 사용되었을 가능성이 크다. 그 이유로 첫째는 기후와 관련이 있다. 서포항 1기는 보이스만 5단계로 4800~4700년 전에 해당되는데 이 시점부터 동북한 지방은 기후하강이 있었던 것으로 해수면이 현재 보다 3~4m 낮다는 연구(카로트키 외 1996, 표30)가 있다. 그렇다면 이 시기의 주거지는 다른 시기보다 따뜻하게 할 필요가 있는데 그러한 점이 서포항 1기 주거지의 노지수가 많은 점과 관련시켜 볼 수 있다. 또한 서포항의 집석노지가 난방용일 가능성은 토기의 특징에서 찾을 수 있다. 집석노지가 주거지 외부에서 음식을 찌는 데 사용된 남한은 토기의 저부가 원저 혹은 첨저로 이러한 노지는 더욱 편리하게 이용되었을 것이고 난방보다는 조리용으로 더욱 선호 되었을 것이다. 그러나 서포항 토기가 평저임을 고려한다면, 집석노지는 조리하는데 다소 불편했을 것으로 생각되고, 이 노지가 난방의 역할이 더 컸을 것으로 생각된다. 서포항 1기와 같은 보이스만 문화의 주거지는 보이스만-1 유적의 주거지가 유일한데 장방형으로 노지가 1기씩 설치되었는데(보스트레초프 1998), 보이스만 문화에서 어떤 단계인지는 출토 토기들이 상태불량이어서 정확하게 알 수 없다. 이런 불명한 점은 앞으로 보이스만 문화 단계의 주거지가 더 조사되고, 비교 연구된다면 시대상 연구에 도움이 될 것으로 보인다.

2~4기의 주거지 평면 형태는 대체적으로 방형이고, 4기에서 장방형 주거지가 등장한다. 3기 주거지의 노지는 무시설식이 많은 편이지만 파괴된 주거지가 많기 때문에 정확하지 않다. 1기·2기와 4기의 노지가 위석식임을 고려해 볼 때 대체적으로 서포항 유적의 신석기시대 주거지에는 돌을 두른 노지가 설치되는 것이 특징으로 보인다. 주거지의 파괴가 많은 2기와 3기의 노지의 위치는 구별 할 수 없으나, 4기에는 벽 쪽으로 치우치는 경향이 뚜렷하다.

서포항 5기는 이미 청동기시대로 진입한 단계로 보고 있다. 그러나 오히려 4기에 장방형 주거지가 등장한 것에 비해 주거지 평면형태가 방형인 점은 발전방향과 맞지 않는다고 생각되지만, 5기 17호 주거지 면적은 4기 22호 장방형 주거지보다 월등하게 큰 것은 5기의 성격을 반영하는 것으로 볼 수 있다(표14).

각 기의 주거지 특징은 대략 위와 같지만, 보다 그 시기의 특징을 가장 잘 반영하는 자료는 토기이다. 신석기 토기의 문양은 문양시문방법과 문양형태로 나누어 관찰할 수 있다. 그 중 문양시문방법은 연해주 신석기시대 문화 구분의 기준이 되며(알렉세프 외 1961), 한반도 신석기시대도 문양시문방법의 구분은 큰 기준이 된다.

서포항 토기의 문양형태 및 기형은 매우 다양하지만 그 중에서 대표적인 것만 보고되었고 문양시문방법에 상관없이 문양형태가 공통적으로 시문되기 때문에 각 기의 차이는 문양시문방법을 기준으로 살펴보는 것이 더 효율적이다(표15).

표15. 서포항 시문 방법과 각 期의 분화(김재윤 2009a)

| | | A'. 압인문 +압날문 | A.압날문 | B.승선 압날문 | C.자돌 점선문 | 침선문(D) | | | E.무문 |
| | | | | | | 복합 | | D.단독 | |
						D'승선	D".점선		
2기	퇴적 1	1							
	퇴적 2		1						
	17호			2		1		1	
	19호			1		1			
	3호				1	1			1
	23호								1
3기	26호				1	1			1
	27호					1			
	28호				1				
	퇴적1				1				
	8호							3	1
	29호								1
	30호							1	
	퇴적2							2	
4기	11호				1	1		1	
	15호							2	
	18호					1			1
	21호							1	
	22호					1		1	
	퇴적							3	4

앞서 살펴 본대로 2기 퇴적층 출토품은 압인문과 압날문이 함께 시문된 것으로 베트카 유형에 속한다. 그 외 퇴적층 출토 유물(김재윤 2009a, 그림11-1)은 압날문 기법의 횡주어골문으로, 앞서 언급한 바와 같이 크로우노프카-1의 4호와 5호 주거지 등에서도 승선압날문, 압날문, 침선문 등이 공반 되기 때문에(그림83~86) 이 유물은 17, 19호와 공존하는 것으로 보아도 무방하다. 따라서 2기는 베트카 유형, 17·19호 주거지와 3호·23호 주거지로 나누어진다.

3기 주거지는 점선자돌문이 주를 이루는 26호·28호 주거지·퇴적층 유물(1점)과 단독 침선문이 주를 이루는 8호·29호·30호·퇴적층 유물(2점)로 나눌 수 있다. 4기는 점선자돌문이 주를 이루는 토기가 출토되는 곳은 11호 주거지만 유일하며, 그 외는 침선문이 주를 이루는 주거지이다(표15).

2) 유형설정

표17은 서포항 유적 각 주거지의 문양시문방법(표15)과 문양형태(표16)를 조합해서 나타낸 형식을 유형별로 묶은 것이다. 특정 유물의 경우 개개 유물의 형식에 따라 배열하면 그 유물의 상대적 편년을 알 수 있다. 그러나 앞서 지적한 바와 같이 비교 대상 지역이 광범위할 경우 형식 배열은 비효율적이다. 연구자마다 유적을 대표하는 유물

표16. 서포항 유적의 문양(김재윤 2009a)

a.사선교차문	b.사선문	c.가로문	d.횡주어골문	e.타래문	f.삼각복합문
g.무질서	h.뇌문	i.능형집선문	j.돌대문	j′.이중구연문	k.공열문

이 다르고 또 그 기준이 되는 유물의 형식에 따라서 유적의 순서가 다른 현상(宮本一夫 1986; 福田正宏 2004; 김재윤 2007)을 초래한다.

서포항과 인접한 러시아와 중국의 경우 형식학을 기본으로 해서 유적의 집합을 '유형' 혹은 '문화'로 구분하고 있다. 그러므로 개개의 형식 서열보다는 형식의 집합체인 유형의 개념을 서포항 유적에 적용하는 것이 서포항 유적의 공시적인 위치를 찾는데 더 효율적인 것으로 생각된다.

고고문화는 동일시대로, 같은 지구에 분포하며, 공동의 특징을 가지는 유적과 유물의 복합체를 가리킨다(몬가이트 1955). 고든 차일드와 소련고고학의 문화개념을 받아들인(崔種圭 2008) 중국 고고학의 유형은 고고학문화의 하위구분이다(大貫靜夫 2008). 현재 러시아에서도 유형(комплекс)은 동일한 개념(클레인 1991)으로 사용된다. 예를 들어 한 주거지 내부의 유물들은 하나의 유형으로 설정되고, 이러한 유형이 몇 가지가 만들어지게 되면 하나의 문화로 규정된다(클류에프·가르코빅 2008). 하지만 실제로 이러한 복합체는 유물 중에서도 토기를 위주로 설정되는 경우가 대부분이다.

본고의 유형도 양 국의 개념과 유사하다. 주거지와 토기의 공반관계를 중요시 한 것이다. 주거지에서 출토된 여러 형식 토기들은 유물과 유구가 복합체를 이루며, 이러한 유사 복합체들은 묶어서 유형화 할 수 있다는 것을 의미한다. 때문에 각각 유물의 형식을 시간순서로 배열하는 방법과는 차이가 있다.

특히 본고의 유형은 연구대상물이 대체적으로 동북한의 신석기 후기에 해당되고 층위 유적을 대상으로 설정되었다는 점에서 시간적인 성격이 강하다. 하지만 비교대상을 한반도를 포함한 인접한 지역으로 넓힌다면 지역적인 의미도 포함 될 가능성이 있다. 서포항 유적의 신석기시대에 해당하는 유형은 모두 5가지 유형으로 구분가능하다.

서포항 1유형은 압날문토기로 세형장방형 주거지에서 출토된 것이다(그림55-1·2). 서포항 2유형은 승선압날문, 침선문이 공반되는 것으로 앞서 언급한 바와 같이 크로우노프카-1유적의 4호·5호 주거지와 같은 유형이며, 2기의 17호·19호 주거지와 퇴적층 유물 1점이 여기에 속한다(그림60[8]). 서포항 3유형은 점선자돌문, 복합침선문, 침선

---

8) 그림60에는 서포항 2유형이 두만강 1유형으로 설명되어 있다. 두만강 유형은 두만강 부터 연해

표17. 서포항 출토 신석기토기의 시문방법과 문양형태에 따른 유형(김재윤 2009a)

型式	주거지	A d	A'	A d	B a	B b	B c	C b	C c	C d	C e	C j	C j'	D' a	D' b	D' d	D" a	D" b	D" c	D" f	D b	D c	D d	D e	D f	D g	D h	D i	D j	D k	E k	E j	E j"
1	1기	●																															
?	2기堆1		●																														
2 유형	2기堆2			●																													
	17호				●	●								●	●																		
	19호				●	●									●																		
3 유형	3호								●							●	●	●					●				●			●			
	23호																													●			
	26호							●	●	●	●										●												
	27호									●	●	●																					
	28호											●																					
	3기堆1												●																				
4 유형	11호							●																						●			
	8호																						●		●	●	●	●	●	●			
	29호																						●										
	30호																						●							●			
	3기堆2																						●							●			
	15호																						●				●						
	18호																						●				●						
	21호																										●						
	22호																			●		●	●	●			●			●			
	4기堆																		●	●		●	●	●			●	●	●	●			
5	5기16호																						●								●	●	●
	7호																														●	●	●

문이 공반 되는 주거지들로 흥성 유적의 신석기시대와 비교된다. 2기의 3호, 3기의 26호·27호·28호 주거지, 3기 퇴적층 유물 1점이 해당된다(그림67). 서포항 2유형과 3유형의 주거지는 대체적으로 방형이다. 서포항 4유형은 침선문이 주를 이루는 유형으로 3기의 8호·29호·30호, 3기 퇴적층 유물과 4기의 15호, 18호, 21호, 22호, 4기 퇴적층이 해당된다(그림70). 4기의 11호는 점선자돌문 문양이 잔존하기 때문에 다른 주거지들에 비해서 시간적으로는 빠르다. 주거지 내에 뇌문토기가 확인되고 있기 때문에 3기의 늦은 주거지, 4기 주거지들과 같은 유형으로 포함하였다. 이러한 서포항 유적의 침선문 유형은 횡주어골문이 주를 이루는 금곡 유적(그림74)과 문양형태에서 차이를 보이는데 이러한 점을 더욱 검토한다면 서포항 유적의 특징은 더욱 명확해 질 것이다. 서포항 4유형에서는 장방형 주거지(22호)가 등장하고, 노지들이 위석식이며 벽쪽으로 설치되는 점은 3유형과의 차이를 보여 준다고 할 수 있다(표14). 서포항 5유형은 대체로 무문의 돌대문 토기이며 서포항 5기가 해당되고 이미 청동기시대로 생각된다(그림77-10~14).

서포항 유적의 신석기시대 주거지 18기 중 15기의 주거지가 신석기시대 후기로써 앞에서 살펴본 유형들로 구분된다. 유형들 간에는 시간상 차이는 대체적으로 보고서의 2~4기로 층서관계를 이루는 점이 참고된다.

서포항 2유형과 거의 유사한 크로우노프카-1의 4호와 5호(한카호 1유형), 자이사노프카-7, 보이스만-2 유적의 자이사노프카 문화층의 이른 유형(두만강 1유형)은 자이사노프카 문화에서도 이른 시기이다. 이 유형을 대표하는 승선압날문 기법의 토기는 보이스만 문화의 5단계 토기에서도 비슷한 기법 혹은 문양이 관찰된다. 또한 여러 유적들의 층위에서도 침선문 유형 보다 빠른 것으로 확인된다.

그리고 서포항 4기의 침선문 유형(4유형)은 인접한 신석기후기 중에서도 늦은 시기의 보골류보프카-1, 노보셀리쉐-4, 아누치노-29, 레티호프카 유적(한카호 3유형) 등에

주, 목단강 유역까지 신석기 후기 문화를 통합해서 지역적으로 구분한 것이다. 이 중 두만강 유역에 해당하는 것으로 서포항 1유형(보이스만 문화)은 포함되지 않고 서포항 2유형 부터 두만강 1유형에 포함됨을 알려둔다.

서 확인된다(김재윤 외 2006·2007). 특히 아누치노-14, 노보셀레쉐-4 유적 등은 신석기 후기와 청동기시대의 층위가 층서관계를 이루고 있기 때문에 침선문 유형이 신석기 후기 늦은 시기 혹은 말기 까지 잔존한 것을 알 수 있다.

3)『서포항 하·상층 문화』의 설정

동북한의 신석기 후기와 러시아의 자이사노프카 문화(안드레예프 1960)가 비슷하지만 이 지역의 문화명이 없다는 점은 이미 지적되었다(大貫靜夫 1992·2008). 최근 중국에서는 두만강 자료의 증가로 인해서 흥성 1문화와 금곡문화(賈姍 2005) 혹은 금곡-흥성문화(郭大順·張星德 2008)가 설정되기도 하였다. 한편 본고의 시기와는 벗어나지만 한반도의 고고학 자료들에 문화개념이 도입되고(崔種圭 2008) 있는 점은 고무적이다.

본고에서는 주거지와 토기를 중심으로 연구가 이루어지고, 석기 등이 고찰되지 못한 점은 문화를 상정하기에는 부족한 점이 있다. 그러나 토기는 고고학 자료 중에서 당시의 가장 확실한 문화적 특징을 나타내고 있음은 주지의 사실이다. 따라서 앞선 유형설정을 토대로 문화의 상정해보고자 한다.

서포항 1기는 서포항 2~4기와는 다른 보이스만 문화 토기로 판단된다(김재윤 2009a). 보이스만 문화는 첨저토기인 보이스만[9] 단계를 포함해서 6단계로 나누어진다. 동체부에 압날문이 시문되고 평저인 보이스만 문화 토기(1~5단계)의 원류는 구연부가 갈고리 형태이고, 저부가 첨저(원보이스만 단계)에서부터 자체적 발전을 한 것으로 보고 있다(표18).

사실 이러한 발달과정을 형식학으로 설명하고 있지만, 가장 기준이 되는 것은 유적의 층위이다. 보이스만-2 유적[10]의 토층을 근거로 해서 단계를 구분하고, 이러한 발전과정을 다시 토기형식으로 설명하고 있다(모레바 2005). 각 단계의 토기를 특징에 따라서 몇 가지 型式으로 나누고 있기 때문에 '단계'라는 의미는 '유형'으로 이해할 수도 있다.

---

9) '原(proto)보이스만'이라는 용어는 토기의 형식학적 발달을 근거로 한 것이다.
10) 러시아 연해주의 남부 해안가에 위치한 유적으로 두만강 하구에서 직선거리로 45km 떨어진 곳이다. 유적은 상층의 철기시대인 얀콥스키 문화층부터, 자이사노프카 문화층, 보이스만 문화층으로 크게 나눌 수 있다. 이 문화는 보이스만-2 유적의 보이스만 문화층을 기준으로 해서 분리되었다.

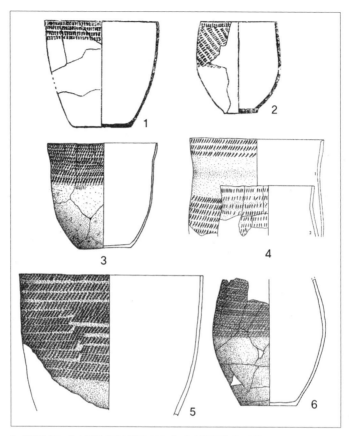

1:서포항 9호, 2:서포항 1기 퇴적층 1/4, 3~6:보이스만-2, 1/6
그림55. 서포항 1기와 관련된 유물(김재윤 2009a)

보이스만 문화의 토기는 구연부가 외반하면서 동체부에 곡률이 생기는 기형이 대부분
이다. 원보이스만의 갈고리형 구연단에서 발전한 1, 2단계 토기의 구연단은 시문 방법의
변화로 인해서 구연단이 두텁고, 층을 이루는 듯한 '계단형'으로 변하였다. 반면에 3단계
이후가 되면 구연단과 동체 기벽의 두께가 비슷해지며 이런 구연부는 없어진다(표18).

5단계의 문양시문은 시문구를 비스듬하게 찍은 단독 압날문으로써 침선문·점선자돌
문·압날문이 혼합되어서 사용되는 1, 3, 4단계와는 차이가 있다. 이 단계의 토기 문양

시문 범위는 구연단, 동체부 1/2, 저부까지 시문된 것 등 다양한 것이 특징이다. 5단계 시문범위의 다양함은 다른 단계의 문양 시문 범위가 비교적 일정한 것에 비교해 본다면, 이 단계의 특징으로 볼 수 있다(모레바 2005).

　　토층을 근거로 구분되었지만 기형과 구연단의 형태 등을 제외하고 2단계와 5단계의 문양 시문 방법은 치구를 비스듬하거나 세워서 찍는 방법은 상당히 유사하다. 1·3단계는 곡선적인 문양, 전면 시문, 다양한 시문도구의 사용이라는 점에서 2·5단계와 대조가 된다. 1기의 토기는 9호 주거지 1점과 퇴적층 1점이 도면으로 보고되었고, 나머지는

표18. 보이스만 문화 토기의 편년(김재윤 2009a)

단계	구연	기형·문양형태(모레바 2003)	시문방법(모레바 2005)		절대연대(모레바2005)
			방법	범위	
원보이스만			押印	구연단	7010±70B.P. 7110±60B.P.
1			押印+침선+압날	동체부 5/4~3/2	6710±55B.P. 6635±60B.P. 6450±135B.P.
2			押捺+점선	동체부 1/2	6150±40B.P. 5985±115B.P.
3			押捺+융기+침선	동체부 1/1	5725±40B.P. 5480±40B.P.
4			押印+점선	동체부 1/5	5315±115B.P. 5125±95B.P.
5			押捺文	구연부, 동체부1/1 4/5, 1/2,	4815±90B.P. 4930±95B.P.

기술에만 의거하고 있다. 9호 주거지 토기(그림55-1)는 발형이고, 구연부는 동체부의 두께와 같고 칼로 자른 듯 편평하다고 기술되었다(김용간·서국태 1972). 문양은 구연부에만 4줄 압날 되었고 그 시문방법은 보이스만 2단계 혹은 5단계의 시문방법과 비슷하나, 본 유물의 구연단이 매끈한 점으로 보아서 2단계와는 차이가 크다. 퇴적층의 출토 토기(그림55-2)는 구연단이 편평하고 내만하며, 문양은 동체부 1/2 가량 시문되었다. 구연부에 압날문을 1줄 두른 후, 그 아래는 비스듬하게 치구를 눕혀서 시문하였는데 보이스만 5단계의 것에서 살펴볼 수 있다.

그렇기 때문에, 9호 주거지와 퇴적층 토기는 기형, 시문방법, 문양범위 등으로 보아서 보이스만 문화 5단계와 상통할 수 있다. 그림으로 알 수 있는 위의 토기 2점 이 외에도 보고서의 기술된 토기들은 위의 토기와 같은 방법으로 시문되었고, 문양시문 범위가 다양한 것으로 보아 보이스만 문화 5단계와 유사하며 서포항 1기는 보이스만 문화 내에서 가장 마지막 단계로 판단된다. 그런데 남한 내륙에서도 집석노지가 확인되는데, 용도면에서 차이가 있는 것으로 추정된다.

하지만 앞서 살핀대로 그 상층의 서포항 2~4기의 토기는 인접한 자이사노프카 문화 혹은 흥성 1기 문화·금곡문화와 상응된다.

그렇다면 서포항 1기와 2~4기는 문화적 소속이 다른 것으로 볼 수 있다. 서포항 1기는 다치구 압날문토기가 특징이며 나진패총 등으로 보아 한반도 국경 내에도 이러한 문화가 있었던 것으로 생각된다. 서포항 1기의 주거지는 세장방형으로 주거지내에 다수의 노지가 설치되는 것이 특징이다. 반면의 2~4기에서 출토된 토기는 다치구 압날문이 아닌 승선압날문·점선자돌문·침선문 등이 주를 이루며, 이러한 문양 기법들을 통해 3가지 유형으로 나눌 수 있었다. 주거지 또한 서포항 1기와는 완전히 달라서 방형 혹은 장방형 주거지로 노지가 1기씩 설치된다. 이러한 점들을 고려한다면 서포항 2~4기는 서포항 상층문화, 서포항 1기는 서포항 하층문화로 설정해볼 수 있다. 서포항 1기의 1유형을 문화로 분리하기에는 다소 미흡한 점도 있으나, 앞서 언급한 바와 같이 나진 패총[11]

---

11) 나진 패총의 토기 중, 구연부가 두터운 것(有光教一 1990, 도판30-2·3·5·6)이 있는데 이러한 것은 보이스만 문화 1~3단계의 계단식 구연부와 비교할 수 있을 것으로 보인다. 이러한 점을

을 검토해서 또 다른 유형을 설정할 수 있다면 이러한 부족한 점을 대신할 수 있을 것으로 생각된다.

서포항 유적에는 청동기시대 층과 구석기시대 층도 있지만, 청동기시대는 호곡·오동 등 다른 유적으로도 동북한의 청동기시대를 설명할 수 있고, 구석기시대는 이미 '굴포문화'라는 용어로 사용되고 있다. 동북한 신석기 후기에 해당하는 유적들 중 농포, 검은개봉, 원사대, 송평동 등이 있지만 모두 지표조사 성격이 강하기 때문에 불명확한 점이 많다. 그렇기 때문에 서포항 유적의 명칭은 동북한 신석기시대 중 독보적인 존재로 동북한의 신석기시대 후기명으로 사용해도 무리가 없다.

한편 서포항 유적의 2기에서는 베트카 유형의 토기와 유사한 유물이 출토되었다(김재윤 2009a, 그림5). 최근 베트카-2 유형의 절대연대(모레바 외 2008) 등이 밝혀지면서 자이사노프카 문화 보다는 이르며 보이스만 2단계와 병행한다는 것을 알게 되었다. 그렇다면 서포항 2기가 자이사노프카 문화가 아니라는 주장이 제기 될 수도 있다.

그러나 서포항 출토의 베트카 유형 토기는 2기의 퇴적층에서 출토된 1점이다. 필자가 분석한 2기의 대상 자료는 주로 주거지 출토품을 기준으로 하고 있다. 뿐만 아니라 서포항 유적의 발굴이 유적전면을 조사하지 않았을 가능성도 배제 할 수 없다. 왜냐하면 1960년에 1구, 2구를 발굴하였고 그곳에서 남쪽으로 14m 떨어진 곳을 1961년부터 8구까지를 발굴해서 현재 알려진 서포항 유적의 평면도가 완성되었기 때문에 1구와 2~8구 사이 및 그 외 주변도 유적일 가능성이 있다. 서포항 2기의 베트카 유형 토기는 전체 유적 발전 방향에서 불명확하다.

따라서 필자가 분석한 서포항 2기는 현존하는 자료로 판단컨대 자이사노프카 문화의 이른 단계일 가능성이 크며, 서포항 1기보다 이른 즉 보이스만 5단계 보다 이른 단계의 유적이 북한에서 존재할 가능성은 큰 것으로 판단된다(김재윤 2009a).

구체화 한다면 한반도 국경내에서 보이스만 문화와 대응되는 서포항 하층 문화가 분류가능하다는 것을 傍證할 수 있다.

3. 5000년 전 동해안 북부 신석기문화의 유형

두만강 유역을 중심으로 한 인접한 지역은 그 지정학적 위치 때문에 같은 문화의 성격으로 파악되는 고고문화가 자이사노프카 문화, 금곡-흥성문화, 앵가령 하층 문화 등으로 불렸고, 같은 성격의 문화가 서포항 유적에도 있음을 앞서 확인하였다. 이 지역은 앞서 분석한 대로 약간의 차이점은 있지만, 중국은 목단강 유역의 압날문 문화(아포력, 신개류 유적 등), 연해주의 보이스만 문화가 끝난 뒤에 신석기 후기로 넘어 가면서 압날문의 영향은 아직 남아 있으면서 다른 요소(승선압날문, 점선자돌문, 침선문)가 새롭게 등장한다는 점은 공통이다. 북한의 함경북도 역시 신석기 중기의 문화명이 분명하지는 않지만 라진초도, 서포항 1기 등을 보아서 보이스만 문화와 같은 압날문 문화가 있었던 것으로 보인다.

따라서 대상 지역은 압날문 문화가 끝나고 여러 가지 새로운 문화 요소들이 같은 경향을 보이는 것으로 보아서 하나의 문화지역 설정이 가능하다. 이러한 문화지역 내에서 '고고문화' 개념도 적용 가능하고, 문화 아래 하위의 유형을 분리해서 설명할 수 있는 장점이 있다.

국경보다는 지리적인 개념이 고고학에서는 더 중요하다고 생각하기 때문에 지리적 개념을 쓰도록 하겠다. 같은 문화지역을 북한의 유적이 집중되고 있는 두만강 하류, 러시아 연해주 중에서도 두만강과 가까운 유적, 중국 유적이 집중되는 두만강 내륙을 묶어서 두만강 유역, 연해주 내륙은 한카호 유역, 목단강 유역으로 크게 세 지역으로 나누어서 구분코자 한다(표23).

1) 토기문화양상변화

동해안북부의 신석기 후기 문양 시문방법에는 다치구압날문, 승선압날문, 점선자돌문, 복합침선문, 침선문, 무문 등 다양한 문양시문방법이 존재(표19)하며, 유형을 구분하는 기준이 된다. 표20은 문양 시문방법과 문양형태에 의해 설정된 형식으로써 비슷한 특징을 보이는 유적들을 묶어서 유형화한 것이다. 각 유형을 나누는 주요한 기준은 문

표19. 5000년 전 동해안 북부의 토기문양 시문방법(김재윤 2009a)

압날문 기법		자돌문 기법	침선문 기법				무문
A. 다치구 압날문	B. 승선 압날문	C. 점선 자돌문	D'. 복합 침선문			D. 침선문 순수	E.무문
			+A	+B	+C		

양 시문방법이다. 이러한 작업은 서포항 상층문화에서 주거지에서 공반된 형식들을 기준으로 비슷한 성격을 보이는 주거지를 집합한 바 있다(김재윤 2009a). 이러한 방법을 바탕으로, 앞서 조사방법과 유적의 성격에 따라서 분석한 유적에 적용해 보았다.

(1) 두만강 유형

두만강의 유적은 모두 4유형으로 나누어어진다. 앞서 분석한 서포항 유적은 1~5유형으로 분리하였지만, 서포항 1유형은 보이스만 문화로 두만강 1유형과는 다르다. 그래서 서포항 2유형부터 두만강 1유형에 들어감을 알려둔다.

두만강 1유형(그림57~63, 표20)은 다치구압날문, 승선압날문, 점선자돌문, 침선문의 기법으로 시문된 토기가 주를 이룬다. 이러한 문양 시문방법이 공반된 곳은 서포항 17호와 19호(서포항 2유형), 크로우노프카-1 유적의 4호와 5호이다. 두만강 유역의 주로 해안가(르박-1 古, 보이스만-2 ZC 古, 올레니-1 古, 자이사노프카-7, 보이스만-1 古)에서 나타나는데, 기신육대(岐新六隊) 등으로 보아서 두만강 내륙에도 유적이 존재하는 것으로 보이지만, 이 유형에 해당하는 양호한 유적의 조사가 없었다. 해당하는 주거지는 서포항 유적의 17호, 19호, 크로우노프카-1 유적의 4호와 5호이다. 서포항 유적의 주거지 상태는 좋지 않지만 크로우노프카-1 유적으로 추적해 보면 말각방형의 무시설식 노지일 가능성이 있다(표12).

두만강 2유형(그림64~68, 표20)은 점선자돌문과 침선문 기법의 토기가 주를 이룬다. 이 유형부터 점선자돌문 혹은 복합 침선문 기법의 토기 중에서 구연부가 이중구연토기와 함께 공열문토기도 확인된다(그림64-2·6). 이러한 토기는 서포항 3유형인 (3·26·27·28호)(그림67), 흥성(1·6·16·17호)(그림64)과 금곡 5호 주거지에서 공반된다. 본 유형에 해당되는 유적은 해안가(자이사노프카-1 古, 키롭스키, 행정, 농포 古, 그보즈제보-4, 르박-1 新, 송평, 서포항 일부, 범의구석 일부)뿐만 아니라 두만강 내륙[대돈대(大墩台), 검은개봉 古, 두루봉, 간평, 봉의, 금곡(金谷), 흥성(興城)]에서도 확인된다. 본 유형의 서포항 유적의 주거지 평면형태는 방형, 노지는 무시설식과 위석식이며, 흥성유적의 주거지에서 평면형태를 알 수 있는 것은 장방형이고, 노지는 무시설식이다(표9). 하지만 서포항 유적과 흥성 유적 모두 해당하는 유형의 주거지 잔존상태가 불량한 것이 많기 때문에 본 유형 주거지의 특징을 단정하기 어렵다(김재윤 2009a).

한편 두만강 유역의 2유형에서 출토되는 점선자돌문토기와 타래문토기, 복합침선문토기 등은 한카호 유역과 목단강 유역에서도 현재까지 관찰되지 않는다(표20). 따라서 두만강 유역의 점선자돌문이 주가 되는 2유형은 두만강 유역만의 특징일 가능성이 크고, 연해주 내에서도 두만강 유역에 속하는 유적과 연해주 내륙의 한카호 유역간의 지역성이 보인다.

두만강 3유형(그림69~76, 표20)은 점선자돌문 기법이 없어지고, 복합침선문과 순수 침선문 만이 주요한 문양 기법으로 된다. 동체부에 문양이 시문되고 구연부가 이중구연화 된다. 이러한 형식은 서포항 4유형(8·19·11·15·18·21·22호)(그림70), 금곡(金谷)(1·3·4호)(그림72), 범의구석(2·12·23·25호)(그림71)의 주거지에서 공반된다. 본 유형의 유적은 두만강 내륙(삼합우국, 대소조기, 비파산, 남단산)과 해안가(원수대, 농포 新, 보이스만 ZC 新, 올레니-1 新, 보이만-1 新, 자이사노프카-1 新) 등 연구대상 범위 전체에 퍼져있다. 서포항 유적과 호곡 유적 등에서 방형 평면형태가 존재하지만, 서포항 22호, 금곡 1·3·4호, 호곡 23호 등 장방형 주거지의 비율이 다른 유형에 비해서 증가하는 것으로 알 수 있다(표9·14·24).

두만강 4유형(그림77·78)은 침선문 기법으로 시문된 토기도 존재하지만 무문토기가 주를 이루는데, 특히 신석기 토기의 저부와는 달리 굽이 달린 토기와 무문양의 공열문토기, 이중구연 혹은 돌대문 토기 등이 확인된다. 서포항 5기의 16호와 7호(서포항 5유형), 범의구석 1호, 23호 등이 해당되며 서포항 5기와 범의구석 1호 등이 이미 청동기시대로 전환되었음은 주지의 사실이다.

(2) 한카호 유형

한카호 유역은 시문방법(표19)을 기준으로 3유형으로 나누어진다. 1유형(그림 79~87)은 두만강 유역과 마찬가지로, 앞선 시기의 보이스만 문화의 영향이 남은 다치 구압날문과 이러한 영향으로 새롭게 나타난 승선압날문, 복합침선문, 침선문 등이 모두 나타난다(표20). 크로우노프카-1 하층의 4호(그림81~82)와 5호(그림83~84)에서는 다치구압날문, 승선압날문, 점선자돌문, 침선문등이 한 주거지내에서 모두 확인된다. 루자노바 소프카-2 유적의 자이사노프카 문화층에서는 뚜렷한 유구 없이 승선압날문과 점선자돌문, 침선문 등이 확인되었다. 비슷한 성격으로 셰클라예보-7 유적의 자이사노 프카 주거지에서 다치구압날문과 단독 침선문토기가 확인되었다. 그 외 시니가이-A 유 적에서 이 지역에서 관찰되는 대부분의 시문방법이 모두 확인된다(그림85~56). 하지 만 대규모 취락유적으로 알려졌지만, 주거지와 유물간의 공반관계가 확실하지 않아서, 분석에 대한 어려움이 있다. 그런데 뒤에서 다시 살펴겠지만 목단강 1유형에서는 다치 구압날문 이외에 승선압날문, 점선자돌문 등이 확인되고 있지 않다(표20). 이는 비교적 양호한 유적이 아직까지 조사되지 않았을 가능성이 있고(김재윤 2009b), 목단강 유역 만의 특징일 가능성도 있는데, 좀 더 양호한 자료의 조사를 기대해본다.

한카호 2유형(그림88~92)은 침선문만 확인되는 유형이고, 3유형(그림93~99)은 침 선문과 무문토기가 공반된다(표20).

한카호 유역의 2유형과 같은 침선문이 주요한 유형은 두만강 3유형과 목단강 유역의 2유형이며 병행한다(표21). 각 지역의 침선문 유형이 등장한다는 점은 같지만 그 내용 에서는 차이가 있다. 우선 시문방법에서는 한카호 유역과 목단강의 침선문 유형은 두만 강 유역처럼 복합침선문으로 시문되는 수법이 없고, 단순 침선문만 확인된다. 또한 한 카호 유역의 침선문 유형은 두만강 유역에서는 확인되지 않는 곡선적인 문양인 궁형문 이 확인된다(표20).

즉, 두만강 유역의 침선문은 대체적으로 횡주어골문이 주를 이루지만, 한카호 유역에 서는 횡주어골문과 함께 종주어골문(그림89-5·6), 반원문이나 궁형문(그림93-6~9,

94, 97-3·5, 99-6) 등이 특징인데, 두만강 유역에서는 확인되지 않는다. 이러한 특징 때문에 러시아 학계에서도 자이사노프카 문화를 한카호 유역과 연해주 남부지역으로 나누고 있다(얀쉬나·클류예프 2005). 그러나 목단강 유역의 서안촌동 유적과 목능하 유역의 유적들에서는 궁형문이 확인되고 있다.

한카호 유역의 3유형(그림93~99, 표20)은 침선문과 함께 무문양토기가 등장한다. 이는 두만강 유역, 한카호 유역, 목단강 유역 모두 공통적인 특징이다. 무문토기 가운데는 돌대문과 이중구연이 부착된 것이 등장한다. 실견한 바에 의하면, 한카호 유역의 이중구연은 구연을 접거나 구연단을 납작하게 부착하는 것과는 달리 돌대를 구연단에 근접해서 붙였다. 두만강 유역 중에서 연해주 유적의 클레르크 유적 등에서도 이와 같은 토기제작방법이 관찰되었다.[12] 연해주 내륙에도 두만강 유역과 마찬가지로 뇌문토기가 확인되는데, 특히 아누치노-14, 아누치노-29 유적 등에서는 가장 늦은 형식의 토기(그림99-1·3·5·7)가 확인된다(김재윤 2007). 한편 한카호 3유형과 같은 두만강 4유형 중 그보즈제보-4 유적 출토품 가운데는 침선으로 시문된 횡주어골문 토기인데, 구연부에 안에서 밖으로 구멍을 뚫은 반관통의 공열문 것이 있다(표10-13). 범의구석 유적의 출토품(그림77-2~4)과 함께 현재까지는 두만강 유역에서만 관찰된다.

또한 한카호 유역에서는 봉상의 파수가 1개만 부착된 유물(그림95, 96-1, 98-15)이 레티호프카 유적과 아누치노-29 유적 등 한카호 유역에서만 확인된다. 무문토기로, 기형도 평저의 발형토기가 아닌, 원저로 구연부는 외반하면서 얇게 처리되었다. 봉상파수의 끝에는 침선으로 격자문양이 새겨져 있다.

(3) 목단강 유형

목단강 1유형(그림100)은 두만강 유역과 약간 다른 양상을 보이고 있다. 앞서 주지한 바와 같이 두 지역에서는 여러 가지 문양 형태가 공존하면서 하나의 유형을 이루고 있다. 하지만 목단강 유역의 1유형에서는 승선압날문은 확인되지 않고, 다치구압날문과 침선문으로 구성되어 있고, 횡주어골문이 시문되어 있다. 비록 목단강 유역의 신석

---

12) 필자가 관찰할 수 있는 러시아 유적이나 중국의 유적에서 출토된 유물은 이러한 특징이 관찰된다.

표20. 5000년 전 동해안 북부의 시문방법과 문양형태에 따른 유형(김재윤 2009a·2010a·2012a를 재편집 및 보완)

유적	형식	다치구압날문(A)						승선압날문(B)								점선자돌문(C)								복합(D')									침선문(D)								단독(D)										무문(E)		
		a	b	c	d	e	q	a	b	c	d	e	f	g	q	c	d	e	f	g	g'	h	q	a	b	c	d	e	f	g	h	q	m	a	b	c	d	e	f	g	g	h	i	j	k	l	m	n	o	p	m	g	g'
한카호우얀	크로우노프카-1,4호	●	●	●	●																									●	●																							
	크로우노프카-1,5호	●	●	●	●					●																		●		●	●																					●		
	루자노바 소프카-2			●	●	●					●	●												●	●			●		●	●			●																	●	●	
무단강아무얀	일베이야동스코예-1			●							●	●						●	●						●	●	●	●	●				●	●																		●	
	시니가이-1																																																				
	세클랴예보-7																			●								●	●	●	●																						
	보골류보프카-1																			●								●	●	●	●						●	●	●													
	무스탕-1																											●	●	●			●	●	●																		
한카호우얀	크로우노프카-1,57r																																																				
	노보셀리셰-4																																		●	●	●																
	아누치노-29																								●	●	●	●	●	●			●	●	●																●	●	●
	레티호프카 04년																																																		●		●
	레티호프카 99r년																																				●	●	●													
무단강아무얀	르박-1, 古	●	●					●	●	●	●	●			●								●						●	●	●																						
	보이스만-2 zac, 古	●								●	●	●	●		●				●										●	●																						
	올레니-1, 古										●				●				●																																		
	자이사노프카 7											●													●	●	●	●																							●		
	르박-1, 新										●								●								●																										
	서포항 17호										●				●												●																										
	서포항,19호										●	●			●				●																																		
	보이스만-1											●																										●														
	대뚠데																																							●												
	자이사노프카-1, 高																	●	●																						●											
	서포항, 28																			●		●								●																							
	흥성,1호																								●	●																										
	흥성, 16호																																																				
	흥성, 6호																			●																																	
	기신욱대																			●																				●												
	수포항, 3																																																				
	키톨스키																					?																													●		
	서포항, 23																							●			●	●	●																					●			
	서포항, 26																		●	●																											●					●	
	수포항, 27																		●																																	●	
	흥성, 11호																																																	●			

型式별 토기 문양 속성 분포표 (dot matrix)

유적 \ 型式	무문(E) m	g	g'	단독(D) h	i	j	k	l	m	n	o	p	첩선문(D) a	b	c	d	e	f	g	복합(D') a	b	c	d	e	f	g	h	i	j	k	l	m	점선자돌문(C) a	b	c	d	e	f	g	g'	h	q	승선날문(B) a	b	c	d	e	f	g	다차구일문(A) a	b	c	d	e	q
홍성, 14호													●																																										
검은개정, 高																																						●																		
금국, 5	●													●																						●																			
두루봉															●	●																				●	●	●																
원산대				●	●										●	●	●			●																●																		
농포															●		●			●																●		●	●														
서포항, 11																	●																																					
서포항, 8					●												●	●		●																																		
홍성, 3호																●																																						
홍성, 5호																	●																																					
서포항, 25호				●									●												●																													
서포항, 22				●	●	●											●	●																																			
서포항, 29				●												●	●	●	●					●																													
서포항, 뒤				●			●										●							●																													
서포항, 15				●			●								●		●							●																												
서포항, 21				●			●																																														
삼함우구										●			●																																									
대소조기																																																						
남단산																																																						
비암산				●						●							●	●								●	●																										
올레나-1-新																	●																																				
금국, 1호				●											●																																						
금국, 2호				●													●																																				
금국, 3호				●							●				●																																						
금국, 4호				●				●																																													
범의구역, 9호				●												●		●																																			
호국, 2호																●																																					
호국, 12호																																																						
호국, 4		●		●			●							●																																							
송평동, 高						●									●																																						
자이사노프카-1, 新				●			●			●			●																																								
호국, 23																																																						
서포항, 16		●																																																				
서포항, 7			●														●																																				

형식별 분포표 (회전된 표)

유적 \ 형식	다치구야닐문(A)						승산압닐문(B)								점선자틀문(C)						복합(D')													첨선문(D)																단독(D)										무문(E)		
	a	b	c	d	e	q	a	b	c	d	e	f	g	q	c	d	e	f	g	q	a	b	c	d	e	f	g	h	i	j	k	l	q	m	a	b	c	d	e	f	g	h	i	j	k	l	m	n	o	p	g	h	i	j	k	l	m	n	o	p	m	g	g
보이스만-2 zac 新																																																														●		
검은개봉, 新																																																															●	
자이사노프카-1, 新																																																															●	
범의구석, 1호					●	●																												●																	●													●
앵가둔 하층																																			●				●		●																						●
석회장, 3호																	●																			●				●																								
석회장, 4호																	●																			●				●		●									●									●	●		
이태호																																				●				●																								
남산서																																				●				●																						●	●	
추동강돌																																																			●												
금평																																									●									●												
만수가																																																																
남천문																																				●				●									●													●	●
석이른동																																				●				●		●								●														
육교구묵																																				●				●																							●	
중산파수원																																									●								●										●		●		
방수강돌																																	●		●				●		●																					●		
함인																																																		●											●		
조산구																																									●					●																	●	
북산																																																															●	
추동강북																																		●					●		●	●																					●

(목단강유역)

기 후기 이전 단계인 아포력 유적과 진흥 유적의 甲類에서 압날문 문양(그림100)이 확인되는데, 이 자료는 두만강 하류와 연해주 남부 지역에서 신석기 후기 이전 단계인 보이스만 문화의 토기와 비교할 수 있다. 이러한 점을 고려한다면, 대체적인 양 지역의 신석기문화양상은 비슷한 것으로 생각된다. 따라서 목단강 1유형과 두만강 1유형, 한카호 1유형의 차이는 이 지역에서 새로운 유적이 나온다면 충분히 변화가능성이 있기 때문에 뚜렷한 차이점이라고 할 수 없다.

목단강 2유형(그림101~104)은 한카호 유역과 두만강 유역에서 침선문 유형과도 유사하지만, 무문의 돌대문 토기(그림101-9·10·14)도 다수 관찰된다. 이러한 점은 한카호 유역과 두만강 유역의 침선문과 무문토기가 공반되는 유형과 관계가 많은 것으로 보인다. 목단강 유역에서는 아직 두만강 유역(김재윤 2010a)과 한카호 유역의 침선문 유형처럼 신석기시대와 전혀 다른 기형이나 요소들은 아직 유적에서 확인되지 않는 점 등도 유형 변화의 충분한 점을 시사한다고 볼 수 있다. 현재로서 목단강 유역의 신석기 후기는 두만강 유역과 연해주 내륙에 비해서 단순한 양상을 보이지만, 침선문 기법이 확인되는 점, 궁형문 등의 문양형태 등에서 연해주 내륙과 비슷한 양상을 보인다(김재윤 2012b).

(4) 5000년 전 동해안 북부의 토기문화변화양상

동해안 북부의 범위는 서쪽으로는 중국 길림의 장광산맥, 남쪽으로는 두만강 본류와 그 지류인 두만강 유역이다. 북쪽은 한카호 유역이 해당되는데, 아직까지 한카호 남쪽에서만 신석기 후기 유적들이 확인되고 있다. 그러나 한카호 북쪽에 신개류 유적이 위치하고 있기 때문에 한카호 유역의 주변 유적들은 북쪽으로 유적들이 확인될 가능성은 충분하다. 따라서 북쪽의 경계는 아직 불분명하다.

각 유형의 절대연대에 해당되는 유적의 절대연대와 지역별 병행관계를 통해서 알 수 있다. 앞서 분석된 두만강 1유형, 한카호 1유형, 목단강 1유형은 서로 같은 문양방법을 사용하며 병행한다. 이 유형에 해당하는 보이스만-2 자이사노프카 문화층의 연대, 크로우노프카-1의 4호와 5호 유적의 절대연대를 참고(표22)로 한다면 5000년 전에서 시작(김재윤 2009a)하는 것을 알 수 있다(표21). 이 유형의 하한은 다음 유형과 관련이 있는데, 두만강 2유형은 두만강 유역에서만 확인되기 때문에 다른 지역과 병행관계에서 본다면 지역적 특징도 있고, 앞선 유형과는 시간적 차이도 있다. 하지만 두만강 2유형과 한카호 2유형은 성격도 다르며(표20), 한카호 2유형에 해당하는 보골류보프카-1, 노보셀리쉐-4 유적의 절대연대(표22)로 판단컨대, 두만강 2유형과 서로 병행하지 않는다. 따라서 두만강 2유형의 절대연대는 흥성 1호 주거지의 연대를 참고로 해서 4800년

표21. 5000년 전 동해안 북부의 지역별 시간적 유형 병행관계(김재윤 2010 보완)

B.P.		두만강 유역			한카호 유역	목단강 유역
		길림연변	북한-함경북도	연해주-남부(핫산)	연해주-내륙	중국-흑룡강성
후기	5000	(1유형) 기신육대	(1유형) 서포항 2기 古-17·19호	(1유형) 보이스만-2 ZAC 문화층 古, 르박-1 古, 올레니-1 古, 자이사노프카-7, 보이스만-1 자이사노프카 유형	(1유형)크로노우프카-1 4호·5호,루자노바 소프카-2 ZAC, 쉐클라에보-7 ZAC, 알렉세이-니콜스코예 1, 시니가이 A	(1유형) 앵가령 하층, 진흥 갑조
	4800	(2유형) 흥성-1호·3호·5호6·11호·14호·16호, 금곡5호, 대톤대	(2유형) 서포항 2기 新-(3·23호), 3기 -26·27·28호, 검은개봉 古, 농포, 두루봉, 종성간평, 회령봉의, 성진행정	(2유형) 자이사노프카-1 古, 클레르크-5 그보즈제보-4		
	4400	(3유형) 금곡1~4호, 비파산, 삼합우국, 대소조기, 남단산	(3유형) 서포항 3기-(8·29·30)호, 서포항 4기-(11·15·18·22)호, 4기 퇴적, 호곡 I기 25·41호, 원수대, 호곡 I기(2·12·23호), 송평 古, 농포-新	(3유형) 올레니-新, 보이스만-1 新 자이사노프카-1 新, 르박-1 新	(2유형) 보골류보프카-1 크로우노프카-1 (1957년 발굴) 노보셀리쉐-4	(2유형) 석회장, 진흥 을조, 서안촌동, 금영구, 후동강북.이백호, 광명, 남천문, 육도구북, 중산과수원, 남산서, 만수강동, 참원, 조삼구, 북산, 만수강, 후동강동, 용묘산
전환기	3800		(4유형) 호곡 23·1호, 서포항 16·7호, 검은개봉 新, 송평 新	마르가리토프카 문화	(3유형) 아누치노-29 레티호프카(1999, 2004)	?
	3500					

전부터 시작되고, 이 연대는 두만강 1유형의 하한으로 볼 수 있다.

한카호 1유형의 하한은 한카호 2유형과 관련시켜 볼 수 있다. 이 유형에서 절대연대를 알 수 있는 유적은 노보셀리쉐-4, 보골류보프카-1 유적이 있는데, 이는 3800년 전 정도로 한카호 1유형의 하한, 한카호 2유형의 상한으로는 너무 늦어 2유형의 하한으로밖에 볼 수 없다. 그래서 한카호 2유형의 상한으로 참고로 할 수 있는 것은 이 유형과 병행하는 두만강 3유형을 참고로 할 수 있다. 절대연대를 알 수 있는 유적은 두만강 유역의 금곡 주거지 절대연대가 있는데, 4400년 전으로 한카호 2유형의 상한, 두만강 3유형으로 볼 수 있다. 또한 현재의 자료로는 한카호 1유형의 세클랴예보-7 유적 주거지 연대도 이 연대와 부합하고 있어, 두만강 2유형이 독자적인 지역성을 보일 때, 현재로서 한카호 1유형은 이 지역에서 계속되는 것으로 보이고, 목단강 2유형도 비슷한 상황으로 생각된다. 두만강 4유형과 한카호 3유형, 목단강 3유형은 침선문과 함께 무문양 토기가 공반된다. 이 유형에서 절대연대를 알 수 있는 유적은 연해주 내륙의 레티호프카 유적의 연대가 있는데 그 중 이른 연대인 3800년 전 정도가 이 유형의 상한으로 앞서 한카호 3유형의 하한 절대연대와도 일치한다(김재윤 2012a).

표22. 동해안 북부 관련 유적의 절대연대(김재윤 2009a 보완)

	유적	위치	연대(B.P.)	인용문헌
신석기 후기	크로우노프카-1 자이사노프카 문화층	문화층	5260±33	Gelman et al. 2003
		4호노지	4671±31	
		문화층	4640±40	
	보이스만-2 자이사노프카 문화층	문화층	4930±95	모레바 2005
			4805±80	
	클레르크-5	문화층	4750±40	Gelman et al. 2004a
	흥성	1호 주거지	4800±140	延邊博物館, 吉林省文物考古研究所 2002
		3호 주거지	4615±150	
	금곡	1호 주거지	4980±145	延邊博物館 1991
		3호 주거지	4540±140	
		5호 주거지	4430±150	
		4호 주거지	4410±140	

	유적	위치	연대(B.P.)	인용문헌
	자이사노프카-7	문화층	4470±40	Gelman et al. 2003 · 2004a
		문화층	4440±31	
		문화층	4480±33	
	자이사노프카-1	문화층	4010±44	Gelman et al. 2003
			3972±31	
	보골류보프카-1	06년 주거지	3890±60	가르코빅 2008
	쉐클라예보-7	자이사노프카 문화 주거지	4390±45	김재윤 외 2007
			4430±45	
			4435±45	
	노보셀리쉐-4	주거지	3840±70	끌류에프 외 2002
			3840±40	
	레티호프카	99년 주거지	3840±70	콜로미에츠 외 2002
		04년 수혈	3240±50	김재윤 외 2006
			3400±100	
청동기시대	글라조프카-2	주거지	3605±35(AA 37114)	J.Cassidy 외 2003
		주거지	3580±40(UCR-3773)	
	에프스타피-올렉 1	주거지	3615±80(ГИН 6948)	
	프레오브라줴니예1	주거지	3510±70(Вета-172568)	
	자랴-3	주거지	3570±80(Вета-133846)	
		주거지	3520±40(Вета-172570)	
		주거지	3540±70(Вета-172573)	
	모나스트르카-3	주거지	3420±40(ГИН-10218)	댜코프 1999
		주거지	3340±40(ГИН-10219)	
		주거지	3400±40(ГИН-10220)	
	흥성	87AF7 주거지	3785± 140	延邊博物館, 吉林省文物考古研究所 2002
		87BF3 주거지	3885± 115	
		86F1 주거지	3260± 150	

　두만강 4유형과 병행하는 한카호 3유형에 해당하는 유적은 서포항의 5기, 호곡의 1호, 23호, 한카호 유역에서는 아누치노-29호, 레티호프카 등이 있다. 서포항 5기는 무문의 돌대문토기, 공열문 토기 등이 출토된다. 한카호 유역에서는 아누치노-29, 레티호프카 유적 등에서 봉상파수가 부착된 토기가 출토된다(표23). 서포항 5기와 호곡 1호

주거지가 포함된 두만강 4유형은 이미 청동기시대로 진입했음은 인지하고 있는 바이다. 또한 이 시점의 연해주에서는 마르가리토프카 문화(김재윤 2011b)가 존재하는데, 돌대를 구연단에 연접해서 부착되는 것이 가장 큰 특징으로 청동기시대 시작으로 보고 있다. 그렇다면 한카호 3유형도 자연스럽게 청동기시대로 돌입하는 것으로 보는 것이 적당할 것이다.

레티호프카 유적은 이미 신석기 후기 유적으로 소개된 바 있다. 그런데 토기 이외에 일단경식석검의 경부와 성형 석부, 신석기시대에는 존재하지 않던 봉상파수가 달린 무문토기(그림52 · 95) 등은 이 유적의 시대적 개념에 대해서는 다시 고찰할 필요를 언급하였다(김재윤 외 2006). 대다수의 유물이 신석기시대 토기인 상황에서 몇 점만의 유물만으로 청동기시대로 소개하기는 어려웠고, 다른 지역과의 병행관계 등도 생각해야 했기 때문이다. 하지만 전체 지역을 놓고 본다면 이러한 특징을 보이고 있는 것은 틀림없이 신석기시대로 부터의 점이적인 발전을 보인다고 할 수 있다(표23).

서포항 5기와 연해주의 마르가리토프카 문화(3500~3000년 전)는 전고(김재윤 2011b)에서 연구한 바 있다. 돌대문토기와 이중구연토기(돌대를 구연단에 연접해서 붙인 토기), 적색마연토기가 이 문화의 주체이다. 이 전 시기부터 신석기시대로 부터의 점이적인 발전을 보이고, 신석기시대와는 확실하게 다른 새로운 제작기법의 토기가 하나의 문화를 이루고 있기 때문에 이 지역에는 청동기시대 전환기로 보았다[13](김재윤 2011b).

그렇다면 동북한 문화권의 신석기 마지막 단계는 5000~3800년 전까지로 볼 수 있을 것이다. 이 때에는 두만강 1유형, 한카호 1유형, 목단강 1유형이 공존한다. 그 문화양상은 다치구압날문, 승선압날문, 점선자돌문, 침선문 토기가 공존한다. 이 시점에서 주거지 특징을 확실하게 알 수 있는 것은 한카호 유역의 크로우노프카-1 유적 4호와 5호

---

13) 전고(김재윤 2011b)에서는 레티호프카 유적은 들어가지 않았기 때문에 전환기의 시작 시점을 3800년 전까지 올리는 점은 무리가 있었다. 하지만 신석기 후기를 검토한 결과 레티호프카 유적과 아누치노-29 유적을 청동기시대 전환기로 보는 것이 적당하다고 생각되며 이 지역 전환기의 연대는 3800년 전까지 올려 볼 수 있다고 생각한다.

표23. 5000년 전 동해안 북부의 토기변화양상(김재윤 2012a 재인용)

B.P.	지역	두만강 유역	한카호 유역	목단강 유역
5000 후기 4800 4400		 1유형 2유형	 1유형	 1유형
		3유형	2유형	2유형
전환기 3800 3500		4유형	3유형	?
		1~3: 자이사노프카 1, 4~7: 서포항 19호, 8~13: 그보즈제보-4, 14~17: 자이사노프카-1, 18·20: 금곡 1호, 19: 르박-1, 21·22:보이스만 2AC, 23~25: 호곡1호, 26: 서포항 7호	27~31: 루자노바 소프카 30~34: 크로우노프카 1 4호 住 35·36: 세클라예보-1 37~39: 알렉세이 니콜스코예 1	51~54: 앵가령 하층 55·57·58: 진흥 을조 56: 서안촌동 4호 住

III. 5000년 전 동해안 북부의 신석기문화 149

주거지, 셰클라예보-7 유적의 주거지, 알렉세이 니콜스코예-1 유적의 주거지와 목단강 유역의 앵가령 3호와 4호이다. 한카호 유역에는 방형 주거지이고, 목단강 유역에서는 돌담 시설이 있는 장방형 주거지로 노지가 1기 설치되어 있다(표12). 주거지 양상은 앞서 언급한 바와 같이, 유형에 따른 시간적 특징보다도 지역성을 뚜렷하게 나타내는 것으로 보인다.

4800~4400년 전에는 두만강 유역에서는 점선자돌문과 침선문이 공존하는 유형이 생겨나지만, 한카호 내륙에서는 1유형이 계속해서 이어지며, 두만강 2유형과 거의 비슷한 시기까지 존재한다. 목단강 유역에서도 1유형은 계속되는 것으로 생각되지만 4400년 전까지 존재여부는 현재의 자료로는 확실하지 않다. 두만강 2유형은 두만강 내륙(장방형)과 두만강 하류 (방형)간의 주거지 평면형태의 차이를 보이고, 특히 그보즈제보-4유적에서는 지상가옥구조가 확인되는 것이 특이하다(표9, 그림38). 이 유적에서 확인되는 침선문토기에 반관통 공열문토기(표23-13)가 확인되는 점도 다른 지역에서는 관찰되지 않는다.

4400~3800년 전에는 침선문이 주요한 시문방법으로 그려진 토기가 동해안 북부지역 전체에서 확인된다. 평저발형토기의 기형에 침선으로 횡주어골문 등이 시문되는 것이 공통적인 현상이다. 하지만 문양형태에서는 지역간의 차이가 있다. 한카호 유역과 목단강 유역에서는 궁형문 등의 곡선적인 문양이 확인되는 점은 앞서 지적하였다(표23). 주거지 평면형태는 두만강 내륙은 장방형 주거지만 확인되고, 두만강 하류에서는 이 시기에 서포항 22호 장방형 주거지가 확인되어 이전 유형과는 차이점을 보인다. 한카호 유역에서도 대체적으로 방형주거지이지만 노보셀리쉐-4 유적의 장방형주거지가 등장한다. 목단강 유역은 그 전 유형과 마찬가지로 장방형 주거지이다(표24). 하지만 유적의 수에 비해서 그 특징을 알 수 있는 주거지의 수가 많지 않다는 점에 제약이 따른다. 3800~3500년 전 사이에는 침선문과 함께 무문토기가 공반 되면서 청동기시대로 접어든다.

2) 주거지 특징

신석기시대 문화상 파악에서는 토기가 가장 기본적이지만, 유형을 분석하면서 함께 주거지분석을 시도하였다. 5000년 전 동해안 북부의 신석기시대 주거지가 대부분 방형 주거지이지만, 서포항 유적 4기 22호부터 장방형 주거지가 확인되는 점은 큰 변화로 생각되었다(김재윤 2009a).

본고에서는 5000년 전 동해안 북부의 신석기시대 유적에서 주거지 변화양상이나 크기변화를 알기 위해서 표9·14·24에서 주거지 전모를 알 수 있는 완전한 것을 시간적으로 배치해 보았다(표24). 그 결과 평면형태의 특징은 시기별 차이로는 크게 변화하는 모습이 보이지 않고 지역적인 차이는 보인다.

평면형태의 차이도 토기로 구분되는 유형과 같이 주거지로 한카호 유역과 목단강 유역, 두만강 내륙과 두만강 하류로 구분된다. 한카호 유역은 주거지의 평면행태가 대부분 방형인데 그 중, 2유형의 노보셀리쉐-4 유적에서 장방형 주거지가 확인된다. 목단강 유역에서는 모두 장방형 주거지만이 확인된다. 두만강 유역에서 두만강 내륙과 두만강 하류가 구분되는 현상이 보인다. 즉, 두만강 내륙 유적인 흥성 유적과 금곡 유적은 장방형 주거지가 주를 이룬다는 점이 두만강 하류역과 대조된다(표24). 특히 그보즈제보-4 유적에서는 주거지가 3기 확인되었는데, 기둥구멍이 확인되어서 지상가옥으로 추정하고 있다(쿠르티흐 외 2007, 그림38). 물론 이러한 예는 한 유적 뿐이기 때문에 일반화 하기는 어렵다. 현재로써는 신석기시대 지상가옥의 예가 연해주 및 목단강 유역 전체에서 그 이전 시기에도 확인되지 않기 때문에 이 시점이 되어서야 나타남을 알 수 있다.

동북한문화권 신석기 후기의 주거지 평면 크기는 대체적으로 10~45㎡ 내외에 해당한다. 60㎡ 이상의 대형 주거지는 아누치노-14 유적과 흥성 16, 17호이다. 그 중 흥성 16호는 100㎡가 넘고, 노지도 2개 확인되는데(표12), 연구대상 지역의 주거지 가운데 가장 크고 유일하다. 10㎡ 이하는 서포항 26호와 아누치노 29호, 석회장 3호 주거지이다(표25). 이들 소형 주거지는 일반적인 크기의 주거지와 용도가 같은 것인지는 정확하게는 밝혀진 바가 없다. 서포항 26호는 기둥구멍의 자리 등이 밝혀지지 않아서 주거지 구조가 확실치 않다. 석회장 유적의 주거지 3호는 평면형태도 매우 작고, 노지도 없고, 기둥구멍 자리 등이 밝혀지지 않았고, 돌담 시설이 알려져 있다. 지역에 따른 주거지 평면크기의 특징은 없는 것으로 보인다.

표24. 5000년 전 동해안 북부 주거지 비교(김재윤 2012a 재편집)

시기		두만강 유역						한카호 유역			목단강 유역		
		두만강 내륙			두만강 하류			연해주-내륙			주구-흥륭가성		
		유적	평면	면적	유적	평면	면적	유적	평면	면적	유적	평면	면적
5000 / 4800	1유형	확인되는 주거지 없음			확인되는 주거지 없음			크4	방	30.25	애3	장방	25
								크5	방	35	애4	장방	
								쎄7	방	16			
								알테	방	25			
4400 (후기)	2유형	홍성1호	장방	13.6	서포항3호	방	18.5	보-1,1	방	20	석3	장방	8
		홍성6호	장방	43.2	서포항23호	방	15.2	보-1,2	방	24	석4	장방?	
		홍성16호	장방	104.9	서포항26호	방	8.7	노-4,1	장방	45.6			
		금곡5호	장방	25.2	ㄱ-4,1	원형	14						
	3유형	금곡1호	장방	29.3	ㄱ-4,2	장방	15	이29	장방	9			
		금곡2호	장방	25	ㄱ-4,3	장방	7	레,99	장방	45.6			
		금곡3호	장방	27	서포항18호	방	18.1	레04	방	45.6			
		금곡4호	장방		서포항22호	장방	28.4						
3800 (전환기)	4유형				호곡2호	방	15.2						
					서포항7호	방	37.2						

표25. 동해안 북부 신석기시대 후기의 주거지 평면크기 비교(김재윤 2012a)

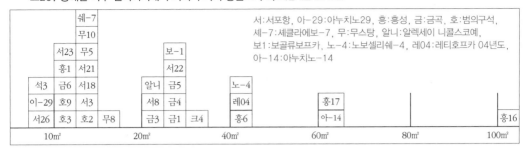

서:서포항, 아-29:아누치노29, 흥:흥성, 금:금곡, 호:범의구석, 세-7:세클라에보-7, 무:무스탕, 알니:알렉세이 니콜스코예, 보1:보골류보프카, 노-4:노보셀리쉐-4, 레04:레티호프카 04년도, 아-14:아누치노-14

그 외 주거지의 시설 가운데 노지는 무시설식가 위석식노지보다는 많은 편이다. 특히 위석식 노지는 무스탕-1 유적을 제외하고는 두만강 하류의 서포항 유적과 호곡 유적에 집중되는 현상을 보인다. 노지의 수는 대형 주거지인 흥성 16호와 노지가 없는 경우를 제외하고는 거의 1기가 주거지내에 설치되었다. 기둥구멍은 대체적으로 벽 가장자리에 위치한다. 다만 아누치노-29 유적의 주거지는 아주 소형평면에, 기둥구멍자리가 한쪽에서만 확인되고, 어깨선의 높이도 차이가 있고, 기둥구멍이 한쪽에서만 확인되는 점 등을 들어, 이 주거지의 구조가 맞배구조가 아닌 한쪽 지붕이 땅에 닿아 있고, 한쪽은 지붕을 지지대로 세우고 있는 구조 일 것으로 생각하였다(슬렙초프·김재윤 2009, 그림53).

목단강 유역의 주거지 앵가령 3호와 서안촌동 4호 유적에서는 주거지 벽선을 따라서 돌담 주거지(그림54)가 확인되었는데, 이러한 시설은 목단강 유역에서만 확인된다(표12).

주거지를 분석해 본 결과, 각 유형으로 변화함에 따라서 주거지의 변화가 크게 보이지 않고 주거지 평면형태가 각 지역별로 구분되는 특징을 보이고 있다(표9·14·24). 각 지역에서 특이한 구조의 주거지가 두만강 유역에서는 지상가옥인 그보즈제보-4 유적(그림38), 한카호 유역에서는 지붕이 기운 구조인 아누치노-29 유적(그림53)이다. 물론 이러한 예들은 점차 조사가 늘어간다면 지역적 양상이 아닐 수도 있다. 이러한 점을 좀 더 확실하게 하기 위해서는 이 전 시기로 주거지 전체를 고찰하는 방법도 있을 것인데 이에 대해서는 앞으로 또 다른 연구가 필요하다.

3) 계통과 생업문제

자이사노프카 문화, 금곡문화, 서포항 문화의 계통에 관해서는 각국마다 입장이 다르다.

자이사노프카 문화나 서포항 상층문화의 계통을 살피기 위해서 크게 두 가지 방법으로 접근하고 있다. 전자는 토기에 의한 분석인데 가장 먼저 대상이 된 것은 뇌문토기이다. 강중광(1975)은 압록강 유역의 뇌문토기들과 두만강 유역의 뇌문토기를 관련지어서, 신석기 후기에 들어서면서 압록강 유역과 관련되어 발전되는 것으로 보았다. 그러나 필자는 뇌문토기 보다는 자이사노프카 문화의 시작 유형에서 보이는 토기 시문방법에 집중하였다. 앞선 분석으로 보아도 자이사노프카 문화의 시작이 뇌문토기가 아닌 보이스만 전통에서 이어지는 압날문과 함께 승선압날문, 점선자돌문, 복합침선문이라는 유형임을 볼 때, 뇌문토기를 통한 후기의 시작이 압록강 혹은 요동반도와 관계 되었다는 관점은 모순이 있다.

필자는 앞서서 동북지역의 뇌문토기가 서북지역의 영향을 받아서 발전했다는 연구에서 후기의 계통을 좀 더 구체적으로 알기 위해서는 승선압날문 기법으로 시문된 횡주 어골문과 뇌문토기의 관계 연구를 반드시 해야 된다고 지적 했다(김재윤 2007). 그 결과 뇌문토기는 한반도 서북지방에서 영향을 받아서 동북한문화지역의 신석기 후기 두만강 유형의 3·5유형, 한카호 유형의 3유형에 나타나서 발전·소멸하는 것으로 이 시점에 한반도 압록강~요동반도의 영향이 있는 것으로 보인다. 두만강 유역의 뇌문토기 하한이 서포항 유적의 4기와 범의구석 12(ㄱ) 유적 등을 보아 신석기시대 말기까지 존재했던 것으로 보인다. 이는 한카호 유역에서 신석기시대 말기까지 뇌문토기가 존재하던 점과도 동일하나, 다만 뇌문토기의 형식에서 차이가 있는 것으로 보인다.

한편, 뇌문토기와 타래문토기가 계통이 다른 것임에 대한 지적을 하였다(김재윤 2007). 뇌문토기는 동북한 문화지역의 두만강 유역 3·5유형, 한카호 유역 3유형, 목단강 유역 2유형 등 전체적으로 확인되지만, 타래문토기는 두만강 유역의 3유형과 4유형에서만 나타난다. 뇌문토기는 문화지역 전체의 특징이지만 타래문토기는 지역적인 특징임을 볼 때 계통이 다르다는 점을 뒷받침한다. 또한 뇌문토기가 타래문토기에서 발달되었다는 의견(김용간·서국태 1972) 보다는 두 토기는 동시기에 다른 지역으로부터 이 지역으로 유입되었을 가능성이 많다. 뇌문토기는 압록강 유역과 관련이 있는 것으로 보이고(김재윤 2007), 타래문토기에 대해서는 아직 자세한 연구가 없다.

또 하나 계통을 설명하는 관점으로 기후와 관련된 분석이다. 자이사노프카 문화는 4700~4300년 전 기후하강시점에 수렵채집농경이 함께 연해주로 들어오게 되고 이러한 새로운 문화내용을 반영하는 것이 고고물질 문화로는 승선압날문 토기이고, 영향을 받은 곳은 중국만주지역이라는 의견이다(보스트레쵸프 2005). 자연과학적인 기후하강에 따른 고환경 복원은 과거 인류사를 연구할 때 반드시 고려해야 될 부분이다. 이 견해를 인문학적인 관점으로 본 연구의 주된 논점은 새로운 물질문화 및 생계전략의 변화=이주민이다.

고고학의 본래 목적이 인류사의 복원임을 상기한다면, 고환경을 통한 선사인들의 생계를 복원하는 것은 필자가 앞서 실시한 여러 가지 고고 유물을 관찰하고 나누고 편년하고 문화범위를 밝히는 것보다 더 중요할지 모른다. 그러나 필자는 이러한 관점에 몇 가지 모순점이 있음을 지적하고자 한다.

첫 번째, 물질 자료에 대한 해석으로 승선압날문과 압날문에 관한 것이다. 앞의 내용을 다시 상기하면 동북한문화지역의 신석기시대 후기의 1유형은 압날문·승선압날문·점선자돌문·복합침선문이 공존한다. 대표적인 유적은 두만강 유역에서는 보이스만-2 자이사노프카문화층 이른 유형, 르박-1 이른 유형과 크로우노프카-1의 4호와 5호 등일 것이다.

필자는 이러한 제 요소가 중국의 영향이라고는 생각하지 않는다. 신석기 후기 까지 남아 있는 압날문 기법으로 시문된 횡주어골문은 세클라예보-7 자이사노프카 유형, 루자노바 소프카-2 자이사노프카 이른 유형, 보이스만-2 자이사노프카 유형 등 여러 유적에서 확인되고 있다. 압날문 기법은 보이스만 문화에서부터 사용되던 주요 시문 기법이다.

그리고 승선압날문 기법은 중국의 유적 중에서 상지 아포력, 밀산 신개류 유적 등에서만 확인된다. 두 유적 모두 목단강 유역과 한카호 유역 등으로 같은 문화지역 내부에 속한다. 즉, 정확하게 동해안북부지역의 신석기 후기는 보이스만 문화의 압날문이 잔존하면서 승선압날문 기법이 등장하면서 부터이다. 이러한 요소가 아포력, 신개류 유적에서부터 이미 보이고 있기 때문에 같은 문화지역 내에서 발전한 것으로 다른 문화지역으로 구분되는 요동반도 혹은 요서지방과 관계되었다고 할 수 없는 것이다.

　두 번째는 자이사노프카 문화가 중국에서부터 전해졌다는 중요한 논점인 농경이다. 연해주에서 신석기 가장 마지막 단계에서부터 식물이 재배되었다는 농경의 존재는 레티호프카 유적의 선행연구(세르구쉐바 2006)로 잘 알려진 사실이다. 레티호프카 유적(2004년)에서는 기장(*Panicum miliaceum L.*)과 조(*Setaria italica L.*)으로 알려졌다(세르구쉐바 2006). 그러나 이 유적 출토의 곡물은 같은 품종에서도 크기와 형태가 완전하게 차이가 나고, 저장시설 바닥에서 여타 신석기시대 후기와는 비교할 수 없을 정도로 대량이 확인된 것으로(세르구쉐바 2004) 농경이 완전히 자리 잡은 것으로 보고 있다(세르구쉐바 2006). 그러나 이러한 농경에 의한 식량생산 활동은 아주 미미해서, 후기에도 일반적인 식생활은 채집활동으로 해결되었다(세르구쉐바 2008). 뿐만 아니라 유적에서는 갈돌, 갈판, 곰배괭이와 함께 마제석검의 자루와 성형 석부 등이 확인되는데 후자의 이 유물은 신석기시대의 성격과는 거리가 있다. 만약에 기후하강으로 이 지역에 4700년 전 신석기 후기에 농경민이 중국에서 왔다는 전제가 맞다고 해도, 이들 이주민이 전체의 신석기 후기문화를 바꾸지는 못했다고 해석할 수 있다.

　즉, 이주민의 인구수가 얼마나 되었는지는 알 수 없으나 동해안 북부 내에서 농경은 식생활에 큰 영향을 미치지 못했다면 이주민의 영향 또한 크지 못했다고 볼 수 있다.

　이주에 대한 인구지리학적 측면의 연구 성과에 의하면, 한 집단 또는 일군의 주민이 기존에 살던 곳을 떠나 다른 곳에 정착하는 것은 대부분의 경우 원거주지에 더 이상 머물 수 없기 때문이다(Kershaw A.C. 1978). 고고학에서 이주를 설명하기 위해서는 원주민이 더 이상 머무는 것을 방해하는 push 요인과 주민이 이주를 하는데 있어서 이주 목적지가 제공하는 장점인 pull요인이 제시되어야 한다(Anthony · David 1990).

　이러한 관점에서 보스트레쵸프(2005)의 자이사노프카 문화 이주설의 정당성을 기후하강에 의한 자원고갈이 주요한 원인으로 제시되고 있다(보스트레쵸프 2005). push요인의 설명이 부족하며, pull요인 또한 원거주지 보다 이주 목적지가 더 유리하다는 설명보다는 오히려 이주 목적지의 필요에 의해서 이주현상이 생긴 것으로 설명되기 때문에 설득력이 부족하다.

결론적으로 말해서 동해안 북부의 자이사노프카 문화(=금곡 문화=서포항 상층 문화)는 물질 문화요소로 설명할 때 이전 시기부터 남아 있는 압날문 기법으로 보아서 보이스만 문화의 전통 아래서부터 새로운 문화요소인 승선압날문 기법, 점선자돌문 기법, 복합침선문가 등장하면서부터 후기 사회로 변화되었다. 크로우노프카-1의 4호와 5호 주거지에서는 앞선 기법으로 시문된 토기가 한 주거지에서 공반하기 때문에 어느 하나의 요소로만 다른 지역의 영향이라는 해석은 힘들다. 또한 이 유형보다 더 이른 자이사노프카 문화 단계가 있다고 설정하기도 힘들다. 왜냐하면 앞서 언급한 이 유적의 절대연대인 5000년 전보다 올라간다면 이미 보이스만 문화 단계이기 때문이다. 정확하게 문화의 유입 혹은 이주민에 대한 정확한 push 요인과 pull 요인이 설명되지 않는 상황에서는 기후변동에 의한 이주설 보다는 물질자료로 관찰되는 자체발전으로 자이사노프카 문화가 등장했다고 볼 수 있다. 앞서 동북지방의 뇌문토기가 요동반도 혹은 압록강의 영향으로 볼 수 있는 물질자료는 뇌문토기(김재윤 2007)가 있지만, 이는 4600년 전 이후가 되어야 이 지역에서 존재하게 된다.

물론, 이 시점에 농경의 존재와 기후환경 변화는 부정할 수 없는 사실이다. 농경은 인간의 일상생활을 바꿀 정도로 획기적이지만 이는 농경이 주업이 될 때이다. 그러나 이 시기의 농경 존재가 미미했음을 볼 때, 이주민으로 인해서 후기 사회가 보이스만 문화와 자이사노프카 문화가 전혀 관계 없다고는 설명할 수 없다.

또한 농경의 존재=농경 시작으로 보기는 어렵다. 농경의 존재에 대한 설명은 여러 가지 해석을 가능하게 하는데 이주 뿐만 아니라 교류, 교역 등으로도 해석해 볼 수 있다. 농경으로 인한 문화 변동의 증거는 직접적인 곡물 자료 외에도 고고물질 자료로는 석기와 수렵채집 사회와 농경사회의 주거지 차이 뿐만 아니라 주거 유적의 마을 단위가 조사되어, 주거지를 통해서 가족 구성, 세대 구성 등을 연구 할 수 있다면 농경사회에 대한 심도 깊은 연구가 이루어질 것으로 보인다.

한편 기후환경 변화가 어떠한 문화의 흐름에 영향을 미쳤다는 사실도 충분히 인정되며 필자도 그러한 기후변화에 주목한 바 있다(김재윤 2004). 그러나 동해안북부의 문화 변동 원인이 반드시 외부적인 요소 인지에 대해서는 현재까지의 자료로는 완전한 대답을 찾을 수 없다. 문화의 변화가 외부에 의한 것 즉, 동해안 북부의 자이사노프카 문화가 중국 동북지방으로 부터 이주해 왔다면 이 지역도 동북아시아의 청동기시대와 유사한 궤도로 바뀌어야 하지만 이 지역은 청동기시대가 아주 짧고, 지석묘가 없으며 비파형동검이 없는 사회로 변환된다는 것을 감안한다면 자이사노프카 문화의 이주설은 아이러니하다.

4. 5000년 전 평저토기문화권의 이중구연토기와 뇌문토기

5000년 전 동해안 북부의 자이사노프카 문화의 사회를 이해하기 위해서는 이 지역 뿐만 아니라 인접한 평저토기 문화권에 대해서도 검토되어야 한다. 먼저 필자는 이 지역 뇌문토기에 대해서 연구한 바 있는데, 뇌문토기와 함께 이 시기에 평저토기 문화권 전역에서 확인되는 토기가 이중구연토기이다. 이는 요동지역부터 요서지역 뿐만 아니라 압록강 유역과 청천강 유역에서도 확인된다(그림56, 표28). 이 지역은 동부지역과는 다른 신석기시대 문화양상이 전개되었지만 평저토기문화권의 기본기형을 유지하면서 이중구연과 뇌문이라는 문양이 시문된 토기는 공통적이다.

1) 이중구연토기

하요하 유역부터 요동남단, 태자하 유역과 요동북부, 압록강 하류의 좌안, 두만강 유역 및 연해주, 아무르강 하류에 걸쳐 신석기 가장 마지막 단계에 등장한다. 그런데 이중구연토기의 특징도 차이가 있지만 이와 함께 공반되는 토기 기형과 토기 문양 등이 평저토기문화권에서 크게 차이가 있다. 크게 이중구연토기는 두 가지 종류로 나눠진다. 구연단 뿐만 아니라, 동체부에도 점토를 부착하는데, 종방향으로 여러 줄 부착한 후, 그 하단에도 횡방향으로 마무리되는 것(그림56-19~23)으로 편보문화와 그 영향을 받은 지역에서만 확인된다. 이와는 달리는 동체부에는 점토띠가 부착되지 않고 구연만 이중구연으로 표현되는 형식(그림56-40·41)인데, 자체발생한 지역으로 생각된다. 그 중 후자가 동북한문화지역과 관련된 것으로 이러한 형식의 이중구연토기는 아무르강 하류까지도 확인된다.

(1) 편보문화와 그 영향을 받은 지역

하요하 유역의 '편보문화' 토기가 가장 대표적인데, 요동북부 및 태자하 유역의 마성자 하층, 압록강 유역의 쌍학리와 신암리 제4지점1문화층, 청천강 유역의 당산하층과 상층까지 출토된다. 이러한 토기들 가운데 구연에 연접되어 부착될 뿐만 아니라라 구연단 아래에 점토띠가 부착되어서 돌대문(그림56-15·22)처럼 표현되기도 한다. 조공가 1기(그림56-10·11)의 토기는 점토띠의 단면이 불룩하다. 이는 점토띠를 구연단 끝에 붙인 후 그 부분을 눌러서 점토띠 상면을 각목(그림56-10)을 새겼기 때문에, 점토의 단면이 불룩한 것으로 제작 상 의도적으로 돌대문으로 표현한 것이 아니다. 동고대산 2기(그림56-9)의 토기도 평면상에서는 점토띠가 구연에서 떨어져 돌대문처럼 보이지만 단면에서는 같은 유적의 이중구연토기(그림56-8)와 같다. 삼당유적 1기(그림56-22·23)의 토기도 동고대산 유적의 이중구연토기와 단면상 거의 유사하다. 의도적으로 점토띠를 구연단과 일정 거리를 두고 부착하는 돌대문토기와 차이가 있다.

따라서 점토띠가 구연단과 떨어져서 부착된 토기는 돌대문토기로 제작된 것이 아니기 때문에 구연부를 장식하고 있다는 개념에서 이중구연토기로 통일하고자 한다. 이들 토기는 대부분 발형이다. 하지만 신암리 3지점 2문화층이나 1지점처럼 호형토기의 경부에 점토띠가 부착되는 것은 확실히 이중구연과는 달리 제작 상 의도적인 차이가 보이기 때문에 돌대문토기(그림56-8)라고 칭할 수 있다.[14]

그런데 삼당 1기와 조공가 1기는 공반된 '之'자문 토기의 유무로 보아서 시간적인 차이가 있다(궈다순·장싱더 2008). 이는 이중구연토기에서도 변화가 보이는데, 삼당 1기와 동고대산 2기에서 출토된 토기 구연부에 부착된 점토띠가 대체적으로 납작(그림56-

---

14)

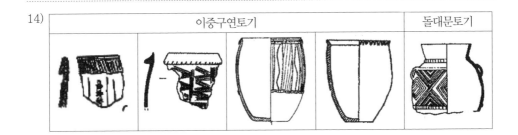

이중구연토기				돌대문토기

표26. 평저토기문화권 서부지역의 이중구연토기와 공반된 토기

토기 / 유적	유적	이중구연			돌대		공반된 토기문양											
		구연연접	구연떨어짐	종방향(세퇴문)	유문	무문	동체	파수	'ㄷ'자문	뇌문	타래문	점열문	삼각문	횡주어골문	종주어골문	평행사선	궁형문	무문
하요하	동고대산2기	○	○	○						○								?
	조공가1기	○		○	○		○											○
요동북부 및 태자하	마성자하층	○	○	○	○		○							○		○		
	石佛山古期	○			○			○		○				○				○
요동남부	삼당1기	○	○	○				○	○									○
	소주산상층	○																
압록강	쌍학리	○	○	○	○		○			○		○	○					
	청등읍				○							○	○					
	신암리3-1					○				○			○					○
청천강	당산하층	○		○	○	○				○			○			○		
	당산상층	○		○	○	?						○						
두만강	1유형	○			○								○			○		
	2유형			○(공열)						○	○	○	○	○				
	3유형			○(공열)						○			○			○		
목단강	1유형												○			○		
	3유형	○			○					○						○	○	○
한카호	1유형	○			○							○	○			○		
	2유형											○	○	○				
	3유형	○					○			○			○				○	
아무르강 하류	콜촘-3하층		○(2줄)		○	○					○							
	콜촘-3중층											○	○			○		
	콜촘-3상층	○				○										○		

8 · 9 · 22 · 23)하고, 조공가 1기의 유물은 구연부에 부착된 점토띠가 불룩한 것(그림 56-10 · 11)으로의 변화는 간취된다.

이중구연토기의 단면모양의 변화차이는 그 상면에 시문된 문양과 관련 있다. 삼당 1

기에서 납작한 단면의 이중구연 상면은 다치구로 찍기 때문에 점토띠를 납작하게 붙여야만 한다. 하지만 조공가 1기의 이중구연토기는 단치구로 각목하기 때문에 점토띠를 불룩하게 붙인 것으로 생각된다. 따라서 이중구연의 상면에 시문되는 문양에 따라서 점토띠의 단면도 영향을 받는 것으로 보인다.

삼당 1기에서는 동체부에 세로로 부착된 점토띠는 곡선과 직선이 모두 사용(그림56-22·23)되다가 조공가 1기에는 직선으로 되고, 눌러서 붙인 흔적이 남아있다. 삼당 1기 완형의 이중구연토기 중에서는 동체부에 점토띠가 부착되는 것 이외에는 다른 문양이 시문된 토기는 확인되지 않는다. 하지만 동고대산 2기에는 뇌문토기(그림56-1)가 확인된다(표26).

한편, 청천강 유역의 당산패총 상·하층에서도 편보문화의 토기가 관찰된다. 당산하층과 상층의 이중구연토기도 삼당 1기와 조공가 1기의 변화처럼 이중구연의 단면이 편평한 것에서 불룩하게 변화하며, 그 상면의 문양형태도 토기 동체부 시문구의 영향을 받는다. 구연부의 점토띠 상단을 시문하는 도구가 다치구에서 단치구로 변화하는데, 동체부에도 그대로 사용하였다.

당산하층에서는 평저 이외에 첨저의 이중구연토기가 확인된다. 기본적으로 대동강 중심의 서북지역은 궁산 1기부터 바닥이 뾰족한 것이 지역의 전통적인 기형이다. 그렇다면 당산하층 평저 이중구연토기는 인접한 압록강 하류의 영향을 받았을 가능성이 있고, 이 시기에 평저토기의 문화권이 서북한 지역에서 압록강 유역으로 국한되던 것이 청천강 유역까지 넓어진 것으로 파악 가능하다(김재윤 2013c). 이미 동북한에서 평저문화권이 강원도동해안까지 포함되다가 5000~4700년 전 정도에 두만강 유역으로 국한되었다는 연구가 있다(김재윤 2010c).

편보문화의 토기가 공통적으로 확인되지만, 이 문화의 중심지역과는 달리 압록강 유역과 청천강 유역은 공반유물에서 차이가 있다. 당산하층에서는 침선문 기법으로 시문된 횡주어골문, 평행사선문이 시문된 토기와 함께 편보문화의 이중구연토기가 출토되는데 이러한 현상은 하요하 유역과 차이가 있다(표26). 즉 삼당 1기에서는 '之'자문 토기가 공반되는 것으로 보아 당산상층보다 이른 것으로 생각된다.

또한 편보문화의 영향을 받은 지역에서는 이중구연 발형토기 이외에도 삼환족기, 고

표27. 평저토기문화권 신석기 후기의 토기기종

토기 / 유적	유적	발형	잔발	호형	파수	고배	삼족기 실족	삼족기 환형(삼환족기)	뚜껑	우
요동남부	소주산상층	○		○		○	○	○	○	○
	삼당1기	○	○			?	○			
하요하	동고대산2기	○	○	○						
	조공가1기		○		○					
요동북부 및 태자하	마성자하층	○	○		○(호? 발?)					
	石佛山1기	○			○(종교)	○		○		
압록강	쌍학리	?	○	○						
	청등읍	?	○	○	○	○				
	신암리3-1	?	○	○		○				
청천강	당산하층	○	○							
	당산상층	○		○						
두만강	1유형	○								
	2유형	○								
	3유형	○	○							
목단강	1유형	○								
	3유형	○								
한카호	1유형	○								
	2유형	○			○					
	3유형	○			○					
아무르강 하류	콜촘-3하층	○								
	콜촘-3중층	○								
	콜촘-3상층	○								

배형토기, 파수부 잔 등 다양한 기형과 공반된다(표27). 고배는 요동남부, 요동북부, 압록강 하류의 좌안까지 출토되고 있다. 그러나 삼족기형 토기는 압록강유역을 경계로 석불산 1기에서는 보이지만, 압록강 하류의 좌안에서는 확인되지 않는다(표27).

(2) 편보문화의 영향을 받지 않은 지역-재지 발생

동북아시아의 신석기 후기 이중구연토기가 나타나는 지역 중에서 편보문화의 영향을 받지 않는 지역이 있는데, 동해안 북부로서 이른바 두만강 유역, 한카호 유역, 목단강 유역이 포함된다.

아무르강 하류가 5000년 전 이후의 동해안 북부에 포함되는지에 관해서는 아직까지 뚜렷하게 밝혀진 바가 없으나 이 지역도 신석기 후기에 이중구연이 나타나는 현상이 있다. '편보문화'의 토기 영향을 받지 않은 지역으로, 순수하게 구연부에만 점토띠가 부착되어 연해주와 공통점이 있다(김재윤 2013c).

편보문화 영향을 받은 지역에서는 자료관찰의 한계 때문에 이중구연토기 자체의 지역성은 크게 구분할 수 없었다. 하지만 이중구연토기가 자체 발생한 지역에서는 지역성이 드러난다. 앞서 분석한 두만강 유형 중 2유형과 3유형에서는 토기의 내면에서 시문구로 찔러서 구연단의 외면을 불룩하게 공열문(그림56-34)처럼 표현하였다. 한카호 유역의 3유형에서 단면이 볼록한 것으로서 돌대의 아랫단에 힘을 주어 파상처럼 새긴 것이 있는데, 이것은 한카호 유역에서는 3유형, 목단강 유역에서는 2유형부터 확인된다(김재윤 2012a). 아무르강 하류에서는 돌대가 2줄 부착된 것(김재윤 2013, 도면11-9)이 있는데 두만강과 목단강 등에서는 보이지 않는다. 또한 두만강 유역의 이중구연토기는 전체 토기 가운데서 그렇게 비중이 높지 않고 횡주어골문이나 평행사선문의 비중이 높다(김재윤 2010a). 하지만 한카호 유역과 목단강 유역에서는 이러한 이중구연토기가 다량으로 출토된다(2012a · 2012b).

이 지역에서는 앞서 설명한 편보문화의 영향을 받은 지역에서 확인되는 다양한 토기 기종은 확인되지 않고, 발형토기[15]가 주요하다. 확실히 양 지역은 이러한 점에서 차이가 있는 것으로 보인다(표27).

이 지역의 이중구연토기는 재지적으로 발생했을 가능성이 크다. 이는 이 지역의 신석기 후기가 이 전 단계의 보이스만 문화로부터 발전했다는 설(김재윤 2009b)에 역점을

---

15) 발형토기는 구연부와 저부가 같은 비율의 통형, 구연부가 저부에 비해서 넓은 것, 구연이 외반하면서 동체부가 불룩하게 된 것(그림56) 등을 모두 통칭하는데, 이것은 구연부와 경부가 현저하게 발달한 호형토기나 옹형토기와는 차이가 있다.

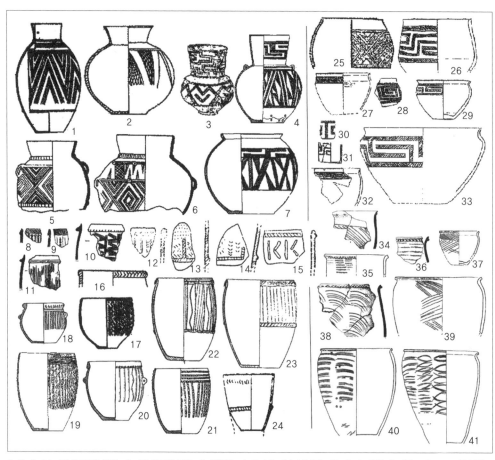

1·8·9·11·17:동고대산2기, 2·16:곽가촌상층, 3:쌍학리, 4·7·18~21:남보력고토, 5·6:신암리1지점, 12~15:당산패총, 22·23:시당1기, 25:농포, 26:자이사노프카 1, 27·32:시니가이, 28:검은개봉, 29·33·40·41:레티호프카, 30·31:서포항4기, 34:그보즈제보 4, 35·36·38:알렉세이 니콜스코예, 37·39:보골류보프카

그림56. 평저토기문화권의 서부지역(1~24)과 동부지역(25~41) 뇌문토기와 이중구연토기(김재윤 2015b 재인용)

둔 것이다.[16] 특히 아무르강 하류의 콜촘−3 유적에서는 타래문이 시문된 돌대문이 부

---

16) 물론, 자이사노프카 문화가 기후변화와 함께 만주지역에서 이동했을 것이라는 의견(보스트레초프 2005)도 있으나 인접한 목단강 유역은 같은 두만강 유역, 한카호 내륙과 같은 문화지역에 포함됨

164   접경의 아이덴티티 : 동해와 신석기문화

착된 토기가 가장 아래층에서 확인되고, 시간이 갈수록 돌대문토기가 이중구연토기로 변화하는 현상이 층서로 나타나는데 재지발생의 가능성을 엿볼 수 있다.

이중구연토기의 마지막 연대는 신석기시대의 마지막 연대로 청동기시대의 시작 시점과 연결해서 생각해 볼 수 있는데, 동해안 북부지역에서는 대략 3800년 전인 것으로 알려졌다(김재윤 2009b).[17] 편보문화의 영향을 받은 지역에서 청동기시대 시작 시점은 고대산문화-기원전 17~12세기(경기도박물관 2010), 쌍타자 1문화층-기원전 20세기 이전(김재윤 2007), 마성자 1기-기원전 18세기(천선행ㆍ장순자 2012)이다.

이중구연토기가 한반도 북부에 등장할 무렵은 평저토기문화권의 남한계선이 변화함을 알 수 있다. 동해안에서 평저토기의 문화권이 동해안중부에서 동해안북부로 변화하는 시점이 5000~4700년 전 무렵으로, 두만강의 자이사노프카 문화, 서포항 상층문화, 금곡-흥성문화(동북한문화지역의 두만강 1유형)가 나타나는 시기로 추정된다(김재윤 2010c). 서북한에서도 당산하층에서 평저와 첨저의 이중구연토기가 확인되고 당산상층에서는 더 이상 첨저토기가 확인되지 않는다. 즉, 당산하층에서는 서북한 평저토기문화권이 압록강 유역에서 청천강 유역으로 이동함을 알 수 있다. 앞서 지적한 바와 같이 당산하층의 연대는 삼당 1기보다 약간 느린데 5000~4800년 전 시기 사이의 어느 시점 일 것이다(김재윤 2013c).

2) 뇌문토기

동북한지역의 뇌문토기는 한반도 서북지방과 관련성이 많은 것으로 고찰한 바 있다(김재윤 2007). 그런데 이 뇌문토기가 최근에는 요서지역 남보력고토(南宝力皐吐) 유적(文物出版社 2010)에서도 확인되는 것으로 보아서 평저토기문화권 전역에서 확인된다. 뇌문토기는 기형이나 시문방법, 문양형태가 지역적으로 구분되는데, 호형의 뇌문토기가 많이 출토되는 지역에서 편보문화의 이중구연토기가 출토되며, 발형의 뇌문토기는

으로 그곳에서 이동했다는 설은 크게 의미가 없다.

17) 동북한의 신석기시대 마지막 연대를 3800년 전으로 상향조정하였는데(김재윤 2012b), 연해주와 두만강 내륙의 청동기시대 시작 시점과 관련되어 있다.

표28. 평저토기문화권의 신석기 후기 이중구연토기와 뇌문토기를 통한 병행관계(김재윤 2015b 재편집)

연대	평저토기문화권 서부지역						평저토기문화권 동부(환동해문화권)			아무르강 하류
							동해안북부			
	하요하	요동남부	태자하	요동북부	압록강 하류좌안	청천강	두만강	한카호	목단강	아무르강 하류
5000		소주산 中								
		삼당1기				당산 하	자이사노프카·노프카·홍성-금곡·서포항 상층문화	자이사노프카·노프카 문화	목단강 1유형	
4800	소하연문화	동고대산2기 / 소주산上, 곽가촌 ↓			쌍학리	당산 상	두만강 1유형 / 두만강 2유형	한카호 1유형	앵가령하층	콜촘-3 하
4400		조공가1기	마성자B동굴 하층 ?	석불산1기 ?	신암리 1지점					보즈네세노프카
	남보력고토	?			신암리 3지점 1층		두만강 3유형	한카호 2유형	목단강 2유형	콜촘-3 중
3800	고대산문화	쌍타자	마성자1기	석불산2기	신암리 3지점 2층		홍성 마르가리토프카	한카호3 (청?) / 청동기	목단강 2유형 / 청동기	콜촘-3 상 / 청동기

단순한 이중구연토기가 출토되는 지역에서 주로 확인된다(그림56).

서부지방은 일부유적을 제외하고는 호형(그림56-1~7)이 주를 이룬다. 동고대산 2
기부터 시작된 뇌문토기는 늦은 단계의 남보력고토 유적이나 신암리 유적까지도 호형이
주가 된다(김재윤 2015b). 하지만 동부지방의 뇌문토기(그림56-22~33)는 주로 발형
이나 동체부가 부풀고 구연부가 외반한 기형에 시문되어 있다(김재윤 2007).

양 지역의 뇌문토기는 문양 종류와 문양을 충진하는 방법에서도 차이가 나타난다. 주
로 서부지방의 문양형태가 삼각형이나 요철형, 능형 등이 주요한 반면에, 동부지방은
대체로 'ㄷ'자형이나 'ㄴ'자형이 많다(김재윤 2015b). 서북지방의 뇌문 충진방법은 침선
문으로 문양 형태를 그린 후 그 내부는 침선문으로 채우는 것이 대부분이다. 하지만, 동
부지방의 뇌문토기는 뇌문형태를 충진하는 방법이 다치구의 압인이나 단사선으로 채워
지고 있으며, 연해주 내륙으로 갈수록 모티브가 지워지고 대충 침선으로 충진해서 문양
을 시문하고 있다(김재윤 2007).

평저토기문화권의 서부지역과 동부지역의 차이점은 앞으로 여러 방향으로 고찰할 필

요가 있다. 현재까지 진행된 연구로 살펴보면 양 지역의 경계도 다른 양상을 보인다. 청동기시대가 되면서 평저토기문화권은 무문토기문화권으로 바뀌게 되는데, 서부지역의 요서지역은 동일 문화권이지만 신석기 후기가 되면서 지역성이 구분되는 하요하지역으로 부터의 문화요소가 관찰될 뿐만 아니라 전혀 다른 문화권인 초원지역으로 부터의 들어온 문화 등이 혼합되는 양상을 보이고 있어 한층 심층적인 연구가 필요하다. 더욱이 평저토기문화권의 특징인 뇌문토기와 이중구연 세퇴문토기가 소하연문화 전체에서 확인되는 것은 아님을 볼 때 소하연문화에서도 시간차이를 두고 받아들이는 것으로 보이는데, 이에 대해서도 연구되어야 할 것이다.

동부지역 경계는 아무르강 하류의 보즈네세노프카 문화인데, 이 지역과 연해주의 지역 관계는 중간 타이가 지역으로 인해서 연구가 진척되지 못하였다. 이 지역은 이미 연구된 바와 같이 공통적인 요소는 존재(김재윤 2013c)하지만 청동기시대가 되면서 동북아시아 청동기시대 문화와는 거리가 있다. 무문토기가 출토되지만, 동북아시아의 청동기시대 특징요소인 지석묘나 비파형동검 등이 출토되지 않으며, 비교적 짧은 시간동안 청동기시대가 존재한다. 또한 무문토기문화권으로 넘어오면서 각 지역의 문화권이 분화되는 과정을 고려해 볼 때 두만강 유역의 청동기시대 양상과는 거리가 있을 것이다.

이 외 평저토기문화권의 서부지역과 동부지역은 무덤문화에서도 차이를 보인다. 서부지역에서는 본격적으로 무덤이 주요한 문화는 요서지역의 홍산문화부터이며, 소하연문화에서는 주거공간과 완전히 분리된 대규모 무덤 유적이 확인된다. 요동지역은 소주산 3기 등으로, 그 이전시기[18]와는 달리 주거 공간과 분리되어 무덤이 등장한다. 하지만 동부지역은 신석기시대 후기에 무덤이 확인된 예가 없고 범의구석, 금곡, 레티호프카 유적의 예(김재윤 2016)를 볼 때 주거지를 무덤으로 전용해서 사용하는 경우가 확인된다. 양 지역의 차이점에 대해서는 다각적인 연구가 앞으로 필요하다.

---

18) 요서지역의 흥륭와 문화에서는 주거지내에 토광을 파서 무덤을 만든 실내장(室內葬)이 존재하는 것으로 보아서 주거와 무덤 공간이 공존하는 상태로 생각된다.

5. 평저토기문화권의 신석기 '후기'

　필자는 여러 원고를 통해서 5000년 전 이후를 신석기 후기라는 개념을 사용하였다. 그런데 이 연대는 한반도 신석기문화 특히 한반도 중서부 및 남부지방에서 사용하는 후기의 개념과는 차이가 있다. 러시아 절대연대가 대부분 비보정연대여서, 한반도 신석기시대연대도 비보정된 것과 비교하면, 남부지방은 Ⅳ기, 중서부지방은 Ⅱ기 등에 해당된다(소상영 2014). 전자는 수가리 I 식으로 대표되며, 후자는 2부의 구분문계 토기가 기준이 된다. 즉 한반도 신석기시대의 관점에서는 5000년 전 무렵은 후기가 될 수 없다는 논지가 전개될 수도 있다.

　그런데 필자가 5000년 전을 '후기'라고 생각하는 것은 평저토기문화권에 초점이 맞추어졌기 때문이다. 이 시점은 평저토기문화권 전체에서와는 달리 거의 모든 지역에서 신석기문화가 확인된다(표28). 가장 가까운 요동북부지역 앞시기에서는 석불산 유형, 요동남부에서는 소주산 상층, 요서지역의 소하연문화가 확인되며 두만강 유역 및 연해주에는 본고에 담겨있는 내용이다.

　뿐만 아니라 여러 문화에서 확인되는 공통적인 변화는 타 지역과의 교류 혹은 영향이 관찰된다. 대표적인 곳이 요동 남부와 요서지역인데, 요동남부는 산동반도로 부터 소주산중층문화때 부터 교류의 흔적이 확인되지만 기형변화 및 토기태토나 색조의 변화 등이 확실한 시점은 5000년 전이 기점이 되는 소주산 상층이다(김재윤 2015b). 또한 소하연 문화에서는 평저가 아닌 첨저토기문화권으로 부터의 영향이 토기 뿐 만 아니라 요서지역 석기 등에서도 관찰된다. 석인골병도와 같은 유물은 바이칼 유역 등에서 후기 구석기시대부터 확인되는데, 소하연문화에서 나타난다는 점은 이 지역과 외부문화권과의 어떤 형태의 교류가 있어왔을 것으로 추정된다(김재윤 2015b). 또한 연해주 및 두만강 유역 일대의 자이사노프카 문화 및 서포항 상층문화에서도 압록강 유역으로 부터의 뇌문토기 영향이 관찰되는 시점은 4600년 전부터이다.

　각 지역에서 교류한 흔적이 확인된 이후 평저토기문화권은 무문토기문화권으로 변환된다. 그래서 필자는 동북아시아 신석기시대에서 무문토기로 변환되기는 '마지막 시점'

이 5000년 전으로 판단하고 있으며, 평저토기문화권에서 청동기를 사용하기 직전의 '마지막 문화기'라는 의미를 담고 있다.

한국사라는 입장에서 한국신석기시대 연대에 따라서 동해안북부의 연대를 맞추어야 한다는 의견도 찬성하지만, 필자가 이를 맞추는데 주저하는 이유는 한국에 이른 시기 유적이 확실하지 않기 때문이다. 최근 자료에 의하면 가장 연대가 올라가는 제주도 고산리는 7800~7300cal B.C.이다(소상영 2016). 이는 평저토기문화권에서 가장 이른 문화인 오시포프카 문화의 연대와 비교하면 2000년 정도 차이가 있으며, 황하강 유역과도 2000년 정도 차이가 있다. 그렇기 때문에 한국연대에 중국 황하강 유역을 제외하고라도 동북아시아 신석기문화의 연대를 맞추는 것은 역부족이다.

그런데 평저토기문화권은 인접한 중국 신석기시대와의 비교도 고려해야 한다. 중국에서는 현재 황하중류를 기점으로 신석기시대 조기-중기-만기-말기로 편년을 하고 있으며 하상주시대로 전환된다(中國社會科學出版社 2010). 물론 문화권이 전혀 다르고 역사시대의 개념도 차이가 있다. 하지만 신석기시대만 국한된 것이 아니라 한국 고대사의 많은 부분을 중국사서에서 이해하는 부분도 일정부분 고려할 필요가 있기 때문에 일단은 '중국 신석기시대 만기'와 평저토기문화권의 후기는 시간 개념이 다르다는 것을 언급해 두고자 한다.

그림57. 두만강 1유형: 르박-1 이른유형(김재윤 2010a 재편집)

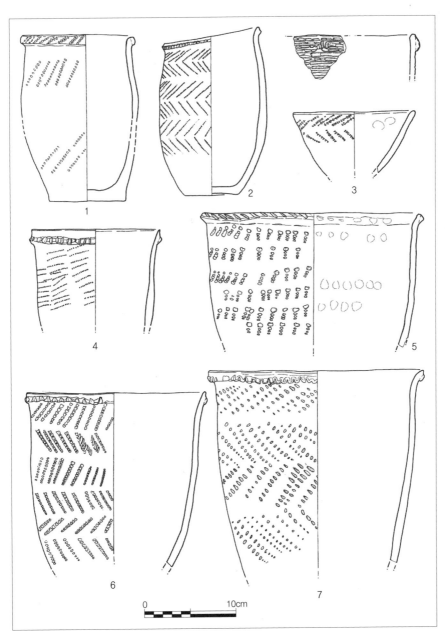

그림58. 두만강 1유형: 올레니-1 이른유형(필자 測)

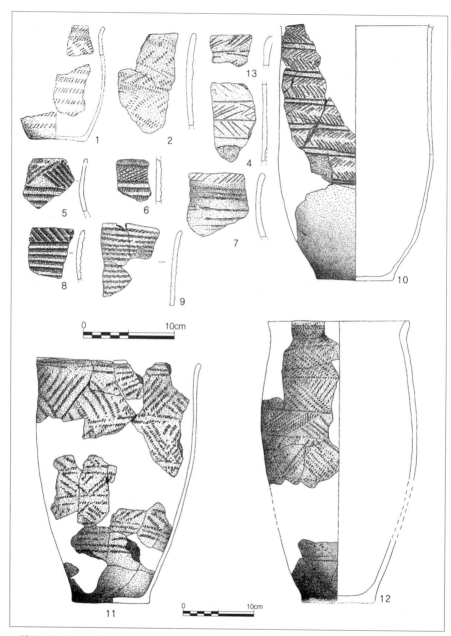

그림59. 두만강 1유형: 보이스만-2 유적 자이사노프카 문화층 이른 유형
(모레바 외 2002; 김재윤 2009a 재편집)

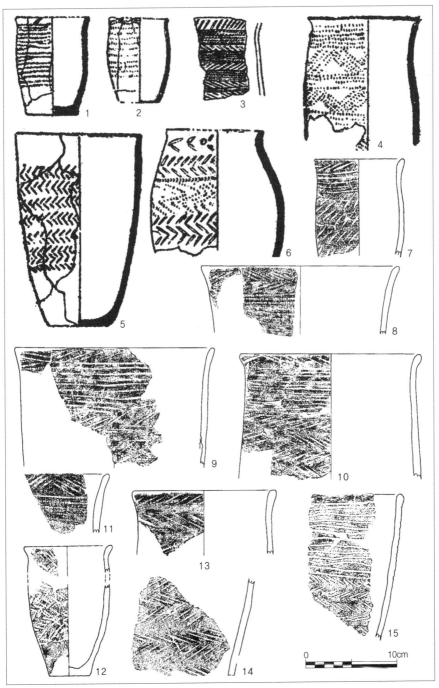

그림60. 두만강 1유형: 서포항 17호(1~3), 서포항 19호(4~7), 자이사노프카-7 유적(8~15)
(김재윤 2009a; Gelman et al. 2005 재편집)

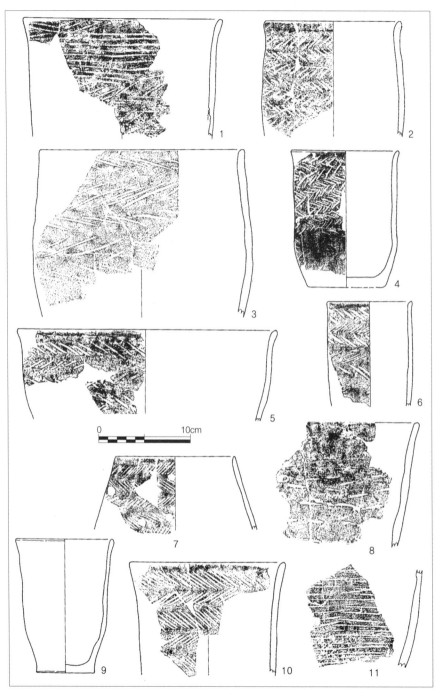

그림61. 두만강 1유형: 자이사노프카-7유적(Gelman et al. 2005 재편집)

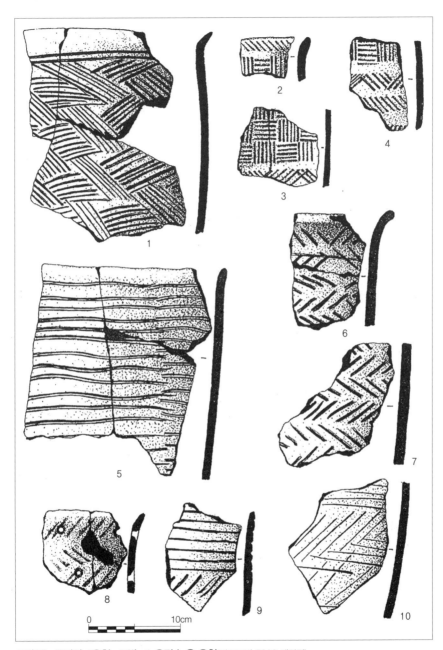

그림62. 두만강 1유형: 르박-1 유적 늦은 유형(가르코빅 2003 재편집)

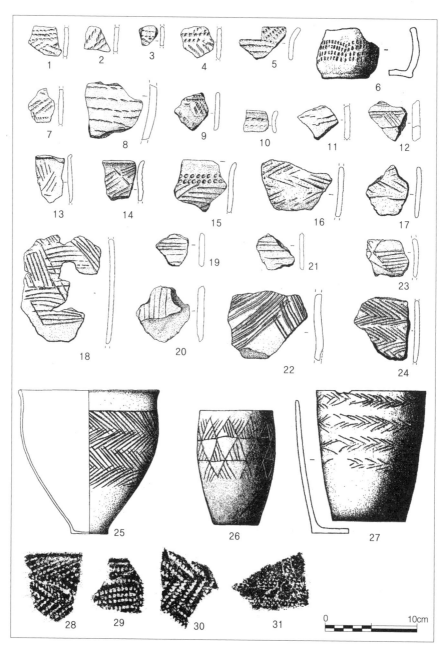

그림63. 두만강 1유형: 보이스만-1 유적(1∼27), 대톤대 유적(28∼31)
(쥬시호프스카야 1998; 吉林省文物志編委會 1985a 재편집)

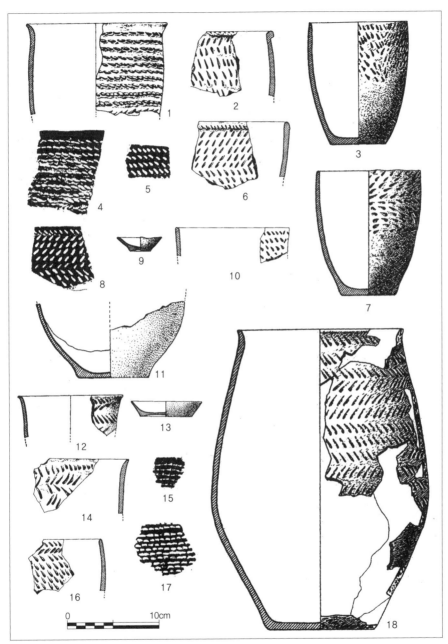

그림64. 두만강 2유형: 흥성 유적 16호(1~11)·1호(12~17)·6호(18)
(延邊博物館·吉林省文物考古硏究所 2002 새편집)

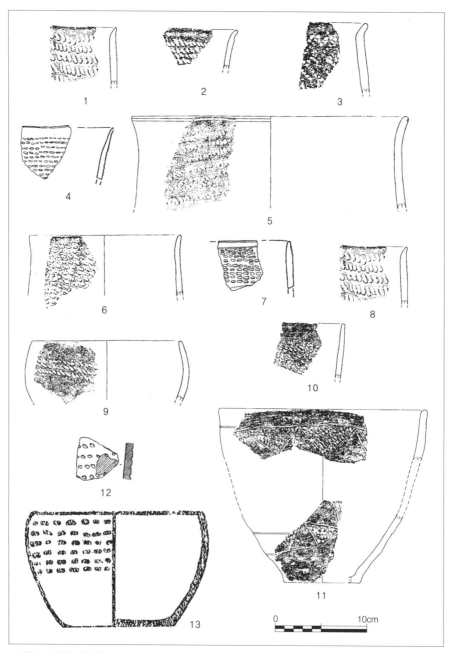

그림65. 두만강 2유형: 자이사노프카-1 유적(1~11), 두루봉 유적(12), 서포항 유적 28호(13)
(김재윤 2010a 재편집)

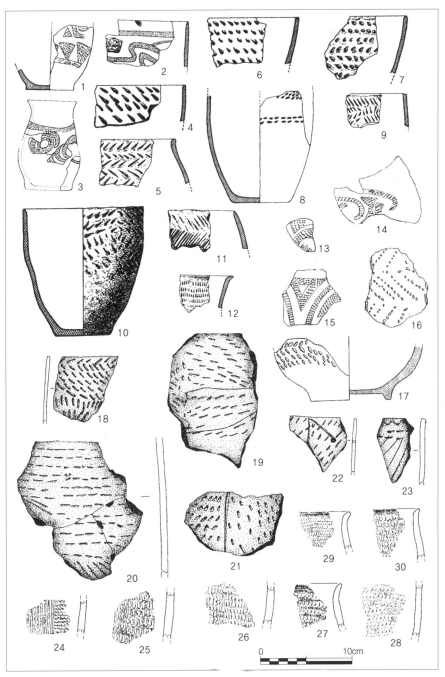

그림66. 두만강 2유형: 흥성 유적 11호(1~9)·14호(10~12), 검은개봉 유적(13~17),
그보즈제보-4 유적(18~23), 클레르크-5(24~30)(김재윤 2010a 재편집)

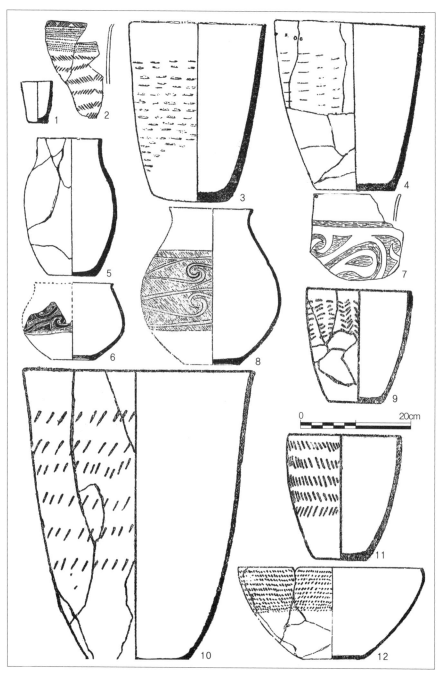

그림67. 두만강 2유형: 서포항 유적 3호(1~4) · 23호(5) · 27호(6 · 7) · 26호(8~12)
(김재윤 2009a 재편집)

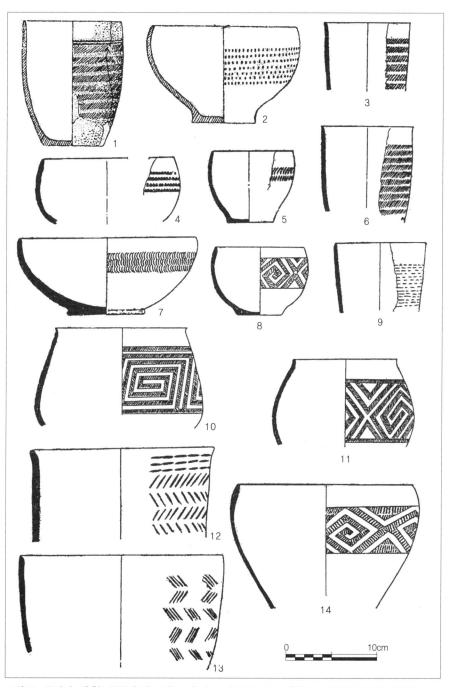

그림68. 두만강 2유형: 금곡 유적 5호(1~3), 농포 유적의 이른 유형(4~14)(김재윤 2010a 재편집)

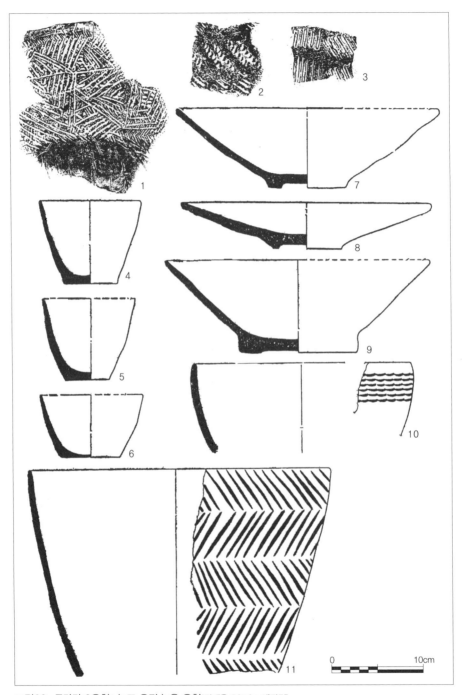

그림69. 두만강 3유형: 농포 유적 늦은 유형(김재윤 2010a 재편집)

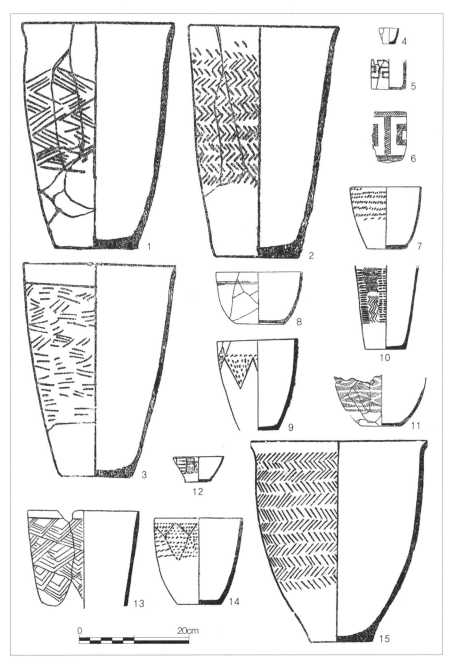

그림70. 두만강 3유형: 시포항 유적 8초(1~3) · 19후(4) · 11호(5~7) · 22호(8~10) · 4기 퇴적층(12~15)
(김재윤 2009a 재편집)

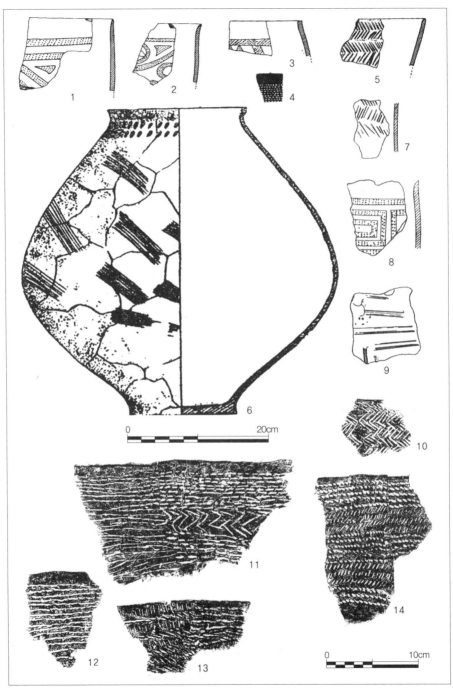

그림71. 두만강 3유형: 흥성 유적 5호(1~5), 범의구석 25호(6~9), 원사대 유적(10~14)
(김재윤 2010a 재편집)

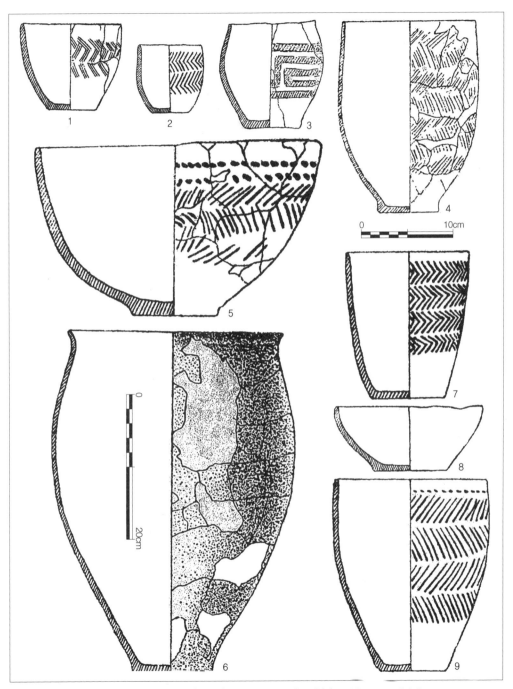

그림72. 두만강 3유형: 금곡 유적 1호(1·7)·3호(2·3·5·6·8·9)·4호(4)(김재윤 2010a 재편집)

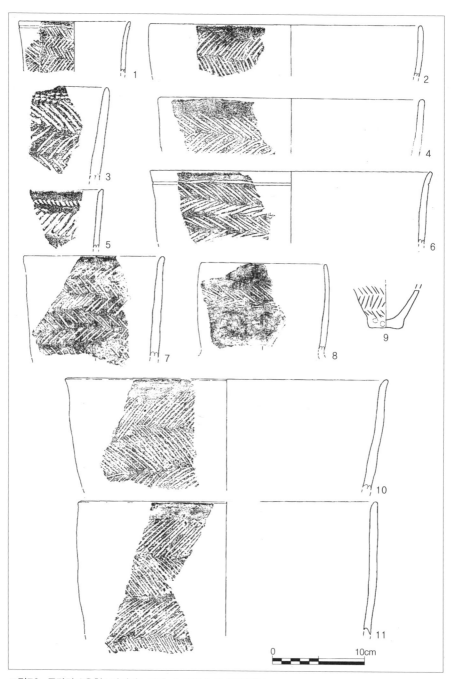

그림73. 두만강 3유형: 자이사노프카−1 유적 늦은 유형(1)(Gelman et al. 2007b 재편집)

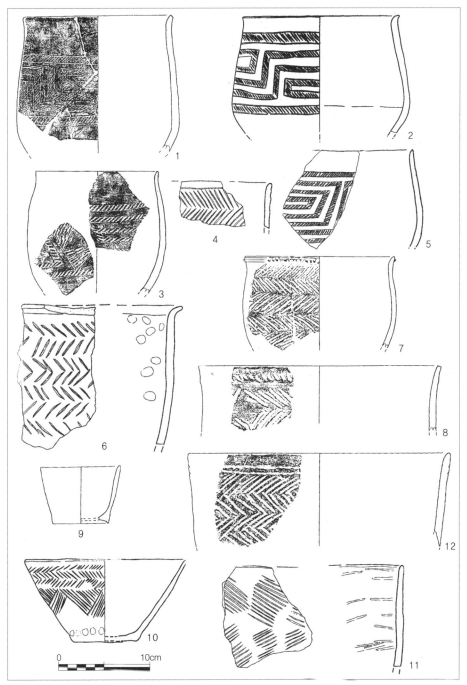

그림74. 두만강 3유형: 자이사노프카-1 유적 늦은 유형(2)
(2·5·7:필자 測, 김재윤 2007; Gelman et al. 2007b 재편집)

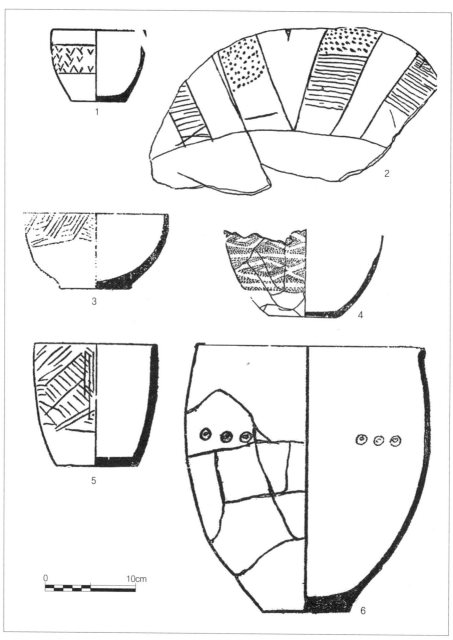

그림75. 두만강 3유형: 서포항 유적 18호(1·4·6)·21호(2)·15호(3·5)(김재윤 2009a 재편집)

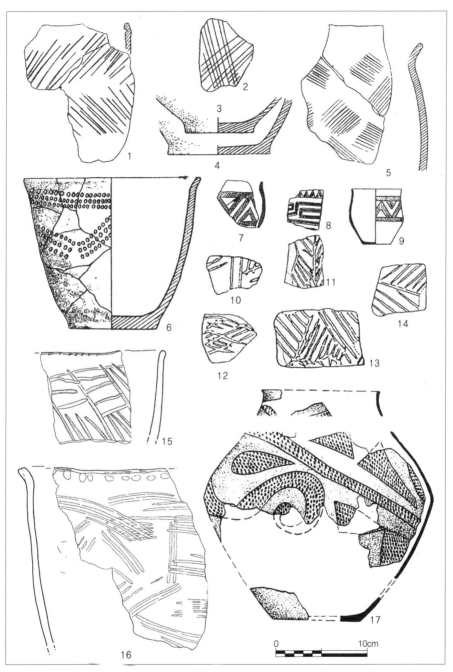

그림76. 두만강 3유형: 호곡 유적 9호(1)·12호(2)·2호(3~5), 송평동 유적 이른유형(7·~9),
남단산 유적(10~14), 올레니 유적 늦은유형(15~17)(김재윤 2010a 재편집)

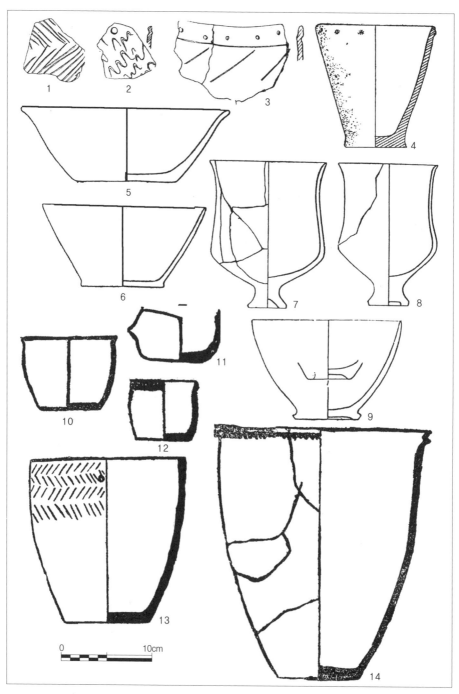

그림77. 두만강 4유형: 검은개봉 유적(1), 범의구석 유적 23호(2·5·6)·1호(3·4·7~9),
서포항 유적 16호(10~12), 서포항 유적 7호(13·14)(김재윤 2010a 재편집)

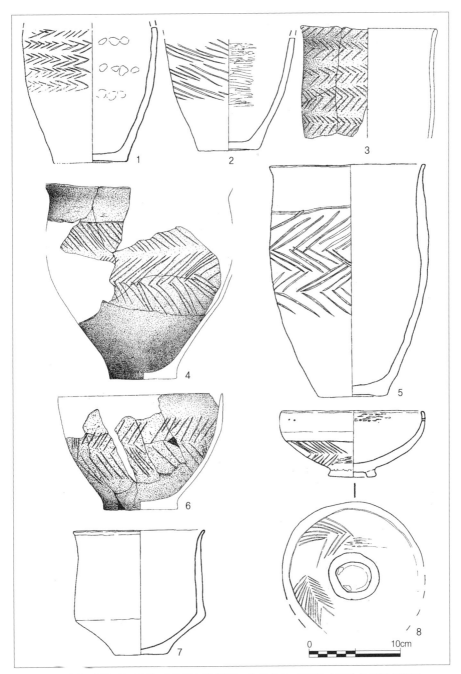

그림78. 두만강 4유형: 보이스만-2 유적 늦은 유형(1·2·5·7 0: 필자 測, 무레바 외 2002 재편집)

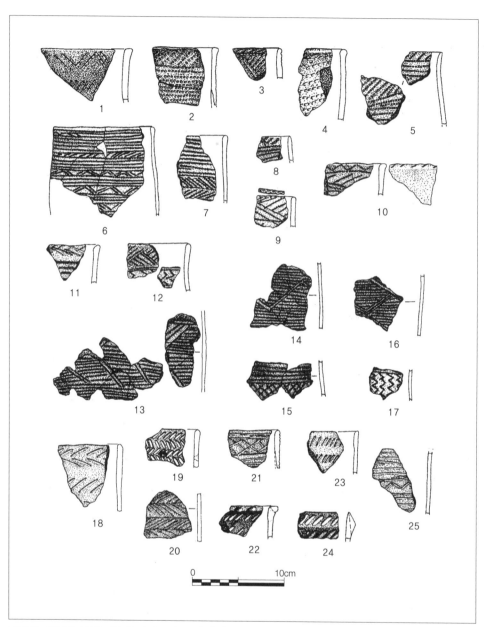

그림79. 한카호 1유형: 루자노바 소프카-2 유적 이른 유형(김재윤 2012a 재편집)

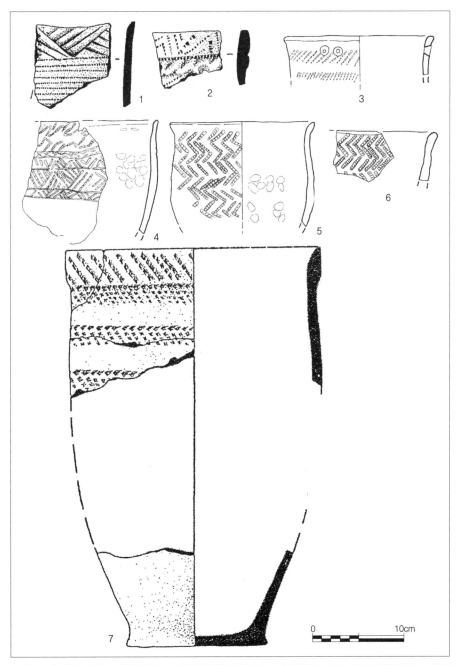

그림80. 한카호 1유형: 셰클라에보−7 유적의 이른 자이사노프카 유형(3〜6:필자 測, 김재윤 2012a 재편집)

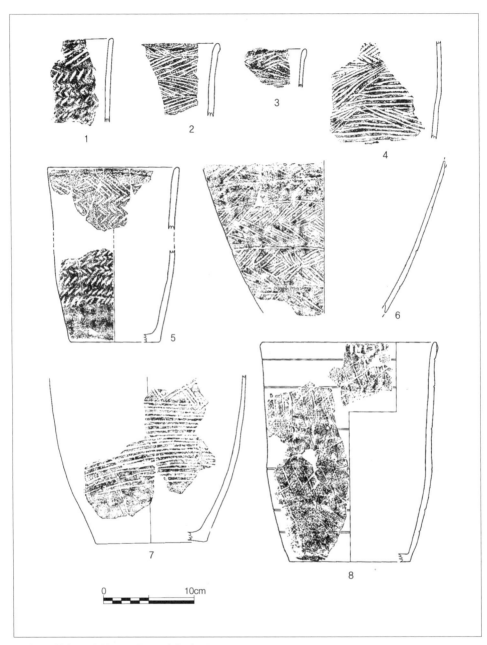

그림81. 한카호 1유형: 크로우노프카 유적 4호(Gelman et al. 2003 재편집)

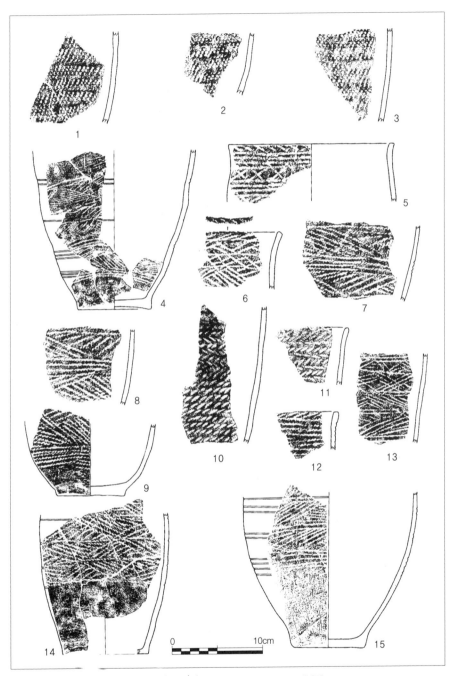

그림82. 한카호 1유형: 크로우노프카 유적 4호(Gelman et al. 2003 재편집)

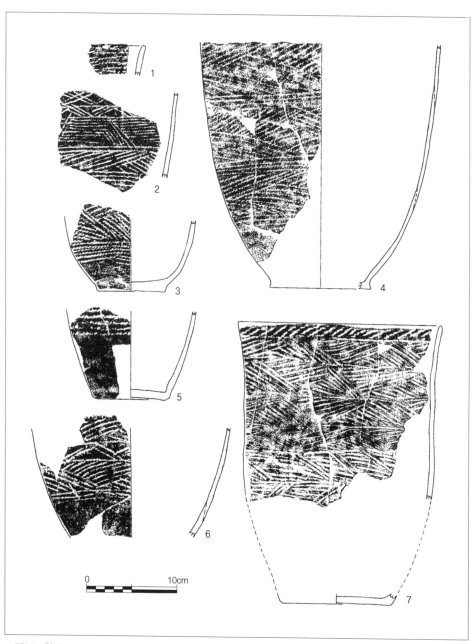

그림83. 한카호 1유형: 크로우노프카 유적 5호(Gelman et al. 2003 재편집)

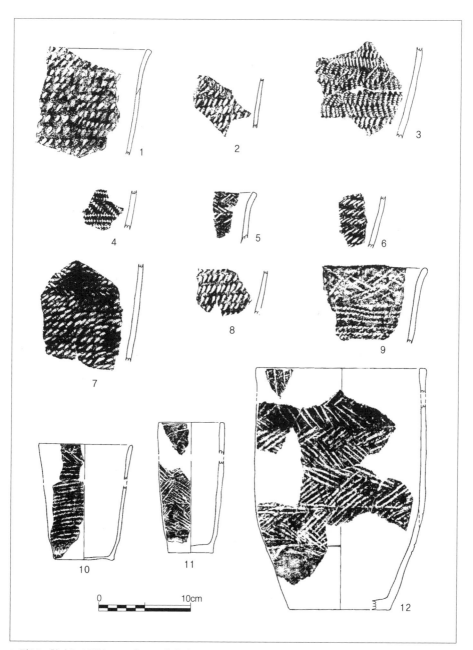

그림84. 한카호 1유형: 크로우노프카 유적 5호(Gelman et al. 2003 재편집)

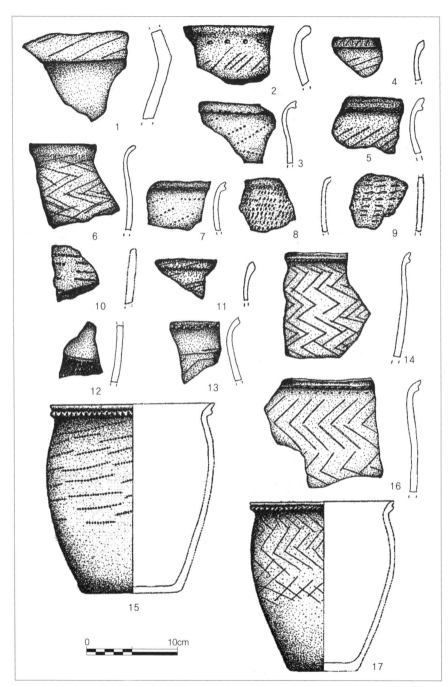

그림85. 한카호 2유형: 시니가이 A 유적(브로단스키 1987 재편집)

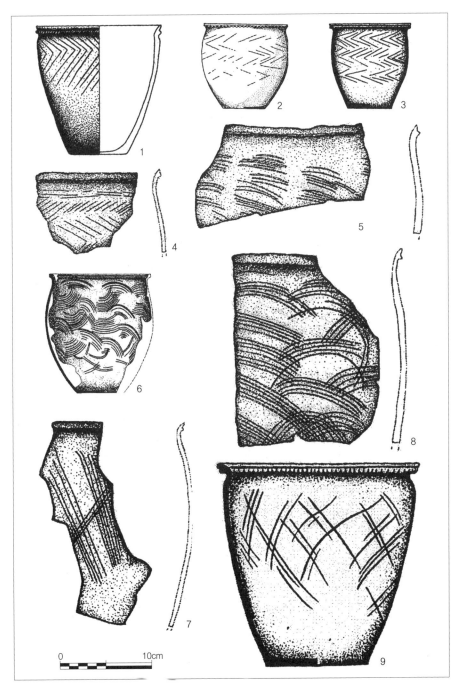

그림86. 한카호 2유형: 시니가이-A 유적(브로단스키 1987 재편집)

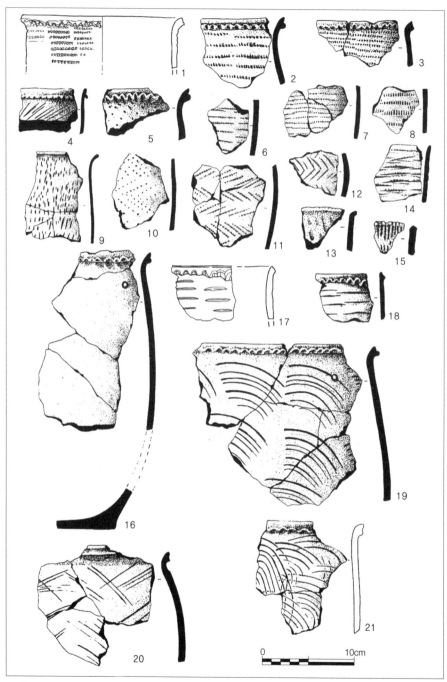

그림87. 한카호 2유형: 알렉세이 니콜스코예-1 유적(가르코빅 외 2004 재편집)

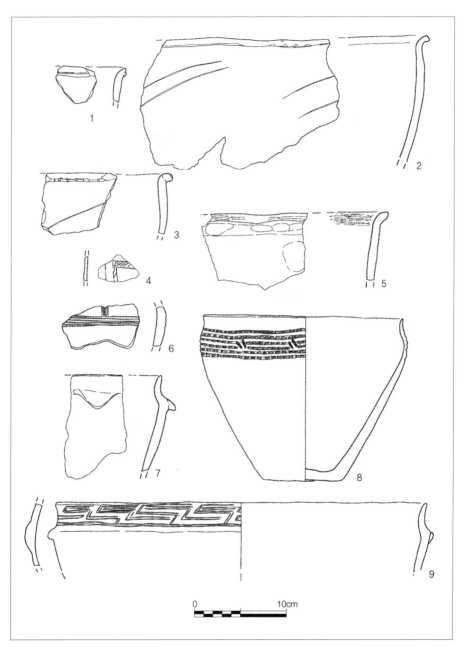

그림88. 한카호 2유형: 노보셸리쉐-4 유적(필자 測)

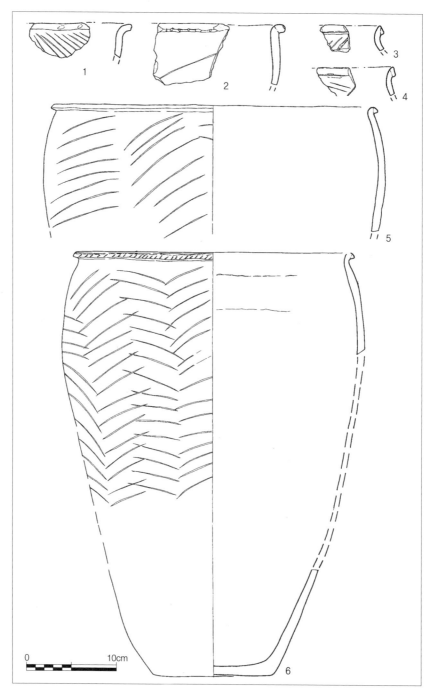

그림89. 한카호 2유형: 노보셸리쉐-4 유적(필자 測)

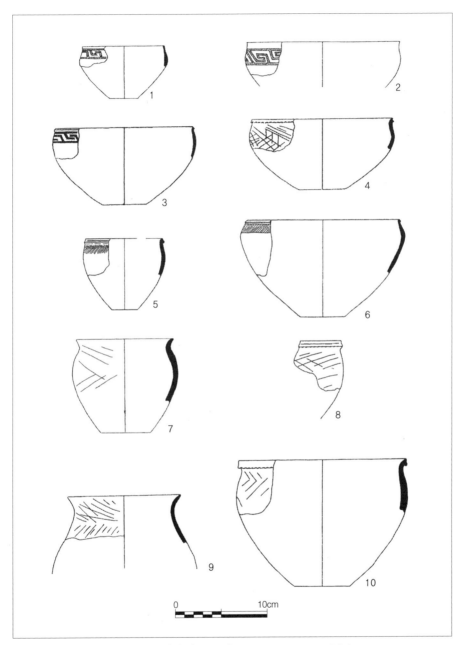

그림00. 한카호 2유형: 크로우노프카 유적 1957년(얀쉬나·클류예프 2005 재편집)

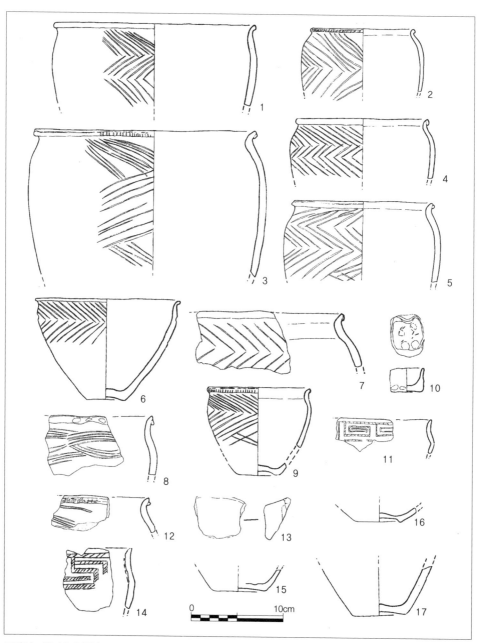

그림91. 한카호 2유형: 보골류보프카-1 유적(필자 測)

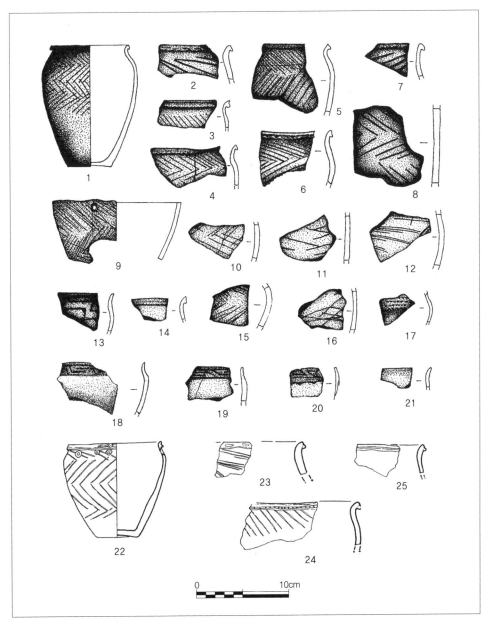

그림92. 한카호 2유형: 루자노바 소프카-2 유적 늦은 유형(1~21), 셰클라에보-7 유적 늦은 자이사노프카
유형(22~24)(22~25 필자 測, 그 외 쿠르티흐 외 2002 재편집)

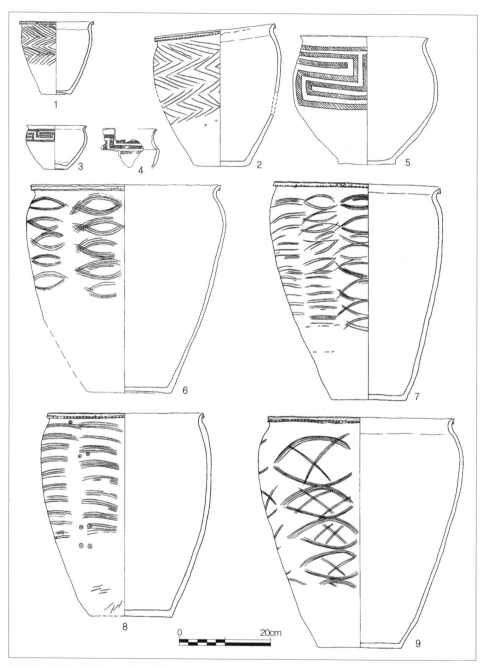

그림93. 한카호 3유형: 레티호프카 유적 2004년(필자 測)

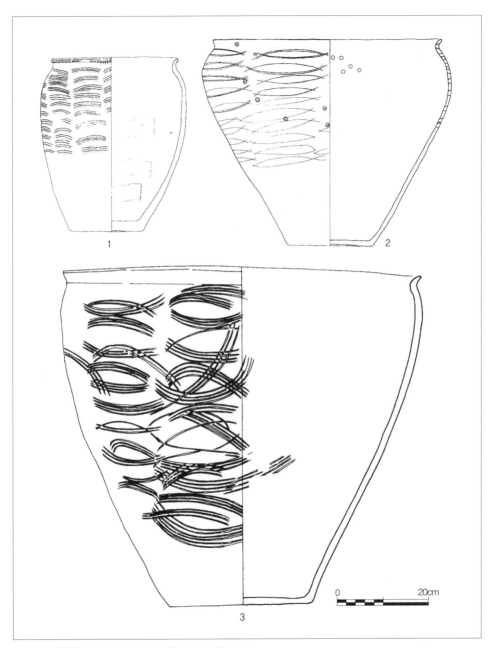

그림94. 한카호 3유형: 레티호프카 유적 2004년(필자 測)

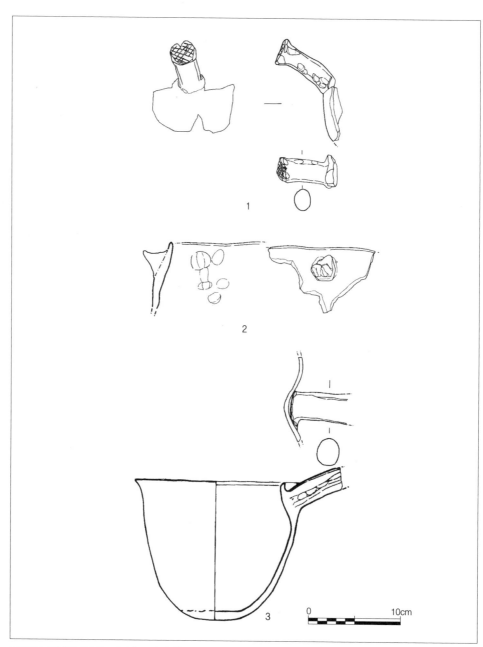

그림95. 한카호 3유형: 레티호프카 유적 2004년(필자 測)

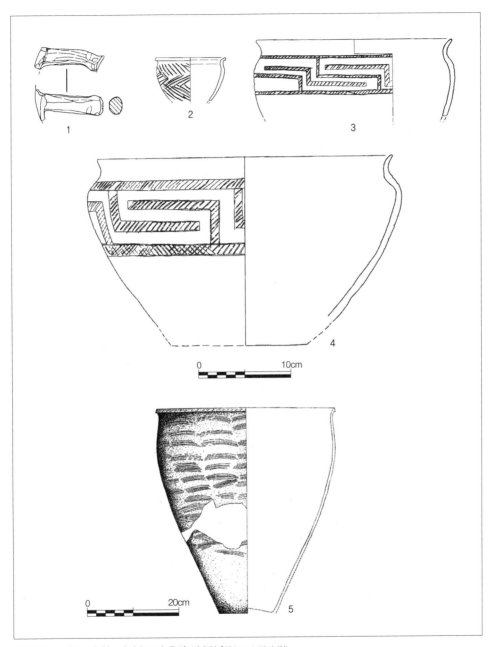

0   10cm

0   20cm

그림96. 한카호 3유형: 레티호프카 유적 1999년도(1~4 필자 測)

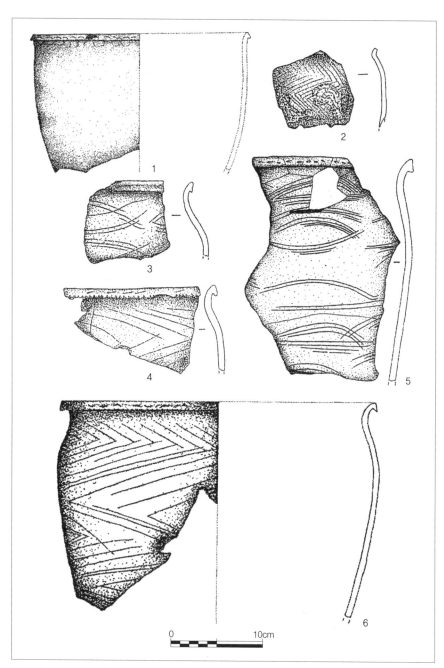

그림97. 한카호 3유형: 레티호프카 유적 1999년

접경의 아이덴티티 : 동해와 신석기문화

그림98. 한카호 3유형: 아누치노-29 유적(필자 測)

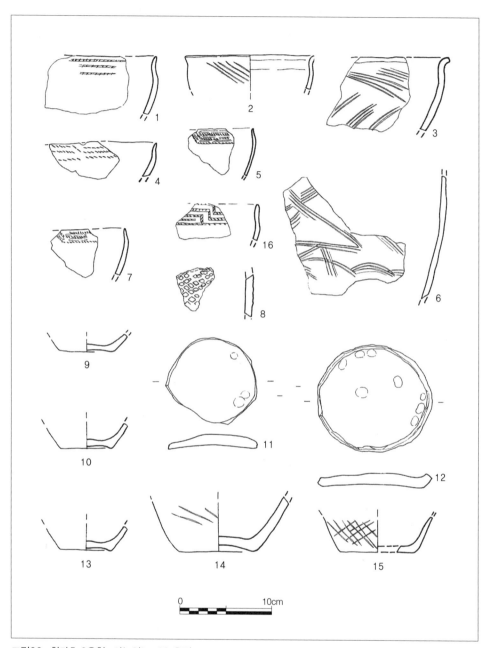

그림99. 한카호 3유형: 아누치노-29 유적(필자 測)

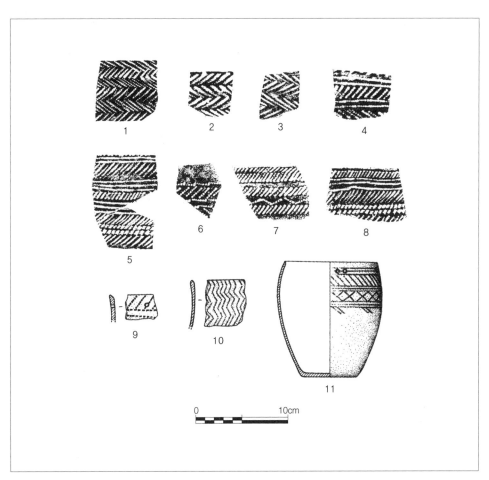

그림100. 목단강 1유형: 진흥 갑조(黑龍江城文物考古研究所 · 吉林大學考古學系 2002 재편집)

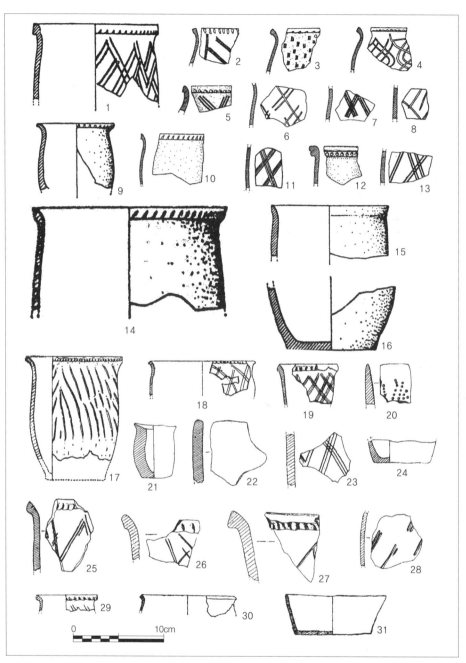

그림101. 목단강 2유형: 서안촌동 유적 4호(1~16), 석회장 유적 3호(17~24)·4호(25~28)
(김재윤 2012b 재편집)

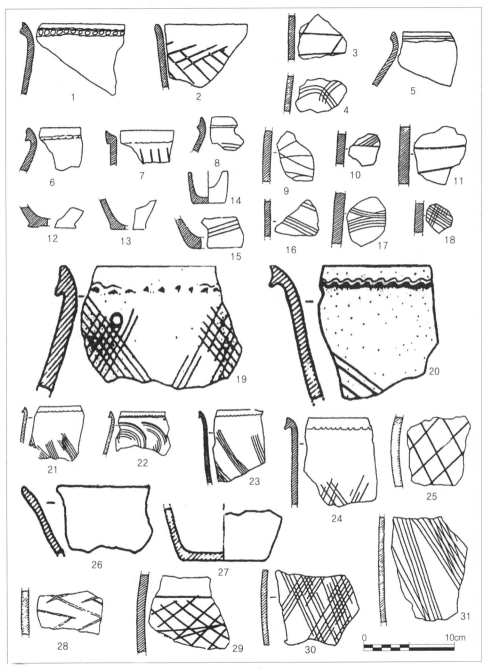

그림102. 목단강 2유형: 참원 유적(1~5), 중산과수원 유적(6~18), 이백호 유적(10~31)
(陶剛·倪春野 2003 재편집)

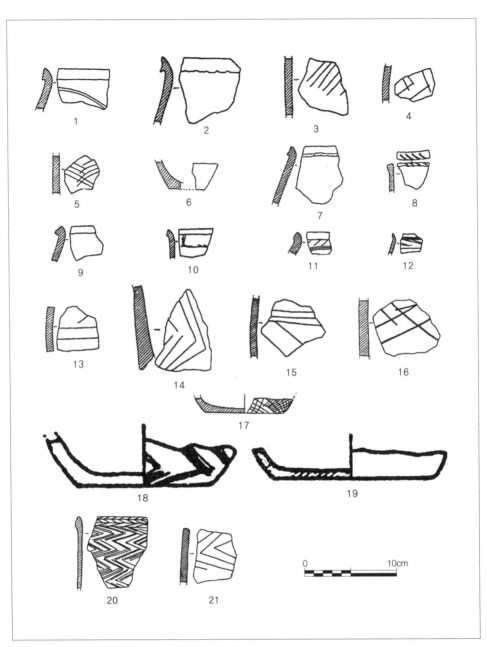

그림103. 목단강 2유형: 후동강동 유적(1~6), 후동강북 유적(7~19), 구리방 유적(20~21)
(陶剛·倪春野 2003 재편집)

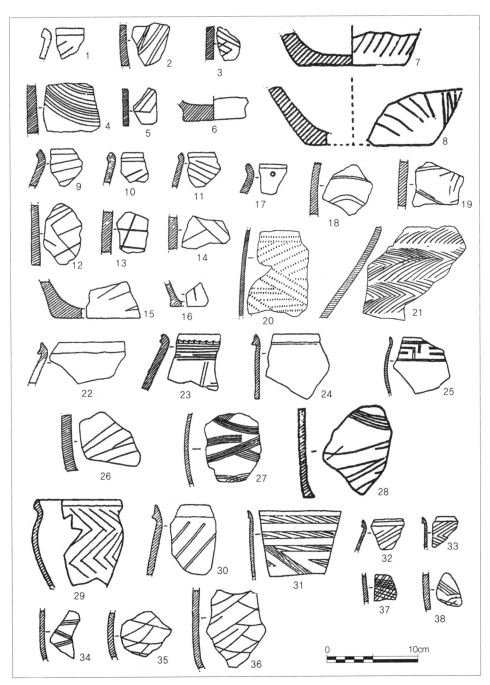

그림104. 목단강 2유형: 만수강동 유적(1~8), 북산 유석(9~16), 민수깅 유적(17~19), 금언구 유적
(20~21), 광명 유적(22~28), 용묘산 유적(29~38)(陶剛·倪春野 2003 재편집)

Ⅳ. 동해안의 기온변화와 수렵채집민의 이동 그리고 문화권

6500~6000년 전에는 한반도 동해안과 연해주, 아무르강 하류까지 고고문화상에서 관련성이 보이지만 5000년 전 이후에는 한반도 동해안에는 한반도 중서부 지역의 신석기문화양상이 들어오게 되고, 두만강과 연해주 일대의 동해안 북부에의 평저토기는 더이상 한반도 동해안에서는 확인할 수 없다. 평저토기문화권의 동부지역 상에서 지역범위의 변화가 생긴다고 볼 수 있다.

신석기시대가 수렵채집이 주요한 생활기반이었던 사회였고, 기온변화로 인한 수렵채집민의 이동(로버트 켈리 2014)은 민족지 자료에서 관찰된다. 뿐만 아니라 고고자료에서도 이동의 결과가 나타나는데, 이를 문화권이라 할 수 있다. 그래서 고고 문화권은 신석기시대 수렵채집민이 인식하고 있던 생활경제권과도 맞닿아 있을 것이다.

동해안에서 시대에 따른 기온의 변화에 관해서는 러시아와 한국에서 연구되고 있는데, 이를 앞 장에서 분석한 결과와 비교해 보도록 하겠다.

고고문화 변화현상과 기후에 관한 상관관계에 대한 연구는 고고학 분야에서 뿐만 아니라 역사학에서도 논의되고 있다. 대표적인 예가 17세기 소빙기에 관련된 연구이다. 인류학적 연구에서도 수렵채집민의 이동현상은 기후와 가장 상관성이 많은 것으로 알려졌다. 필자는 새로운 문화상이 나타나는 현상과 기후변화가 관련이 있을 가능성은 동의

하지만 고고자료에 의한 고고학적인 맥락이 더 중요하다고 생각된다. 특히 자이사노프카 문화는 기후변화 시점과 형성된 시점이 정합하지만, 자이사노프카 문화의 계보가 인접한 만주지역에서 들어왔다는 논점은 고고자료와는 차이가 있음을 앞장에서 밝혔다.

1. 동해안의 자연환경과 기온변화

인간생활에 가장 큰 영향을 주는 것은 생업문제이며, 특히 수렵채집사회에서 가장 큰 변수는 기온과 관련되어 있다. 동아시아 후기 구석기사회는 긴 빙하기를 끝내고 따뜻한 홀로세가 되면서 자연환경도 급변하고 그에 따른 생업도 지역별로 변화한다. 그 생활상을 가장 민감하게 반영하는 유물은 토기이고, 동아시아 역사에서 최초로 등장하게 되는데 이 시점부터를 신석기시대로 인식한다.

동아시아 전역이 공통적인 성격을 띠는 후기구석기시대와는 달리 신석기시대가 되면서 각 지역마다 생업에 차이가 있었고 그 문화양상도 지역적인 구분이 되었다. 중국 장강 이남에는 일찍이 농경이 시작되었는데 원저토기가 출토되었고, 시베리아에는 수렵채집사회가 계속되는데 첨저토기가 등장하였다. 한반도를 포함한 동아시아의 가장 동쪽 지역에서는 정주생활을 하는 수렵채집사회인데 바닥이 편평한 토기가 최초로 아무르강 하류에서 출토된다.

신석기시대 평저토기가 나오는 지역은 중국동북지방, 연해주, 아무르강 하류와 한반도 북부와 동해안이다. 필자가 그간 연구한 바에 의하면 평저토기문화권은 동해를 접하고 있는 동부지역과 서부지역으로 나눌 수 있는데, 본고와 관련이 있는 지역은 동부지역이다. 그 중에서 동해안은 자연지리적으로 태평양의 동북부로서 아무르강 하류에서부터 한반도 동해안까지 이어진다. 또한 동해안에는 태백산맥이 남북방향으로 뻗어나가고 있는데, 낭림산맥, 함경산맥으로 이어지며, 연해주 및 아무르강 하류의 시호테알린 산맥으로 연결된다. 이러한 자연환경조건은 인간생활에 그대로 투영되었을 것이고 문화형태로는 바닥이 편평한 토기를 사용하는 평저토기문화권의 동부지역이자 환동해문화권으로서 인간이 자연환경을 이용할 수 있었을 것이다.

표29. 울산 황성동 세죽 Holocene 중기 해수면 변화(황상일·윤순옥 2002)

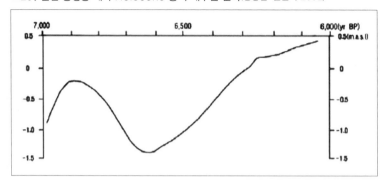

시호테 알린(Сихотэ-Алинь, Sihote Alin)산맥1)은 아무르강 하류에서 블라디보스톡까지 1,200km에 이르는 산맥으로 너비는 250km에 달하며 가장 높은 산봉우리는 토르도키 야니(Тордки Яни)로 높이가 2,090m에 달한다. 산맥의 중심부는 소나무, 낙엽송, 자작나무, 전나무로 덮혀 있다. 이곳에 사는 동물은 아주 다양한데 시베리아 호랑이와 히말라야 곰 등이 살고 있으며, 산맥의 동쪽 해안가에는 물개가 서식한다(베테르니코프 1976).

그런데 이러한 자연환경과 함께 눈여겨 볼 것은 동해안의 기온변화이다. 동해를 공유하고 있는 한국과 러시아 모두 홀로세 기온변화와 관련된 연구가 있다. 먼저 한국에서는 윤순옥과 황상일(2010·2011)의 연구가 대표적이다. 이전의 연구에서는 동해

---

1) 시호테 알린 산맥의 중부 타이가 지대는 2001년 유네스코 자연유산으로 지정되어 있다. 이 곳의 자연경관은 '데르수 우잘라(Дерсу Узала)'라고 하는 영화에서 감상할 수 있다. 데르수 우잘라는 나나이족의 사냥꾼으로 '아르세네프(В. К. Арсеньев, 1872~1930)'가 1910년대와 1920년대에 시호테 알린 산맥을 조사하면서 우연히 데르수 우잘라를 만나서 그의 도움 받은 이야기를 그의 일기장에 적어 두었다. 영화 '데르수 우잘라'는 이 내용을 일본인 영화감독 구로사와 아키라(黑澤明)가 영화화한 것이다. 당시 소련에서 자본을 지원하고 소련 배우가 출현했기에 소련 영화로 알려져 있다. 아르세네프는 19세기 초반에 러시아가 극동을 개발하기 위해서 중앙에서 파견한 군인신분이지만 지질학 조사와 고고학조사를 상세하게 기록으로 남겼는데, 극동의 고고학자 1세대로 여겨진다(클류예프 2003).

의 해수면 높이가 현재와 같은 수준에 도달한 것은 6000년 전 경으로 보았지만(조화룡 1980) 이 연대에 대해서는 비판이 크다(황상일 1998; 황상일·윤순옥·조화룡 1997). 비봉리와 울산 세죽 신석기 유적에서 나온 결과는 6900년 전이고 최근에는 7000년 전 경으로 판단하고 있다(황상일·윤순옥 2011). 이에 의하면 7000년 전 경에 현재와 같은 해수면 높이 혹은 0.5m 정도 낮은 수준에 도달하였으며, 6000~5000년 전 경에는 현재 해수면 보다 0.8~1m 정도 높았고, 지금보다 기온이 1.5~2.5도 정도 더 높은 것으로 예상되었다(황상일·윤순옥 2011, 표29).

러시아에서 동해 기후변화에 의한 연구는 표30에 나타난다. 현재 해수면에 최초로 도달한 것은 7000년 전 정도이며, 해수면의 높이는 현재보다 거의 2m 정도 낮았다. 현재 해수면에 도달한 시점과 현재보다 낮다는 사실은 앞의 황상일·윤순옥(2011)의 연구와 같지만, 그 높이는 차이가 있다. 6000~5000년 전 사이는 현재보다 해수면이 높아서 현재보다는 따뜻한 기간이지만 7000~6000년 전 시기보다는 해수면이 낮아서 7000~6000년 전 보다 기온이 낮다. 또한 해수면의 높이는 일정하지 않고 다른 기간에 비해서 변화의 폭이 심하다. 5000~4000년 전에는 동해안의 해수면이 지금보다 4m 정도 낮아졌다가 4000년 전에는 현재보다 약간 낮은 수준으로 복원되었다가 다시 급격히 추워진다(표30).

이 시점의 한국의 연구는 일산, 김해, 서해안과 동해안 자료는 꽃가루 분석에 의한 자료만 있다. 현재보다 약간 낮다는 의견도 있지만, 정확하지는 않은 것으로 보고 있다(황상일·윤순옥 2011).

현재 동해안에서 신석기시대 유적은 대략 7000년 전부터 나타나기 시작해서 동해안에서 가장 마지막 신석기시대 주거유적은 고성 철통리로 연대가 대략 4200년 전 무렵으로 몰려 있고 야외노지는 안편동, 가평리 등으로 대략 3900~3400년 전 무렵이다. 대략 6200~5700년 전경에 융기문토기와 오산리식토기가 출토되는 유적이 확인되었으며 4700~4600년 전부터 첨저토기가 출토되기 시작된다(소상영 2016의 표3). 그런데 현재의 자료로는 평저토기와 첨저토기문화 사이에는 공백이 있다. 주거지를 근거로 한다면 대략 900년~1000년 간이고, 야외노지를 포함한다 해도 500년간(소상영 2016) 동해안의 유적이 확인되지 않는다.

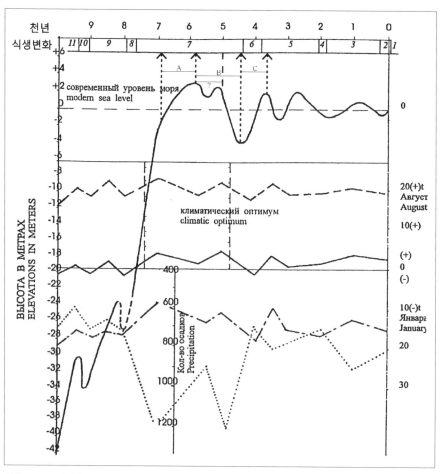

식생   1~4:자작나무와 오리나무가 증가하는 소나무 침렵수림, 5:자작나무가 풍성한 참나무 등 낙엽수림, 6:소나무, 자작-참나무와 자작-오리나무 수림, 7:낙엽수림, 8:한대성 식물의 요소가 확인되는 자작나무-느릅나무 수림, 9:자작나무의 팽창, 10:자작-오리나무 덤불이 확인되는 자작-느릅나무 수림, 11:툰드라 숲의 요소가 확인되는 자작-느릅나무와 자작-오리나무 수림

표30. 동해(카로트키 외 1996)의 해수면 변동표(화살표 필자 표시)

　　동해안이 현재보다 기온이 높은 기간은 7000~5000년 전과 4000~3800년 전 경이다(표30). 7000~5000년 전에는 현재보다 따뜻하지만 기온변화가 심한데, 5800년 전을 기점으로 기온이 내려갔다가 5100년 전까지 다시 따뜻해지다가 그 이후에 다시 기

온이 내려가며 4600년 전까지는 해수면 높이가 지금보다 가장 내려간 시점으로 4m나 내려가는 가장 추운기간이다. 이후부터 4000년 전까지 현재의 해수면을 회복하였고 3800년 전 해수면이 급격하게 올라간다.

즉 한반도의 동해안에 유적이 확인되지 않는 5800~4600년 전에는(표30의 B기간) 기온의 변화가 특히 심하며 이후가 되면 이곳에서는 더 이상 동해안 북부의 평저토기가 아닌 한반도 중서부지역의 첨저토기가 출토된다. 하지만 한반도의 북쪽인 연해주 동해안에는 이 기간에 유적이 존재한다. 현재 높은 7000~5000년 전에는 루드나야 문화와 보이스만 문화가 존재했으며, 5000년 전 기온이 하강한 시점에는 자이사노프카 문화가 시작된다.

7000~6000년 전에는 홀로세 기간 동안 가장 따뜻했던 기간(표30의 A기간)으로 아무르강 하류에는 말리셰보 문화, 연해주에는 루드나야 문화가 이미 존재하였고, 보이스만 문화가 시작되는 시간이며, 오산리 유적의 C지구 및 A·B지구, 문암리, 망상동 등의 유적이 존재한다. 특히 6500~6000년 전은 앞서 살펴본 바와 같이 한반도 동해안 유적이 연해주와 아무르강 하류와 관련성이 깊은 기간인데, 한반도 동해안 유적에서 아무르강 하류와 연해주의 문화양상이 확인된다(김재윤 2015a). 현재는 아무르강의 겨울이 매우 추울 수도 있지만, 이 기간 동안에는 현재 보다 월등하게 따뜻했다는 것을 알 수 있다. 현재자료로서 동해안에서 가장 이른 시기를 보이는 오산리 C지구의 신석기시대 최하층이 형성된 시점은 7000년 전이고(예맥문화재연구원 2010), 그 상층인 오산리식 토기와 융기문토기층은 대부분 6100~5700년대에 몰려 있다. 뿐만 아니라 동해안의 다른 유적에서 출토된 오산리식토기와 융기문토기 또한 이 연대와 맞물려 있다.

한편, 5000년 전 무렵에는 다시 기온이 하강한다. 이 시점에 두만강 유역 및 연해주 일대에 자이사노프카 문화라는 새로운 문화가 생겨난 시점이다. 가장 추워지는 시점인 4700~4600년 전에는 이 문화의 수렵채집민은 더 이상 남부 동해안으로 내려가지 않고, 한반도 중서부지방 수렵채집민이 한반도 동해안의 이 공백을 매운 것(임상택 2001; 송은숙 2002)으로 생각된다.

그런데 왜 동해안에는 유적이 확인되지 않는 공백기간이 있는 것일까?

한 가지 확실한 점은 표30에서 확인할 수 있듯이 5700년 전이 가장 따뜻한 지점이며,

이 후에는 아주 온도변화가 심하며, 4600년 전 무렵은 가장 추운지점이다. 이 기간에는 한반도 동해안의 현존하는 유적이 없다(표30의 B기간).

동해안의 신석기문화의 가장 큰 문화 상의 변화는 평저토기가 첨저토기로 변환되는 시점인데, 첨저토기가 나타나는 시점은 4700년 전(4600년 전)경으로 동해안에서 가장 추운 시점인 4500년 전과 가까운 기간으로 문화의 변곡점이라고 이해가능하다. 하지만 동해안에서 유적이 다시 나타나는 시점과 기후의 가장 변곡점과 일치하는 것은 아니다.

그런데 의문스러운 기간은 5800~5000년 전(표30의 ?) 기간이다. 이때는 현재보다 따뜻하지만 기온변화가 있던 편으로 남한 동해안에서 오산리 C지구의 2호 야외노지와 문암리 10호 야외노지 등 3개 절대연대측정치(소상영 2016의 표3)를 제외하고는 주거 유적이 확인되지 않는 기간이다. 하지만 보이스만 문화가 두만강 보다 남쪽인 라진 유적 등에서 확인됨(김재윤 2009a)으로 두만강 유역 부근에서는 그 문화가 영위되었을 것이다. 또한 이 기간에 남한 동해안에도 주거 유적이 확인될 가능성을 추측해 본다.

2. 수렵채집민의 이동성

동해안 문화변화 배경은 생업과 관련된 것으로 보고 있다. 7000~5800년 전 기간에는 아무르강 하류와 연해주의 신석기문화가 동해안으로 이동하였는데 그 배경에는 기온변화에 따른 생업활동과 관련성에 주목하였다. 4700~3600년 전에는 한반도 중서부지방에서 동해안으로 첨저토기문화가 이동하였는데, 그 배경도 생업과 관련되었다(임상택 2001; 송은숙 2002).

한반도의 신석기시대는 어로생활을 중심으로 한 수렵채집이 주요한 생업이며 한반도 동해안 뿐만 아니라 동해안 북부인 연해주와 아무르강 하류도 포함된다. 앞서 설명한 바와 같이 태평양과 시호테 알린 산맥 및 태백산맥을 공유한 지역으로서 한반도 동해안과 동일한 자연환경이기 때문에 어로가 중심이 된 생업활동이 수렵채집민의 삶을 지탱했을 것이다. 실제로 아무르강 주변에 아직까지 살고 있는 고아시아족 들은 어로를 중심으로 한 생업활동을 영위하고 있다.

고아시아족 혹은 북방원주민으로 불리는 이들은 19세기 말 러시아인들에 의해서 점령당하기 전까지 수렵채집 생활을 기초한 전통적인 삶을 고수하였다(투라예프 2003). 이들은 현재 러시아 행정구역상 사하 공화국(Республика Саха, Republic of Saha), 추코트 주(Чукотскийавт. окург, Chukotka Region), 캄챠트카 주(Камчатская обл. Kamchatskaya Region), 하바롭스크 주(ХабаровскийКрай, Khabarovsk Region) 등에 분포하고 있으며, 일부는 아메리카 대륙의 알래스까(Аляска, Alaska) 지역에도 분포하고 있다. 사용하는 언어에 따라서는 14개의 어족[2]으로 나누어지고 각 어족에서 갈라져 나온 원주민들은 다시 54개의 종족으로 나누어진다. 이 중 극동지역에는 17종의 원주민[3]이 살고 있다. 1989년 통계조사에 따르면 60,000명 정도가 극동 지역에 살고 있는데, 알타이어족(퉁구-만주어족), 추코트-캄챠트카어족, 에스키모-알류어족과 두 종의 고립어(니히브어와 유카리어)족이 이에 해당한다. 이들은 전통적으로 '고아시아족'이라는 개념으로 통칭된다. 알타이어족(퉁구-만주어족)은 에벤키(Эвенки, Evenks), 에벤(Эвен, Even), 니기달(Негидпль, Negidal), 울치(Ульчи, Ulchi), 나나이(Нанайы, Nanay), 오로키(Ороки, Oroki), 우로치(урочи, Urochi), 우데기족(Удэгй, Udegi), 추코트-캄챠트카어족은 축치(Чукчи, Chukchi), 코략(Коряк, Koryak), 이텔멘족(Ителмень, Itelmen), 에스키모-알룻어족은 알류트(Алеут, Aleut)와 에스키모족(Эскимос, Eskimo)이 해당된다.

---

2) 퉁구-만주어족(Тунгусо-Маньчжуры, Tungus-Mahchuria), 니브흐어족(Нивхская, Nivkh), 아인어족(Айнская, Ainu), 튜르스크어족(Тюркская, Turkic), 유카기르어족(Юкагирская, Ukagir), 추코트-캄챠트카어족(Чукотско-Камчатская, Chukot-Kamchata), 에스키모스코-알룻트어족(Эскимосско-алеутская, Eskimo-Aleut), 아타파스카코-예르스크어족(Атапаскако-Эяская, Ahtna-Eyak), 트리니스카야 어족(Тлиниская, Tlingit), 하이다어족(Хайда, Haida), 침시안어 족(Цимшиан, Tsimshian), 바카쉬스크-크바키튤어 족(Вакашская-Квакитютль, Kwakiutlan), 바카쉬스카야-눗카어족(Вакашская-Нутка, Nootkan), 세리쉬끄어족(Сэлишская, Salishan).

3) 문헌사료에서는 『魏志』 동이전의 옥저(沃沮)·읍루(挹婁)·숙신(肅愼), 『魏書』의 물길(勿吉), 『舊唐書』와 『新唐書』의 말갈(靺鞨) 등이 극동 원주민에 해당되는 것으로 알려져 있다(佐藤宏之 2000). 물론 이들에 대한 위치 비정이나 고고문화상의 구분에 대해서는 아직 논란이 많다.

극동지역은 툰드라지대, 삼림지대, 스텝과 삼림의 중간지대 등 다양한 기후권이 분포하며 따라서 곳에 따라 다양한 식물과 동물상이 존재한다. 사람들은 각 지역의 자연환경에 맞는 생업형태를 가지며, 이는 생활 전반에 걸쳐 반영되고 있다. 특히 주거형태나 이동 수단 등은 생업형태와 밀접한 관계에 있다. 또 각자의 생계방식에 따라 문화형태를 달리하며 이는 예술품, 신화, 민담, 축제(노래·춤 등) 등에서 아주 다양한 형태로 표출된다(베레즈니츠키 1999). 이들 중 특히 어로 생활과 관련된 민족은 크게 물고기를 잡는 민족과 해양동물을 사냥하는 종족으로 나눌 수 있는데, 전자에는 아무르강과 근해에서 살고 있는데, 니히브, 울치, 나나이족, 니기달 족은 일부, 오로키 족 등이 있다. 후자에는 에스키모 족, 알륫족, 축치족 등이 있다.

수렵채집사회에서 자연환경 특히 기온변화는 인간의 이동과 관련성이 깊은 것으로 연구되어 있다(Beardsley et al. 1956; Murdok 1967; Binford 1980). 특히 '실효온도'라는 개념을 사용해서 수렵채집민의 주거형식이 기온과 긴밀한 관련성이 있다는 점이 밝혀졌다(Binford 1980). 주거형식을 크게 두 가지로 나누었는데, 본거지에 사는 집단이 한 야영지에서 다른 야영지로 옮기는 것[본거지 이동성(residential mobility)]과 개인이나 소규모 그룹이 식량확보를 위해서 나갔다가 다시 돌아오는 것[조달 이동성(logical mobility)]으로 구분하였다(Binford 1980). 특히 후자의 개념을 응용해서 한국 신석기시대의 중서해안 패총유적이 병참적 이동전략에 따른 일시적 거주 장소라고 의미를 부여한 연구(김장석·양성혁 2001)는 학사적 의미가 있다.

수렵채집민의 이동에 영향을 미치는 요인에는 기온변화 이외에 지형의 특징도 있으며 수레나 썰매 혹은 배 같은 운반기술의 문제, 거주형태 등도 이동비용에 들어간다. 또한 불확실한 장소에 대한 위험부담과 저장문제도 이동성에 영향을 미친다. 위험부담이 크거나 저장을 할 수 있다면 당연히 이동은 제한될 것이다. 이외에도 이동의 요인에는 민족지 자료로 관찰된다(로베트 켈리 2014).

그렇다면 수렵채집민은 얼마나 이동하는지에 대한 이해는 민족지 자료를 참고로 할 수 있다. 켈리는 일차생물량과 해양의존도에 따른 연간 이동수를 관찰하였다. 온대지방과 아한대림을 비교한 결과 일차생물량이 높은 환경에서는 연중 본거지 이동수가 해양자원에 크게 의존하지 않는 한 일차생물량과 상응한다. 해양자원에 대한 의존이 높은 경우 본거지 이동성이 낮다. 한 집단이 해양자원에 크게 의존하며 일차생물량도 낮은 경우 본거지 이동수는 아주 낮다. 대표적인 예가 알류트 족이다.

알류트족은 해양 동물을 사냥하는 민족으로 대상은 해달과 물개 사냥이다. 해달은 가죽으로 만들어진 배를 타고 그물이 달린 작살을 통째로 던져서 잡거나 총으로 쏜다. 새, 물고기, 모피동물의 사냥과 함께 채집활동도 하였고, 모피동물 중에는 북극여우와 여우가 주요하다. 해양동물을 사냥하는 다른 민족인 에스키모족과 연해주 축치족은 해안가 단구대나 높은 언덕 등 바다가 잘 보이는 곳에 정주하였다. 알류트족의 마을에는 2~3개의 주거용 건물만 있었다. 이들의 겨울 집은 반수혈식으로 고래의 뼈와 나무, 돌로 만들었다. 집 바닥에는 두개골이나 견갑골 등 뼈의 넓은 부분을 깔아서 냉기를 막고 그 위에 나무 바닥을 다시 깔았고, 지붕은 풀, 모래 등으로 덮었다. 기본적으로 여름 사냥을 위한 여름집과 겨울집이 따로 있었다. 알류트족의 여름집인 '바라바르(Барабар, barabar)'는 이텔멘족의 집과 비슷한 맞배지붕과 창문이 있는 널빤지로 만든 집이다. 여름철 이동 수단은 가죽으로 만든 배와 통나무로 만든 배, 두 가지 형태가 있다. 가죽으로 된 '바이다르(Байдар, baidar)'에는 최대 30명까지 탈 수 있고, 노와 돛이 달려 있다. 통나무로 만든 카약에는 한명만 탈 수 있지만 알류트족의 카약에는 2~3명이 탈 수도 있다. 또 카약에는 그물이 달려 있어 바다새를 잡거나 물위를 떠다니는 죽은 물개 등을 건질 수 있었다. 축치족은 사슴을 타고 강의 양쪽 단구대에서 사냥을 하였다(김재윤·이유진 2010).

반면에 어로 의존도가 낮으며 일차생물량도 낮은 크로우, 오나, 샤이엔족은 연간본거지 이동수가 엄청나게 높다. 어로 의존도가 높으며 일차생물량도 높은 위요트, 유록, 트와나족은 연간본거지 이동수가 낮은 편이다. 수생자원에 크게 의존하는 집단일 경우 낮은 일차생물량 환경에 사는 집단은 높은 일차생물량 환경에 사는 집단보다 이동성이 높다(로버트 켈리 2014). 따라서 수렵채집민의 이동성은 기온과 자원의 풍부도와 관련이 있다. 이것은 자원이 풍부하면 정주한다는 생각으로 귀결될 수도 있다.

하지만 빈포드는 수렵채집민이 이동하는 이유가 정주할 기회가 없었기 때문이 아니라 주된 식량자원을 이용할 수 없게 되었을 때 보완할 자원에 대한 정보를 유지하기 위해서라고 한다.

1~4:에벤키족, 5:에스키모족(에스키모족은 알류트족과 마찬가지로 해양동물을 사냥하는 민족), 6~8:나나이족

그림105. 수렵·채집·유목 민족의 집

실제로 어로 생활을 하는 나나이족과 순록유목을 주업으로 삼는 에벤키족은 생활상에 큰 차이가 있다.

에벤키족은 어로 의존도가 낮으며 일차생물량이 낮은 툰드라 지대에 사는 민족인데, 사슴을 유목하며 빈번하게 옮겨 다니는데, 정착된 마을은 없는 것으로 알려졌다. 겨울에는 가족들과 함께 움직이고, 여름에는 순록과 함께 남성만 이동하며 여성은 아이들과 해안가 혹은 큰 강가에서 거주생활을 한다. 이들은 그룹을 형성하여 일정한 경로로 움직이며 자신들의 영역을 가진다. 여름에는 5~6일 간격으로 거주지를 옮긴다. 북극 해안가 등 모기와 같은 해충이 적은 곳으로 이동하며 일부 그룹은 눈이 남아 있는 내륙의 북쪽 산으로 이동한다. 가을이 되면 순록은 숲의 경계로 이동하고, 겨울에는 전체 기간 동안 3~4번 가량 이동한다. 에벤키족은 한 해에 200~400km 가량 이동한다. 사냥을 주로 하거나 어로 생활을 하는 민족과는 달리 순록을 방목하고 남은 시간에만 물고기를 잡는다. 어로에 주력하지 않는 것은 순록이 생활에 필요한 식품, 옷, 집, 이동수단을 제공하기 때문이다. 툰드라지대에서 순록유목을 하는 사람은 정착마을이 없고 이동 중에 몇 개의 텐트형 집을 짓는다. 주거지는 반구형으로 목조구조물을 세우고 사슴 가죽을 덮은 '샤테르(Шатер, Shater)'이다(김재윤 · 이유진 2010).

그에 반해서 나나이족은 연어가 산란을 위해서 올라오는 길목인 아무르강 우안에 자리잡고 마을을 이루고 정주생활을 하였다. 어로생활을 하는 사람들은 해양동물사냥도 생업에 많은 영향을 미쳤다. 주로 오호츠크 연안에서 물개와 돌고래를 사냥하였는데, 새와 유제류 사냥도 함께 행했다. 또한 모피가공업도 집중적으로 행하였는데, 이들의 유일한 교역품으로 주로 흑담비가 대상물이다. 거주지는 정주형과 계절형으로 나누어진다. 정주형은 강의 입구나 단구, 섬, 호수 주변을 중심으로 집을 지었다. 대체적으로 집의 문은 강이나 바다를 향해 나있다. 이텔멘족의 마을은 울타리나 토루로 경계를 지었다. 계절형 주거지는 다시 여름용과 겨울용으로 나누어진다. 여름집[4]은 풀 또는 나무로 지은 원두막형으로 '바간(Баган, bagan)'이라 불린다. 겨울집 중 가장 오래된 것은

---

4) 이텔멘의 여름집은 필자들의 전고(2008)에서 확인할 수 있다.

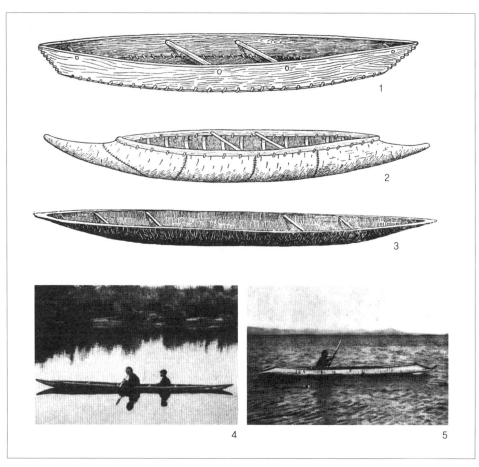

1:널판지형 배, 2:골조형 배, 3:홈파기형 배(통나무형 배), 4:에벤키족, 5:나나이족
그림106. 여러 민족의 배

지하식과 맛배지붕식이 있다. 맛배지붕식 집의 벽은 나무, 기둥은 통나무나 반통나무를
이용하였다. 아무르강에서 이러한 형태의 집은 온돌형 난방시설에 따라서 면적이 결정
되었다. 지하식 집은 지하에 집을 짓고 지붕을 통해서 외부로 나갈 수 있는 출입구시설
을 만들었다.

3. 수렵채집민의 이동과 문화권

필자는 한반도 동해안의 유적에서 확인되는 평저토기가 동해안의 북부인 연해주와 더 나아가 아무르강 하류와도 관련성을 제기 하였다. 결국 기온변화에 따라서 동해안을 따라서 이동했을 것으로 보는 것이고, 특정한 식량자원을 확보하기 위한 이동이라고 생각한다.

실제로 수렵채집민은 아주 넓은 지역에 대한 이해가 있었는데, 북극 수렵민이 수백 평방킬로미터를 포괄하는 지역을 기억만으로 지도를 그린 것으로도 확인할 수 있다. 그 이유는 자원을 관리하기 위해서이다(로버트 켈리 2014).

이러한 이동의 결과가 물증으로 나타는 것이 일정한 범위에서 나타나는 고고문화일 것이며, 이것을 확대한 개념이 일정한 문화권이다. 물론 유물이 넓은 지역에 분포할수록, 특히 토기는 똑같은 형식으로 확인되는 예는 거의 없다. 특정한 제작 기법이나 시문 방법 혹은 문양은 공통적일 수 있지만 기형은 그렇지 않은 경우가 많다. 일례로 편보문화의 토기는 산동반도 북신문화에서부터 영향을 받았다고 평가 받고 있는데, 동체부에 세로로 부착되는 세퇴문양의 요소가 북신문화에서 확인되기 때문이다(朱永剛 1993; 귀다순·장싱더 2008). 북신문화의 세퇴문은 삼족기에 표현되지만, 편보문화에서는 동북지방의 전통적인 심발형토기에서 확인된다. 또한 소하연문화에서도 비슷한 예를 찾아볼 수 있다. 구연이 두 개인 호형토기는 소하연문화에서부터 확인되는 전형적인 기형인데, 여기에 뇌문이 시문되는 경우가 있다. 이것은 재지적인 기형에 하요하 유역 등에서 받아들인 문양이 그려진 것으로 파악된다(김재윤 2015b). 한반도 동해안에서 확인되는 신석기시대 적색마연압날문토기도 적색으로 마연하는 기법, 다치구로 찍는 기법, 구연부에만 문양을 시문하는 기법은 아무르강 하류의 말리셰보 문화에서 찾을 수 있는 것이지만 기형 중에서 표주박형(그림30-21)은 한반도 동해안에서만 확인되는 것이다. 동해안에서는 유일하게 문암리 유적에서 출토된 접시형 기형(그림32-4)이 말리셰보 문화의 기형을 그대로 닮았다.

고고문화는 일정한 지역적 범주와 시간상에서 확인되는 유물과 유구의 조합(몬가이트

1995)이며, 한 지역사회로 볼 수 있다. 신석기시대 수렵채집사회에서는 이들이 남긴 흔적을 현대 고고학에서는 고고문화라고 부르며, 비슷한 문화가 광범위하게 나타나는데 이것은 문화권이라고 할 수 있다. 본고에서 다루고자 하는 내용은 한반도 주변의 동해안과 관련된 곳이다. 이 지역과 관련된 문화권은 평저토기문화권, 아무르편목문토기문화권, 동북한문화지역 등이 있다. 또한 앞서 신석기시대만 국한하지 않는다면 환동해문화권도 포함될 수 있다.

그 중 가장 넓은 범위의 문화권은 평저토기문화권(大貫精夫 1998)이다. 이는 구석기시대에서 신석기시대로 넘어가면서 동아시아 각 지역에 토기가 나타나게 되면서 극동에서는 평저토기가 아무르강 하류 등에서 확인된다. 시베리아의 첨저토기, 장강 이남의 환저토기 등 각 지역에서 생긴 토기와 비교되면서 생긴 용어이다. 이 지역은 요서지역부터 극동까지 전체를 포함하며 신석기시대 마지막까지 사용된다고 볼 수 있다. 이 문화권의 남한계선은 한반도 북부를 지나가는데, 한반도 중서부지역의 첨저토기가 4700년 전 무렵에 남한 동해안에 나타나게 되면서, 동해안 중부에서 동해안북부로 변화한다(김재윤 2010c). 서북한에서는 압록강 유역에서 청천강 유역에 편보문화의 이중구연토기가 등장하는데 대체적으로 당산패총의 하층과 상층에서 평저토기문화권으로 변화함을 알 수 있다. 그 연대는 이 유적에서 확인되는 편보문화토기와 관련해서 4800년 전후로 생각된다(김재윤 2013c). 그러나 평저토기 문화권에서도 첨저토기(원보이스만 단계)도 확인되기도 하지만, 대체적으로 동아시아에서 한반도 북부를 포함한 가장 동쪽지역은 평저토기문화권으로 보는 것이 옳은 것으로 생각된다. 이 토기문화권의 마지막단계가 되면 대부분의 지역에서 이중구연토기가 공통적으로 나타난다(김재윤 2013c).

평저토기문화권에서 아무르강 하류의 콘돈문화, 연해주의 루드나야 문화, 삼강평원의 신개류 유적 등이 아무르편목문토기문화권(大貫精夫 1998)이다. 삼강평원의 신개류 유적의 하층과 관련된 진흥 甲組 1기의 B유형(김재윤 2014b)도 포함된다. 루드나야 문화와 콘돈 문화를 중심으로 한다면 7500~6000년 전 무렵이고 두 문화가 공통된 시간적인 연대는 7000~6000년 전이다. 콘돈문화의 연대는 5000~4000년 전(메드베제프 2005)라면 연해주의 루드나야 문화 보다 훨씬 늦은 시기이다. 하지만, 말라야 가반 유적의 발굴결과 콘돈 문화가 6000년 전(6180~6240B.P.)(세프코무드 · 후쿠다 외

2008)까지 올라간다면 이 문화가 포함될 수 있다. 그렇지 못하다면 사실은 아무르편목문토기문화권의 실체는 묘연하다.

또한 신개류 유적은 연해주의 보이스만 문화와 비교된다. 연해주의 보이스만 문화는 2000년간 지속된 문화로 규정되었지만, 하나의 문화가 잔존하기는 너무 긴 시간이다. 그리고 원보이스만 단계부터 보이스만 2기까지 문양의 시문방법이나 문양형태, 구연부, 기형 등이 보이스만 3~5기와 차이가 있다. 특히 신개류 상층에서는 세르게예프카 유형의 특징인 융기문토기와 베트카 유형의 특징인 능형압인압날문토기, 보이스만 문화 2기의 토기 뿐 만 아니라 베트카-2 유적에서 출토되는 거의 유사한 세석기가 함께 출토되고 있다. 세르게예프카 유형과 베트카 유형은 시기차이가 있지만, 연해주의 보이스만 2기와 베트카 유형은 거의 동시기에 확인되고 있다(김재윤 2014b). 그렇다면 현재의 자료는 보이스만 문화가 6단계로 나눠지지만 원보이스만, 보이스만 1~2기 및 보이스만 3~5기가 각각 다른 문화일 가능성도 있는데 좀 더 양호한 자료가 필요하다.

평저토기문화권에 시간상으로 아무르강 하류의 말리셰보 문화도 포함된다. 현재 알려진 말리셰보 문화의 절대연대는 8000년 전부터 4000년 전까지 넓은 폭을 보인다(표 4; 국립문화재연구소 2003). 수추섬 발굴 이후의 논고에서도 말리셰보 문화가 콘돈 문화보다 이르며, 말리셰보 문화의 연대는 절대연대를 그대로 수용해서 기원전 6000년 기부터 기원전 4000년 기 후반까지로 보고 있다(메드베제프 2005, p.250). 하지만 말리셰보 문화의 연대가 넓은 폭을 보이고 있고, 8000년 전에 근접한 연대가 1개만 존재하기 때문에 이를 상한으로 보기에는 불확실하다.

그런데 이 문화의 토기 시문 특성상 말리셰보 문화가 인접한 연해주의 보이스만 문화와 관련이 있다는 지적(모레바 2005)을 고려해 볼 때 보이스만 문화가 시작되는 7000년 전 정도에 말리셰보 문화가 존재했다고 보는 것이 안정적이다. 하한은 4000년 전까지 절대연대가 존재하지만(표4) 이 시점에는 신석기후기 문화인 보즈네세노프카 문화가 이미 시작한 시점이기 때문에 하한으로 보기에는 너무 늦다. 수추섬의 말리셰보 문화 주거지에서 보즈네세노프카 유물이 확인되는데, 이와 관련되었을 수도 있다. 따라서 말리셰보 문화의 하한은 조금 더 연구성과가 필요할 것으로 생각된다.

이러한 연구결과들을 종합한다면 단순히 아무르강 하류와 연해주를 능형이나 삼각형

문양이 중점적으로 시문되는 문화가 공통된 것을 지칭한 아무르편목문토기 문화권이라고만 단정하기는 힘들다.

동북한문화권은 환동해문화권의 신석기시대를 연구하면서 한반도 동해안과 동북부지방의 문화 교류를 설명해야 하는데, 지정학적 위치 때문에, 복잡하게 삼국을 명명해야 하는 불편을 없애기 위해서, 환동해문화권의 하위문화권으로 한반도 동해안의 북부지역으로 설정하였다(김재윤 2009c). 그 중에서 가장 먼저 신석기 후기를 고찰하게 되었는데, 목단강 유역, 연해주까지 성격이 같음을 파악하였고, 신석기시대 평저토기문화권 가운데서 가장 늦은 시기에 해당된다.

하지만 본고에서는 동북한문화권이라는 국경이 강하게 포함된 용어 보다는 '동해안 북부지역'이라고 앞으로 명명코자 한다. 전고에서는 이 지역을 한국사의 한 지역으로서 입장이 강했지만, 좀 더 객관적인 입장을 취하고 역사적으로 지리적 배경이 중요함을 강조하기 위해서이다. 용어만 변화시킨 것으로 기본적인 개념에는 변화가 없다.

동해안 북부지역은 앞서 언급된 평저토기문화권에서도 동부지역에 속한다. 평저토기문화권은 표29와 같이 요서지역부터 아무르강 하류까지 포함된다. 그 중에서 두만강 유역부터, 연해주, 아무르강 하류 및 한반도 동해안을 포함한 지역이 평저토기문화권의 동부지역이다. 하지만 평저토기문화권의 동부지역으로 표현하지 않고 동해안 북부라고 명명한 것은 환동해문화권을 염두 한 것이다. 이 문화권은 한국사의 전체 시간대에서 한반도 동북부의 동해안 북부와 강원도 동해안이 선사시대부터 역사시대까지 관련성을 강조한 표현이다. 신석기시대 환동해문화권의 동해안 북부지역은 6500~6000년 전 가장 넓은 범위이며, 5000년 전에는 주지하는 바와 같이 강원도는 평저토기 문화권에 포함되지도 않으며, 동해안 북부에만 서포항 상층 문화 혹은 자이사노프카 문화가 존재한다.

한편 이 개념은 아무르편목문토기문화권의 후반기로도 표현될 수 있지만, 아무르편목문토기문화권은 아무르강 하류가 포함되어 있는 개념이다. 그러나 5000년 전 이후의 동해안 북부 연구(김재윤 2009a · 2009b · 2009c · 2010a · 2010c · 2012a · 2015b)에서는 아무르강 하류의 신석기 후기문화는 포함하지 않기 때문에 아무르편목문토기문화권의 개념과는 차별된다. 아무르강 하류의 신석기시대 후기 보즈네세노프카 문화가 아직까지 자이사노프카 문화, 금곡·흥성문화와 구체적으로 비교된 적이 없다. 그러나 이 중구연토기, 뇌문토기, 침선문 등은 평저토기문화권의 동부지역으로서 아무르강 하류와 동해안 북부지역이 공통점은 존재한다(김재윤 2013·2015b). 하지만 뚜렷한 차이점도 보이고 있기 때문에 연해주와 아무르강 하류가 5000년 전 이후에도 같은 문화권인지에 대해서는 회의적이다.

V. 맺음말

　본고에서 다루어진 지역은 한반도 동해안의 기원지가 아니라 신석기시대 수렵채집민의 이동 결과로 살펴볼 때 같은 자연환경 아래서 이루어진 동일한 생업환경과 아이덴티티를 공유하던 지역으로서 고고학적으로는 평저토기문화권 중에서도 동부지역의 문화범위로도 볼 수도 있고, 환동해문화권의 신석기시대 범위로도 파악할 수 있다. 그러나 그 범위는 신석기시대 전체가 동일했던 것이 아니라 시기 마다 구분 될 수 있다. 5000년 전 이후로는 한반도 동해안은 전혀 다른 문화가 들어오게 되며 동해안 북부에만 평저토기문화가 있었다.

　최근 오산리 유적 C지구 신석기시대 최하층(Ⅵ층)과 기타 유적에서 확인되는 적색마연압날문토기와 무문양토기는 동해안 신석기 토기 중 가장 이른 시기의 것인데, 문암리, 망상동, 죽변에 이어서 신암리 유적에서도 확인되고 있다. 이 토기의 제작방법 중 마연방법과 시문방법과 접시형 기형 등이 아무르강 하류의 말리셰보 문화의 토기와 관련성이 깊다. 말리셰보 문화의 주거는 평면형태가 말각방형 혹은 원형이고 노지는 대체적으로 무시설석이며 바닥에 저장공이 설치되는 특징을 보인다. 동해안의 주거지와 비교해 볼 때 아무르강 하류의 주거지가 훨씬 큰 점 등은 차이가 있다. 이것은 입지의 특징, 기후 등이 영향을 미쳤을 것으로 생각된다. 양 지역의 관련성을 보여주는 유물로 오산리 C지구와 수추섬 유적의 주거지내에서 출토되는 토우도 있다. 말리셰보 문화의 연대는 6900~5800년 전이며 동해안에서 적색마연토기가 출토되는 동해안 1유형의 연대 (6500~6000년 전)를 비교하면 대략 6500~6000년 전 무렵에 아무르강 하류에서 한반도 동해안으로 수렵채집민의 이동이 있었을 것으로 생각된다.

뿐만 아니라 기존의 알려진 오산리식 토기와 융기문토기는 토기의 제작방법 중 시문방법, 시문범위 및 옹형 등의 기형은 연해주에서 융기문토기와 구연압날문토기가 공반된 루드나야 문화의 세르게예프카 유형과 비교된다. 문암리에서 출토된 결상이식은 세르게예프카 유형의 쵸르토브이 보로타 유적에서도 확인된다. 이 유적은 동굴주거지로 주거지 폐기 후, 무덤으로 사용되었는데, 춘천교동에서도 같은 정황이 확인된다. 루드나야 문화의 세르게예프카 유형은 절대연대가 6000~5000년 전이고, 동해안 2유형의 중심연대와 비교해 본다면 6000년 전 무렵에 양 지역이 관련이 있는 것으로 생각된다.

각 지역 토기의 제작방법, 토우, 장신구, 주거지 폐기 후 무덤으로 전용하는 전통 등은 일치하는 부분도 있다. 하지만 동해안 토기의 일부 기형이나 동해안 유적에서 확인되는 결합식 낚시바늘 등은 지역성이 드러난다. 이러한 정황으로 볼 때 6500~6000년 전 무렵에 동해안 신석기문화는 평저토기문화권 내에서 아무르강 하류와 연해주에서 환경변화에 따른 수렵채집민이 동해안으로 이동에 의한 결과라고 볼 수 있다.

남한의 동해안에서는 4700~4600년 전 이후로는 첨저토기가 출토되며, 평저토기는 동해안북부에만 확인된다. 서포항 유적은 그 중심에 있는 곳이며, 북한 학계에서는 두만강 유역 일대의 신석기시대 편년안의 기준이 되는 자료였고, 그 절대연대를 기원전 6000년 까지 올려보았다.

그러나 최근 연해주일대에 자이사노프카 문화의 유적이 급증하면서 서포항 유적의 연대문제를 재고할 수 있게 되었다. 그 결과 서포항 유적의 신석기시대는 토기 문양시문방법에 따라서 크게 5유형으로 나눌 수 있고, 서포항 1유형은 보이스만 문화의 5단계, 2~3유형은 자이사노프카 문화의 내용과 같다. 따라서 서포항 신석기시대 1기는 보이스만 문화에서 5단계인 연대와 비교되고, 2~3유형은 자이사노프카 문화의 시작단계인 5000년 전 무렵부터 가장 마지막 연대인 3800년 전까지 해당된다. 또한 두만강 유역의 신석기 문화는 '서포항 하·상층 문화'로 명할 수 있다.

서포항 유적을 비롯한 두만강 유역, 연해주, 목단강 유역까지는 이 지역의 신석기 후기 문화가 비슷하다고는 언급되었지만 구체적으로 연구된 바는 없었다. 연해주에서는 자이사노프카 문화, 목단강 유역에서는 앵가령 하층 문화로만 명명이 되었는데, 국경을 배제하고 지리적 관점에서 토기의 특징으로 두만강 유역, 한카호 유역, 목단강 유역으로 구분가능하다. 그 결과 각 지역은 두만강 4유형, 한카호 3유형, 목단강 2유형으로 나눌 수 있다. 각 유형의 1유형은 5000~4800년 전 무렵에 공존한다. 그 문화양상은 다치구압날문, 승선압날문, 점선자돌문, 침선문 토기 등이 있다. 주거지는 각 유형마다 시간성보다도 지역성을 뚜렷하게 나타낸다. 이 시점의 주거지는 한카호 유역과 목단강 유역만이 알려져 있는데 한카호 유역에는 방형 주거지, 목단강 유역에서는 돌담 시설이 있는 장방형 주거지이다. 두만강 2유형이 생겨나서 존속되는 4800~4400년 전 동안은 두만강 유역에서는 점선자돌문과 침선문이 시문되는 토기(2유형)가 공존하는 시간이지만 한카호 유역과 목단강 유역에서는 이전의 1유형이 계속해서 존속된다. 두만강 2유형은 두만강 유역에서는 시간성이 반영되지만, 지역을 넓혀서 살펴본 결과 한카호 유역, 목단강 유역에서는 확인되지 않는 지역적 유형이다. 주거지는 두만강 내륙(장방형)과 두만강 하류 (방형)간의 주거지 평면형태의 차이를 보이고, 그보즈제보-4 유적에서는 지상가옥이 확인되는 것이 특이하다. 4400~3800년 전에는 두만강 3유형, 한카호 2유형, 목단강 2유형 등 동해안 북부 전역에서 확인되는데, 복합침선문과 침선문이 공반되는 유형이다. 침선문 기법으로 횡주어골문양은 모든 지역에서 확인되는 공통성은 보이지만 한카호 유역과 목단강 유역에서는 문양모티브가 차이가 있다. 대표적으로 곡선적인 궁형문양이 확인되는데, 두만강 유역과는 구별된다. 주거지는 두만강 내륙에는 장방형, 두만강 하류에는 대체로 방형이지만 장방형 주거지도 확인되어, 이전 유형과는 차이점을 보인다. 한카호 유역에서도 대체로 방형 주거지이지만 장방형 주거지가 1기 등장한다. 목단강 유역은 이전시기와 같은 장방형주거지로 시기적인 차이로 주거지의 변화가 보이지 않는다. 3800~3500년 전 사이에는 침선문과 함께 무문토기가 등장하는데, 두만강 하류에는 서포항 5기, 한카호 유역에는 아누치노-29, 레티호프카 유적 등으로 무문의 돌대문토기 및 봉상파수부 토기 등이 등장하며, 청동기시대로 바뀌는 모습이 보인다.

동해안의 문화변화 시점은 기온변화와 밀접한 관련이 있다. 홀로세 동안 가장 따뜻해 기간은 7000~6000년 전으로 인데, 아무르강 하류에는 말리셰보 문화, 연해주에는 루드냐야 문화가 이미 존재하였고, 보이스만 문화가 시작되는 시간이며, 오산리 유적의 C지구 및 A·B지구, 문암리, 망상동 등의 유적이 존재한다. 특히 6500~6000년 전은 앞서 살펴본 바와 같이 한반도 동해안 유적이 연해주와 아무르강 하류와 관련성이 깊은 기간이다. 현재자료로서 동해안에서 가장 이른 시기를 보이는 오산리 C지구의 신석기시대 최하층이 형성된 시점은 7000년 전이고, 그 상층인 오산리식 토기와 융기문토기층은 대부분 6100~5700년대에 몰려 있다.

한편, 5000년 전 무렵에는 그 전시기에 따뜻해지던 기온이 다시하강하는 시점인데, 이 시점 부터 자이사노프카 문화가 시작된다. 그 뒤로 4600년 전까지 해수면 높이가 현재보다 4m나 내려간 기간이며 가장 추운시점이다. 이 문화는 더 이상 동해안남쪽으로 내려가지 않고, 4700~4600년 전에는 한반도 중서부지방 수렵채집민이 한반도 동해안의 이 공백을 매운 것으로 생각된다. 동해안 북부의 자이사노프카 문화는 외부에서 들어온 문화가 아니며 토기의 특징이나 문화전반의 특징으로 재지 발생적으로 생각된다. 그런데 6000~5000년 전 사이의 동해안 신석기문화에 대해서는 설명되지 않았다. 머리말에서 밝힌 바와 같이, 이 시점에는 7000년 전부터 존재하였던 보이스만 문화가 동해안 북부 즉 두만강 유역 및 연해주 일대에는 펼쳐지고 있었지만, 남한의 동해안에는 아직 확인된 예가 없다. 그 이유는 동해안에서 유적이 확인되지 않는 기간인 5700~4800(혹은 4700)년 전과 관련이 있을 것으로 생각되며, 이에 관한 내용은 IV장에서 설명하였다. 하지만 동해안 북부, 두만강의 바로 남쪽에는 라진 유적 등에서 그 흔적이 보여서 좀 더 남쪽으로는 이 문화에 해당하는 유적이 존재할 가능성이 있지만, 앞으로의 고고학연구조사 성과를 기대해야 할 것이다.

본고는 남한 동해안에서 첨저토기가 확인되기 이전과 이후의 동해안북부지역의 신석기문화를 다루고 있다. 일종의 기원지에 대한 내용처럼 보이지만, 사실은 한 문화권에 대한 내용이다.

동해안 북부지역은 신석기시대는 평저토기문화권의 동부지역이지만 이 지역이 한국사에 있어서는 선사시대부터 발해까지 연속적 역사성이 있어서 통사적인 연구가 필요하다. 접경의 아이덴티티는 객관적 사실에 입각한 시대상을 복원해야만 더 구체화 될 수 있다. 현대에 와서 발생된 '국경'이 포함된 역사관으로는 선사시대를 살아간 사람들의 삶을 복원하는데 한계가 있다.

참고문헌

1. 한국어

강중광, 1975, 「우리나라 신석기시대 번개무늬그릇의 년대에 대하여」『고고민속논문집』 제6집.

강인욱, 2006, 「청동기시대~철기시대 한국과 연해주의 교류: 환동해문화권의 제안과 관련하여」『부산 경남 월례발표회 자료집』 제75회.

고동순, 2007, 「양양 오산리유적 발굴조사 개보」『韓國新石器研究』 13.

고동순, 2009, 「동해안지역의 신석기문화」『新石器時代 漁撈와 海洋文化』.

국립문화재연구소·러시아과학원 시베리아 분소 고고학민족학연구소, 2001, 『러시아아무르강 하류 수추섬 신석기시대 주거 유적 발굴조사보고서』.

국립문화재연구소·러시아과학원 시베리아 분소 고고학민족학연구소, 2002, 『러시아아무르강 하류 수추섬 신석기시대 주거 유적 발굴조사보고서(Ⅱ)』.

국립문화재연구소·러시아과학원 시베리아 분소 고고학민족학연구소, 2003, 『러시아아무르강 하류 수추섬 신석기시대 주거 유적 발굴조사보고서(Ⅲ)』.

국립문화재연구소, 2004, 『高城 文岩里 遺蹟』.

金元龍, 1963, 「春川校洞 同居遺蹟과 遺物」『歷史學報』 20.

김용간·서국태, 1972, 「서포항원시유적발굴보고」『고고민속론문집』 4.

김용간, 1990, 『조선고고학전서』, 과학출판사.

김은영, 2006, 「한반도 중부지역 신석기시대 평저토기의 시공적 위치에 대하여」『석헌정징원정년 퇴임기념논총』.

김은영, 2007, 「고성문암리 유적을 통해 본 신석기시대 평저토기문화의 전개」『文化財』40.

김장석, 1991, 『鰲山里토기의 연구』, 서울대 고고미술사학과 석사학위논문.

김장석, 2014, 「한국고고학의 편년과 형태변이에 대한 인식」『韓國上古史學報』第83號.

김장석·양성혁, 2011, 「중서부 신석기시대 편년과 패총 이용전략에 대한 새로운 이해」『韓國考古學報』.

김재윤, 2004, 「韓半島刻目突帶文土器의 編年과 系譜」『한국상고사학보』46.

김재윤, 2007, 「한반도 동북지역 뇌문토기의 변천과정」『文化財』40.

김재윤, 2008, 「선사시대의 極東 全身像 土偶와 환동해문화권」『한국상고사학보』60.

김재윤, 2009a, 「서포항 유적의 신석기시대 편년 재고」『한국고고학보』62.

김재윤, 2009b, 「연해주·길림 고고자료로 본 동북한 청동기시대 형성과정」『동아시아적 관점에서 본 북한의 청동기시대』(청동기학회 연구사분과 제2회 워크숍 발표자료집).

김재윤, 2010a, 「두만강 유역 신석기시대 후기의 편년」『嶺南考古學』53號.

김재윤, 2010b, 「요동지역 초기 청동기문화의 형성과 한반도 무문토기의 기원」『요령지역 청동기문화의 전개와 한반도』, 제4회 청동기학회.

김재윤, 2010c, 「연해주와 동해안 지역의 신석기토기문화 비교」『韓國新石器研究』第20號.

김재윤, 2011a, 「두만강 유역 그보즈제보-4 유적검토」『海東文化論叢』創刊號.

김재윤, 2011b, 「동북한 청동기시대 형성과정 -연해주와 연변 고고자료의 비교를 통해서-」『동북아역사논총』32호.

김재윤, 2011c, 「아무르 강 하류와 연해주 신석기문화 연구현황과 문제점」『漢江考古』第7號.

김재윤, 2012a, 「신석기 후기 동북한문화권의 시간과 공간범위」『韓國上古史學報』第77號.

김재윤, 2012b, 「목단강 유역의 앵가령 하층문화에 대한 검토」『嶺南考古學』62號.

김재윤, 2013a, 「환동해문화권의 전기신석기시대 교차편년」『동북아문화학회』제34집.

김재윤, 2013b, 「범의구석 1호 적색마연토기의 형성과정」『韓半島 (赤色)磨研土器 探究』, 2013년 한국청동기학회 토기분과 워크숍.

김재윤, 2013c, 「평저토기문화권의 신석기후기 이중구연토기 지역성과 병행관계」『韓國考古學報』88.

김재윤, 2014a, 「지역간 교류 방법론적 제시 -선사시대토기문화권을 중심으로-」『제 38회 한국고고학대회 발표요지』.

김재윤, 2014b, 「한-중-러 접경지역 신석기시대 고고문화의 변천」『考古廣場』14號.

김재윤, 2015a. 「평저토기문화권 동부지역의 6500~6000년 전 신석기문화 비교고찰」『韓國考古學報』96호.

김재윤, 2015b, 「평저토기문화권 신석기후기 서부지역의 뇌문토기 고찰」『韓國上古史學報』第 89號.

김재윤, 2015c, 「환동해 고대민족의 또 다른 표상: 토우」『계간 한국의 고고학』.

김재윤, 2016, 「5000B.P.이후 평저토기문화권 동부지역의 무덤으로 전용된 주거지에 대한 이해」 『韓國新石器研究』第32號.

김재윤·Moreva·Batarshev, 2009, 「연해주의 신석기시대 베트카유형 분리」『한국신석기학보』 17호.

金材胤·Kolomiets·Kyptih, 2006, 「동북한 신석기 만기에서 청동기시대로의 전환기 양상」『석 헌정징원정년퇴임기념논총』.

김재윤·클류예프 엔.아·얀쉬나 오.베., 2007, 「연해주 신석기시대의 최신자료」『考古廣場』.

김재윤·이유진, 2010, 「민족지자료로 본 극동 원주민의 생활상 –생업자료를 중심으로–」『부산대학 교 고고학과 창립20주년』, 부산대학교 고고학과.

궈다순·장싱더(譯 김정열), 2008, 『동북문화와 유연문명 상』, 동북아역사재단.

경기도박물관, 2010, 『요령고대문물전』.

도유호, 1960, 『조선원시고고학』.

로버트 켈리(성춘택 옮김), 2014, 『수렵채집사회』, 사회평론.

釜山博物館, 2009, 『凡方遺蹟』.

배진성, 2003, 「無文土器의 成立과 系統」『嶺南考古學報』32.

배진성, 2005, 「검단리유형의 성립」『韓國上古史學報』第48號.

브로단스키(譯 정석배), 1987, 『연해주의 고고학』, 학연문화사.

예맥문화재연구원, 2008, 『東海 望祥洞遺蹟 I』.

예맥문화재연구원, 2010, 『襄陽 鰲山里遺蹟』.

임상택, 2001, 「빗살무늬토기문화의 지역적 전개 –중서부지역과 강원영동지역을 대상으로–」『한국 신석기연구』창간호.

임상택, 2012, 「동남해안지역의 신석기시대 조기 문화 –죽변 유적을 중심으로–」『한국 동남해안의 선사와 고대문화』, 제40회 한국상고사학회 학술발표대회.

삼한문화재연구원, 2012, 『蔚珍 竹邊里 遺蹟』.

서국태, 1986, 『조선의 신석기시대』, 사회과학출판사.

서울대학교 박물관, 1984, 『鰲山里유적』.

서울대학교 박물관, 1985, 『鰲山里유적Ⅱ』.

서울대학교 박물관, 1988, 『鰲山里유적Ⅲ』.

Subotina, 2005, 『철기시대 한국과 러시아 연해주의 토기문화 비교연구』, 서울대학교 대학원 고고미술사학과 고고학전공.

신숙정, 2011, 「1. 신석기시대 연구의 성과와 전망」『한국 신석기문화 개론』, 서경문화사.

소상영, 2014, 「¹⁴C연대 분석을 통해 본 한국 신석기시대 편년」『한국 신석기시대 편년과 지역간 병행관계』, 2014년 한국신석기학회 학술대회.

소상영, 2016, 『한반도 중서부 지방 신석기문화 변동: 시간의 흐름과 생계·주거 체계의 변화』, 서경문화사.

송은숙, 2002, 『한국 빗살무늬토기 문화의 확산과정 연구』, 서울대학교 대학원 고고미술사학과 박사학위논문.

하인수, 1995, 「오산리토기의 재검토 -Ⅲ~Ⅴ층 출토토기를 중심으로」『박물관연구논집』, 3.

하인수, 2006, 『韓半島 南部地域 櫛文土器 硏究』, 민족문화.

한국고고학회, 2010, 『한국고고학강의』, 사회평론.

황기덕, 1957a, 「함경북도지방석기시대의 유적과 유물(1)」『문화유산』 1(7~102).

황기덕, 1957b, 「함경북도지방석기시대의 유적과 유물(2)」『문화유산』 2(34~65).

황기덕, 1962, 「두만강 류역의 신석기시대 문화」『문화유산』 1.

황기덕, 1975, 「무산 범의구석 발굴보고」『고고민속론문집』 6.

황상일, 1998, 「일산 충적평야의 홀로세 퇴적환경변화와 해면활동」『대한지리학회』 33-2.

황상일·윤순옥·조화룡, 1997, 「완신세 중기에 있어서 道垈川유역의 堆積環境變化」『대한지리학회지』 32-4.

황상일·윤순옥, 2002, 「울산시 황성동 제죽 해안의 holocene 중기환경변화와 인간생활」『대한지리학회 학술대회논문집』.

황상일·윤순옥, 2011, 「해수면 변동으로 본 한반도 홀로세(Holocene)기후변화」『한국지형학회지』 제18권 제4호.

천선행·장순자, 2012, 「마성자문화 동굴묘 출토 토기변천과 전개」『嶺南考古學』 63號.

崔種圭, 2008, 「考古學文化 實踐」『考古學探究』 4.

2. 중국어

賈姍, 2005, 『豆滿江流域漢代以前凡种考古文化及相關問題的硏究』, 吉林大學校碩士學位論文.

吉林省文物志編委會, 1983, 『汪清縣文物志』.

吉林省文物志編委會, 1984a, 『龍井縣文物志』.

吉林省文物志編委會, 1984b, 『琿春縣文物志』.

吉林省文物志編委會, 1985a, 『延吉市文物志』.

吉林省文物之編委會, 1985b, 『圖們市文物志』.

陶剛·倪春野, 2003, 「黑龍江省穆棱河上流考古調査簡保」 『北方文物』 3期.

牡丹江市文物管理站, 1990, 「黑龍江省寧安縣石灰場遺趾」 『北方文物』 2期.

牡丹江市文物管理站, 2004, 「丁安市渤海鎮西安村東遺趾發掘通報」 『北方文物』 4期.

文物出版社, 2010, 『科爾沁文明-南宝力皐吐墓地』.

延邊博物館, 1991, 「吉林省龍井縣金谷新石器時代遺址清理簡報」 『北方文物』 1期.

延邊博物館·吉林省文物考古研究所, 2002, 『和龍興城-新石器及青銅時代遺址發掘報告』(177).

趙賓福, 2011, 「牧丹江流域新石器文化序列与編年」 『華夏考古』 第1期.

中國社會科學出版社, 2010, 『中國考古學, 新石器時代卷』.

黑龍江省文物考古工作隊, 1981, 「黑龍江寧安縣鶯歌嶺遺址」 『考古』 第6期.

黑龍江省文物考古工作隊, 1983, 「寧安縣鏡泊湖地區文物普查」 『黑龍江文物總刊』 1983年 2期.

黑龍江城文物高古研究所·吉林大學考古學系, 2002, 『河口与振興』, 科學出版社.

3. 일본어

廣瀬雄一, 1984, 「韓國隆起文土器論」 『異貌』 12.

國學院大學, 2006, 『21CODE考古學シリース4 國學院大學21世紀COEプログラム2005年度考古學調査報告書 東アジアにおける新石器文化と日本 III』.

宮本一夫, 1986, 「朝鮮有文土器の 編年と 地域性」 『朝鮮學報』 121.

內田和典, 2011, 「第1章アムール 下流域の新石器時代土器編年」 『東北アジアにおける定着的食料採集社會の形成および變容過程の研究』.

大貫靜夫, 1992, 「豆滿江流域を 中心とする日本海沿岸 の極東平底土器」 『先史考古學論集』.

大貫靜夫, 1998, 『東北アジアの 考古學』, 同成社.

大貫靜夫, 2008, 「中國考古學での「文化」와「類型」」 『樣式の 考古學』 제32회 한국고고학전국대회.

福田正宏, 2004, 「ロシア沿海州における新石器時代の土器編年について」 『21CODE考古學シリース4 國學, 院大學21世紀COEプログラム2004年度考古學調査報告書 東アジアにおける新石器文化と日本II』.

藤田亮策, 1930, 「櫛文文樣土器の分布就きて」 『青丘學叢』 2.

有光教一, 1990, 『有光教一著作集』 第1卷.

佐藤宏之, 2000, 『北方狩獵民の民族考古學』, 北方新書.

橫山將三郎, 1934, 「油坡貝塚に就いて」 『小田先生頌壽紀念朝鮮論集』.

4. 러시아어

Абрамрва З.А., Аникович М.В,.Бразер Н.О.,Борисковский П.И., Любин В.П..
   Праслов Н.Д.,Рогачев А.Н. 1984, *Палеоит СССР*, Москва : НАУКА(아브라
   모바 등, 1984, 『소련의 구석기시대』).

Андреев Г.И., 1957, "Поселение Зайсановка 1 в Приморье", СА, 2, 121-145(안드
   레예프, 1957, 「연해주의 자이사노프카 1 유적」 『소련 고고학』 1957-2호).

Андреев Г.И., 1960, "Некоторые вопросы культур Южного Приморья III-I тыс.
   до н.э.", МИА 86, 136-161.(안드레예프, 1960, 「기원전 3천년기~1천년의 연해주
   남부 제문제」 『소련물질문화연구』 86호).

Алексеева, Э.В., Андреева, Ж.В., Вострецов, Ю.Е., Горшкова, И.С., Жущихов
   ская, И.С., Клюев, Н.А., Кононенко, Н.А., Кузьмин, Я.В.,Худик, В.Д.,
   1991, *Неолит юга Дальнего Востока: Древнее поселение в пещере Черт
   овы Ворота* (알렉세프 외, 1991, 『남극동의 신석기시대: 쵸르토브 바로타 유적』).

Бродянский Д.Л., 1987, *Введение в дальневосточную археологию*. (브로댠스키,
   1987, 『극동 고고학 개론』).

Бродянский Д.Л., Куртых Е. Б., Морева О.Л. 2007, Неолическая керамика пос
   елений Синий Гай А И Б *Дальневосточные древности ; каменный век,
   палеометалл, средневукоье-Владивосток: Дальневосточного универси
   тета*(브로댠스키 외, 2007, 「시니가이 А·В의 신석기시대 토기」 『극동의 고대문화: 석기
   시대, 고금속기시대, 중세시대』).

Батаршев С.В., 2008, Керамика серкеевского типа в неолите Приморя; пробле
   мы выделения и культурно-хронологической интерпретации, *Столет
   ние великие АПЭ к юлбилею академика Алексея Павловича Окладиднико
   ва* (바타르쉐프, 2008, 「연해주의 세르게예프카 유형의 토기연구」 『오클라드니코프 탄생
   100주년 기념논총』).

Батаршев С.В., 2009, *Руднинская археологическая культура в Приморье.* -198с.(바타르쉐프, 2009, 「연해주 루드나야 고고문화연구」).

Березницкий С.В. 2003, Классифкация культовой атрибутики коренных наро дов Дальнего Востока России, *Типология культуры коренных народов дальнего востока россии-владивосток* Дальнука(베레즈니츠키, 2003, 「러시아 극동 원주민의 문화특징」『러시아극동의 원주민 문화의 형식』).

Ветренников В. В. 1976, Геологическое строение Сихотэ-Алинского заповедн ика и центрального Сихотэ-Алиня, *Труды Сихотэ-Алинского заповедн ика.* - 1976. - Вып. 6. - 167 с.(베테르니코프, 1976, 「시호테알린 산맥 자연보호구 역의 지리구조」『시호테알린산맥 보호지역의 연구』6호).

Вострецов Ю.Е.. 1998 Археологические материалы поселений Заречное-1, Зай сановка-3,4, Ханси-1, Бойсмана-1, *Первые рыболовы в заливе Петра В еликого-Владивасток.*(보스테레초프, 1998, 「자레치노 예-1, 자이사노프카-3·4, 한시-1, 보이스만-1 유적 연구」『표트르 대제만의 원시어업』).

Вострецов Ю. Е., 2005, Взаймодействие морских и земледельческих адаптаий в бассейне Японского моря, *Российский Дальний Восток в древности и средневековье: открытия, проблемы, гипотезы.*(보스트레초프, 2005, 「동해 안에서 농경과 어업의 적응관계」『러시아극동의 고대와 중세시대』).

Вострецов Ю.Е., Загорулько А.В., 1998, "Место Бойсманской културы в конте ксе развития неолита в северо-западной бассейна Японского моря", *Пе рвые рыболовы в заливе Петра Великого-Владивасток.* С. 354-370(보스 트레초프·자고룰코, 1998, 「동해의 북서지역 신석기시대 보이스만 문화의 발전에 대해여」『표트르 대제만의 원시어업』).

Шевкомуд И.Я., 2004, *Поздний Неолит нижнего Амура*(셰프코무드, 2004, 「아무르 강 하류의 신석기 후기」).

Гарковик А.В. 1989, Новый неолитический памятник Боголюбовка 1(в Примор е), *Древние культуры Дальнеого Востока СССР(археологический поиск)/ ИИАЭ ДВО РАН СССР. -Преритнт-Владивосток,* -С.8-10.(가르코빅, 1989, 「보골류보프카-1 신석기 유적」『소련극동의 고대문화』).

Гарковик А.В. 1993, Реальтаты раскопки на поселении Мустанг 1 в 1987г. *Арх еологические исследования на Дальнем Востоке России* ИИАЭ ДВ О РАН -Препринт.-Владивосток, С.3-6.

Гарковик А.В. 2003, "Неолитический керамическй комплекс многослойного п амятника Рыбак 1 на юог-западном побрежье Приморя", *Проблемы ар хеологии и палеоэкологии Северной, Восточной и Центральной Азии* -С.94-101-(가르코빅, 2003, 「르박-1 유적의 토기연구」『북·동·중앙아시아의 고고학 과 고환경 문제』).

Гарковик А.В. 2008, Боголюбовка-1 памятник позного неолита Приморя, *Окно в неведомый мир-Новосибриск*, Изд-во ИИАЭ СО РАН, 2008-С.131-139. (가르코빅, 2008, 「연해주 신석기 후기 보골류보프카-1 유적」『미지의 세계로 향한 창』).

Гарковик А.В. 2011, Сооружения этохи неолита на памятнике Мусан-1 в При моье, *Дальний Восток России в древностии и средневековье*(가르코빅, 2011, 「연해주 무스탕-1 유적의 신석기시대 주거지」『러시아 극동의 선사와 중세시대』).

Гарковик А.В., Клюев Н.А., Никитин Ю.Г., Слепцов И.Ю., 2004, Новые дан ные об освоении Приморья в период позднего неолита (по материалам поселения Алексей-Никольское-1), *Миграционные процессы на Дальн ем Востоке (с древнейших времен до начала XX века)*, -Благовещенск, 2004.- С.92-98(가르코빅 외, 2004, 「알렉세이 니콜스코예 1 유적의 유물로 본 신석기 후기의 새로운 자료」『극동의 이주과정』).

Горюнова О.И. 2002, *Древние погребения могильник Прибайкалья*, Издатель ство осударственого университета(고류노바, 2002, 「바이칼유역의 고대무덤 유 적」).

Горюнова О.И.. Новиков А.Г., Зяблин Л.П., Смотрова В.И. 2004, *Древние пог ребения могильника Улярва на Байкале*, Новосибириск(고률로바 외, 2004, 「바이칼 유역의 고대 무덤 우랴르바 유적」).

Деревянко Е.И., 1991, *Древеие жилища Приамуря*(데레뱐코, 1981, 「고대주거지 연 구」).

Деревянко А.П., Медведев В.Е. 1993, *Исследование поселения Гася*(데레뱐코, 메드베제프, 1993, 「가샤 유적 연구」).

Деревянко А.П., Медведев В.Е. 1994, *Исследование поселения Гася*(데레뱐코, 메드베제프, 1994, 「가샤 유적 연구」).

Деревянко А.П., Медведев В.Е. 1995, *Исследование поселения Гася*(데레뱐코, 메드베제프, 1995, 「가샤 유적 연구」).

Дьяков В.И. 1992, *Многослойное поселение Рудная Пристань и периодизаци я неолитических культур Приморья.*-140 с.(디코프, 1992, 『연해주의 루드나야 프린스턴 유적과 신석기 문화의 편년』).

Дьяков В.И. 1999, *Периодизация древних култур Приморья(палеолит -эпоха б ронзы):Дис...д-ра ист. наук в виде науч.докл. МГУ им. М.В.Ломоносо ва*(디코프, 1999, 『연해주의 고대문화(구석기시대부터 청동기시대)』).

Медведев В.Е. 2005, Неолитическая культура, *Российский Дальний Восток в древности и средневековье: открытия, проблемы, гипотезы*(메드베제프, 2005, 『신석기문화』『러시아극동의 고대와 중세시대』).

Монгайт А.Л. 1955, *Археология в СССР*(몬가이트, 1955, 『소련 고고학』).

Морева О.Л. 2003, Относителная периодизация керамических комплексов Б ойсманской археологической культуры памятника Бойсмана-2(모레바, 2003, 『보이스만-2 유적 보이스만 문화의 토기상대편년』).

Морева О.Л. 2005, Керамика Бойсманской културы (по материалам памятник а Бойсмана-2);Автореф.дис...канд.ист.нук.(모레바, 2005, 『보이스만 문화의 토기』, 박사학위논문 요약본).

Морева О.Л.,Батаршев С.В.,Попов А.Н., 2008, Керамический комплес эпохи н еолита с многослойного памятника Ветка-2 *Неолит и неолитизация ба ссейна Японского моря: человек и исторический ландшафт* -Владивост ок, 2008. -С131-160.(모레바 외, 2008, 『다층위 베뜨까-2 유적의 신석기시대 토기고 찰』『동해안의 신석기시대: 역사경관에서 인간』).

Морева О.Л.,Батаршев С.В.Дорофеева Н.А.,Куртых Е.Б., Малков С.С. 2009, "П редварительные результаты изучения памятника Гвоздево-4 в южном Примрье" С.52-104.(모레바 외, 2009, 『그보즈제보-4 유적의 발굴조사』).

Морева О.Л., Попов А.Н.,Фукуда М. 2002, Керамика с веревочным орнамента м в неолите Приморья, *Арехеология и культурная антропология дальн го востока и центральнойазии* С.57-68(모레바 외, 2002, 『연해주 신석기시대의 승선문 토기』『북·동·중앙아시아의 고고학과 고환경 문제』).

Жущиховская И.С. 1998, "Керамика поселения Бойсмана-1", *Первые рыболовы в заливе Петра Великого* -С.123-196(주쉬호프스카야, 1998, 『보이스만-1 유적 토기』『표트르대제만의 원시어업』).

Окладников А.П., 1964, Советский Дальний Восток в свете новейших достиже
ний археологии, ВИ 1, С. 44-57(오클라드니코프, 1964, 「극동 고고학의 새로운 성
과」『역사의 제문제』1).

Окладников А.П., 1970, Неолит Сибири и Дальнего Востока, МИА 166.- С.
172-193(오클라드니코프, 1970, 「시베리아와 극동의 신석기시대」『소련물질문화연구
166호』).

Окладников А.П., Бродянский Д.Л. 1984, Кроуновская культура, Археологи
я юга Сибири и Дальнего Востока.-Новосибирск: Наука. Сиб. отд-ние
(오클라드니코프·브로단스키, 1984, 「크로우노프카 문화」『시베리아 남부와 극동의 고고
학』).

Окладников А.П. 1972, Отчет о раскопках древнего поселения у села Вознесен
овского на Амуре, 1966 г., Материалы по археологии Сибири и Дальнег
о Востока. - Новосибирск, - Ч. 2. - С. 3-25(오클라드니코프, 1972, 「1966년 아
무르강 보즈네세노프카 마을의 고대 유적 발굴 보고서」『시베리아와 극동의 고고자료』).

Окладников А.П., Деревянко А.П. 1973, Далекое прошлое Приморья и Приаму
рья(오클라드니코프·데레뱐코, 1973, 「연해주와 아무르의 고대』).

Окладников А.П. Медведев В.Е., 1981, Раскопки в Сакачи Аляне(오클라드니코
프·메드베제프, 1981, 「사카치알리안 유적발굴』).

Орлова, Л.А., 1995, Радиоуглеродое датирование археологических памятнико
в Сибири и Дальнего Востока, Методы естесвенных наук в археологиче
ских реконструкцях, Новосибириск(오를로바, 1995, 「시베리아와 극동 고고학유
적의 절대연대」『고고학에서 자연과학의 이용방법』, 노보시베리스크).

Слепцов И.Ю.,Ким Чже Ен, 2009, Памятник Анучино-29 в Центральном Примо
рье: планиграфия поселения и типология археологического инвентаря,
Россия и АТР.- Ио 4-С(슬렙초프·김재윤, 2009, 「연해주 아누치노-29 유적의 토기
와 주거지 복원」『러시아와 태평양』제4기).

Сергушева Е.А., 2008, Появление земледелия на территории Южного Примор
ья, Неолит и неолитизация бассейна Японского моря: человек и истори
ческий ландшафт С. 205-217(세르구쉐바, 2008, 「연해주 남부의 농경발생」『동해안
의 신석기시대 역사경관에서 인간』).

Попов А.Н., Батаршев С.В. 2002 Археологические исследования в Хасанском ра
йоне Приморского края в *Археология и Культураная антропология даль*
неого востока- С.74-83(파포프 외, 2002, 「2000년 핫산지구 고고학조사」『북·동·중
앙아시아의 고고학과 고환경 문제』).

Попов, А.Н., Батаршев, С.В., 2007, Матариалы руднинской культуры на памя
тнике Лузанова Сопка-2 в Западном Приморье, Северная Евразия в ант
ропогене : человек , палетехнологии, геоэкология, этнология и антроп
ология : *материалы всерос. конф. с междунар.участием, посвящ. 100-ле*
тию со дня рождения(파포프·바타르쉐프, 2007, 「루자노바 소프카-2 유적의 루드나
야 문화의 토기 연구」).

Шевкомуд, И.Я., Фукуда Масахиро, С. Онуки, Т. Кумаки, Д. Куникита , Кон
опацкий А.К., Горшков М.В., Косицына С.Ф., Бочкарев Е.А., К. Таках
аси, К. Морисаки, К.Учида, 2008, Исследования поселения Малая Гава
нь в2007г.в свете проблем хронологии эпох камня и паллеометалла в Н
ижнем Приамуре, *Неолит и Неолитизация бассейна Япоского моря : че*
ловек и исторический ландшафт-Владивосток, 2008. -С347-253(세프코
무드·후쿠다 외, 2008, 「아무르강 하류의 석기시대와 고금속기시대의 편년문제에 관해서
-2007년도 말라야 가반 유적의 연구-」『동해안의 신석기시대: 역사경관에서 인간』).

Короткий А.М., Бострецов Ю. Е. 1998, Геолографическая среда и культурная
динамика в среднем голоцене в заливе Петра Велинкого, *Первые рыбо*
ловы в заливе Петра Великого-Владивасток(카로트키·보스트레초프, 1998,
「표트르 대제만의 홀로세 중기 고환경 변화」『표트르대제만의 원시어업』).

Коротий А.М.,Гребенникова Т.А., Пушкарь В.С.,Разжигаева Н.Г.,Волкова
В.Г.,Ганзей Л.А., Мохова Л.М.,Базарва В.Б.. Макарова Т.Р.. 1996, *Кл*
аиматичские смены на территрии юга Дальнего Востока в позднем ка
йназое (миоцен-плейстоцен), Владиосток(카로트키 외, 1996, 『신생대 후기 극
동 남부의 기후변화』).

Коломиец С. А. Батаршев С.В.. Круьых Е.Б., 2002, Послание Реттиховка-Гео
лоческая:хронология, культурная : *Археология и Культурная Антрология*
Дальнкго Востока ДВО РАН -Владивосток(깔라미예츠 외, 2002, 「레치호프카-
게올로기체스카야 유적: 연대와 문화특성」『러시아 극동의 고고학과 문화인류학』).

Ким Чже Ен 2009, *Керамика поздеого неолита приморя и соредельных террит
 орий Восточной Азии ; Автореф. дис...канд.ист.нук*(김재윤, 2009с, 「러시
 아 연해주 및 인접한 동아시아의 신석기 후기 연구」, 박사학위논문 요약본).

Куртых Е. Б., Морева О.Л., Попов А.Н. Керамические комплексы позднего н
 еолита памятника Лузанова сопка-2, *Столетние великие АПЭ к юлбил
 ею академика Алексея Павловича Окладиникова* -Владивосток, 2008. -
 С.115-138(쿠르티흐 외, 「루자노바 소프카-2 유적의 신석기후기토기」「위대한 오클라드
 니코프 탄생 백주년 기념논총」).

Куртых Е. Б., Батаршев С.В., Дорофеева Н.А. Малов С.С.,Морева О.Л., Попо
 в А.Н. 2007, Археологическая исследования на памятнике гвоздево-4 в
 южном приморе, *Археология каменного века палеоэкология*(쿠르티흐 외,
 2007, 「그보즈제보-4 유적의 고고학조사」「고고학과 석기시대 고환경」).

Крутых Е.Б., Коломиец С.А., Морева О.Л., Дорофеева Н.А. 2008, Комплекс ф
 инального неолита поселения Реттиховка-геологическая (по результат
 ам исследований 2004г.), *Столетие великого АПЭ, К юбилею академика
 Алексея Павловича Окладникова*.-Владивосток, 2008.-С.115-138(쿠르티
 흐 외, 2008, 「2004년도 레티호프카 유적 조사 결과」「위대한 알렉세이 페트로비치 오클라
 드니코프 탄생 100주년 기념논문집」).

Кузьмин, Я.В., Алкин, С.В., Оно, А., Сато, Х., Сакаки, Т., Матсумото Ш., Ор
 имо, К., Ито Ш., 1998, *Радиоуглеродная хронология древних культур к
 аменного века Северо-Восточной Азии* -Владивосток: Тихоокеанский и
 н-т географии ДВО РАН, 1998.-127 с.(쿠즈민 외, 1998, 「선사시대 절대연대」).

Клейн Л.С. 1991, Археологическая типология(클레인, 1991, 「고고학의 형식학」).

Клюев Н.А., Яншина О.В. 2002, Финальный неолит Приморья: новый взгляд н
 а старую проблему, *Россия и АТР*. - № 3.-С. 67-78(클류예프·얀쉬나, 2002,
 「연해주의 신석기후기」「러시아와 태평양」 제3기).

Клюев Н.А. 2003, Археология юга дальнего востока России в IX-XX вв(클류예프,
 2003, 「19~20세기 러시아 남극동의 고고학」).

Клюев Н.А., Яншина О.В., Кононенко Н.А. 2003, Поселение Шекляево-7-новы
 й неолитический памятник в Приморье, *Россия и АТР*. - № 4.-С. 5-15(클
 류예프 외, 2003, 「셰클라예보-7 유적」「러시아와 태평양」 제4기).

Клюев Н.А Гарковик А.В. 2008 Новые данные о неолите Приморья(по материа лам исследований 2000-х годов), *Неолит и неолитизация бассейна япон ского моря: человек и исторический ландшафт* - Владивосток, 2008. - С 85-97(클류에프·가르코빅, 2008, 「연해주 신석기시대의 새로운 자료」「동해안의 신석기 시대: 역사경관에서 인간」).

Клюев, Н.А., Пантюхина, И.Е., 2006, *Новые памятники раннего неолита Пр имрья (стоянка-ЛЗП-3-6)*, *Гродековские чтения*(클류에프·판튜히나, 2006, 「연해주 이른 신석기시대 새로운 유적(엘제페-3-6)」「그로제코바 기념논총」).

Клюев Н.А., Сергушева Е.А., Верховская Н.Б. 2002, Земледелие в финальном неолите Приморья (по материалам поселения Новоселище-4), *Традици онная культура востока Азии.*-Благовещенск,-Вып. 4.-С. 102-126(클류 에프 외, 2002, 「노보셀리쉐-4 유적의 유물로 본 신석기 만기의 농경」「동아시아의 전통문 화」제4집).

Панхюхина, И.Е., Клюев Н.А., 2004, *Стратиграфическийй планиграфически й анализ неолитических материалов поселения Шекляево-7*, *Восьмая да льневосточная конференция молодых историков*(판튜히나·클류에프, 2004, 「쉐클라에보-7 유적의 신석기시대 층위와 주거지 평면의 상관관계」「제8회 젊은 역사학도 학술대회」).

Попов А.Н., Чикишева Т.А., Шпакова Е.Г. 1997, Бойсманская археологическая культура Южного Приморья (по материалам многослойного памятника Бойсмана-2)(파포프 외, 1997, 「남부 연해주의 보이스만 고고문화」).

Попов А.Н. Батаршев С.В., 2007, Матариалы руднинской культуры на памятн ике Лузанова Сопка-2 в Западном Приморье, *Северная Евразия в антро погене : человек , палетехнологии, геоэкология, этнология и антропо логия: материалы всерос. конф. с междунар.участием, посвящ. 100-лет ию со дня рождения*(파포프·바타르쉡, 2007, 「루자노바 소프카-2 유적의 루드나 야 문화의 토기 연구」).

Яншина О.В., 2004, *Проблема выделения бронзого века в Приморе.*2004(얀쉬나, 2004, 「연해주 청동기시대 분리 문제」).

Яншина О.В., Клюев Н.А., 2005, "Поздний неолит и ранний палеометалл При морья: критерии выделения и характеристика археологических компле ксов", *Российский Дальний Восток в древности и средневековье: откры тия, проблемы, гипотезы: Открытия, проблемы, гипотезы-Владивост ок* - С. 187-233(얀쉬나·클류에프, 2005, 「연해주 신석기 후기와 고금속기시대 전기의 고고유형 분리와 특징」『러시아 극동의 선사와 중세』).

Туров, М.Г. 1982, *К проблеме реконструкции модели хозяйства групп эвенко в таёжной зоны Средней Сибири*(투로프, 1982, 『시베리아 타이가 지대 에벤키족 의 생계형태의 모델화』).

5. 영어

Anthony, David, 1990, Migration in Archaeology, *American Anthropologist.*-No. 92.-P. 18-48.

Beardsley , R., P. Holder A. Krieger, M. Megger, J. Rinaldo and P. Kutsche, 1956, Functional and Evolutionary Implications of Community Patterning. In Seminars in Archaeology, 1955.

Binford L., 1980, Willow Smoke and Dogs' Tails: Hunter-Gatherer Settlement Systems and Archaeological Site Formations. American Antiquity 45.

Cassidy J. Kononenko N., Sleptsov I. Ponkratova I. On the Margarita Archaeological Culture: Bronze age or Final Neolithic ?, *Проблемы археологии и палеэкол огии Сеыерной, Восточнойи Центральной Азии-Новосибриск:*-С. 300- 302.

E.I. Gelman, M. Komoto, K. Miyamoto, T. Nakamura, H. Obata, E.A. Sergusheva, Y.E. Vostretsov. Kumamoto, 2003, Krounovka 1 Site in Primorye, Russia: Preliminaly Result of Excavations in 2002 and 2003.

E.I. Gelman, M. Komoto, K. Miyamoto, T. Nakamura, H. Obata, E.A. Sergusheva, Y.E. Vostretsov. Kumamoto, 2005, Zaisanovka 7 Site in Primorye, Russia: Preliminaly Result of Excavations in 2004.

E.I. Gelman, M. Komoto, K. Miyamoto, T. Nakamura, H. Obata, E.A. Sergusheva, Y.E. Vostretsov. Kumamoto, 2007a, Klerk 5 Site in Primorye, Russia: Preliminaly Result of Excavations in 2005.

E.I. Gelman, M. Komoto, K. Miyamoto, T. Nakamura, H. Obata, E.A. Sergusheva, Y.E. Vostretsov. Kumamoto 2007b, Archaeological collections in the Posjet Bay in Primorye, Russia Result of investigations in 2006.

Murdock, G.P., 1967, The Ethnographic Atlas: A Summary. Ethnology 6(2).

Furusawa Yoshihisa, 2007, Primoyre and ist Neighborhoods, A Study on the Enviornmental Change and Adaption System in Prehistoric Northeast Asia.

H. Obata, Y. Vostretsov, 2007, *Archaeological Collections in the Posjet Bay*.

Kershaw A.C., 1978, Diffusion and Migration Studies in Geography, *Diffusion and Migration: Their Roles in Cultural Development*.-Calgary: Aarchaeological Association of the University of Calgary, 1978.-P. 1-120.